法 学 求 是 前 沿 书 系

河北大学国家治理法治化研究中心

孟庆瑜　陆　洲◎主编

民法典实施与地方立法问题研究

知识产权出版社

全国百佳图书出版单位

——北京——

图书在版编目（CIP）数据

民法典实施与地方立法问题研究/孟庆瑜，陆洲主编 . —北京：知识产权出版社，2022.4
ISBN 978-7-5130-7948-8

Ⅰ.①民… Ⅱ.①孟… ②陆… Ⅲ.①民法—法典—研究—中国 ②地方法规—立法—
研究—中国 Ⅳ.①D923.04 ②D927

中国版本图书馆 CIP 数据核字（2021）第 257541 号

责任编辑：韩婷婷　　　　　　　　　　责任校对：王　岩
封面设计：杨杨工作室·张冀　　　　　责任印制：孙婷婷

民法典实施与地方立法问题研究
主　编　孟庆瑜　陆　洲

出版发行：知识产权出版社 有限责任公司	网　　址：http://www.ipph.cn
社　　址：北京市海淀区气象路 50 号院	邮　　编：100081
责编电话：010-82000860 转 8359	责编邮箱：176245578@ qq.com
发行电话：010-82000860 转 8101/8102	发行传真：010-82000893/82005070/82000270
印　　刷：北京建宏印刷有限公司	经　　销：新华书店、各大网上书店及相关专业书店
开　　本：720mm×1000mm　1/16	印　　张：22.5
版　　次：2022 年 4 月第 1 版	印　　次：2022 年 4 月第 1 次印刷
字　　数：409 千字	定　　价：128.00 元

ISBN 978-7-5130-7948-8

"法学求是前沿书系" 编委会

"法学求是前沿书系"

总序

习近平总书记反复强调："历史是最好的老师。经验和教训使我们党深刻认识到，法治是治国理政不可或缺的重要手段。法治兴则国家兴，法治衰则国家乱。什么时候重视法治、法治昌明，什么时候就国泰民安；什么时候忽视法治、法治松弛，什么时候就国乱民怨。"但是，在中国搞社会主义法治建设，是一件前无古人的伟大创举，没有现成的道路可走，没有现成的模式可以借鉴，没有现成的理论可以遵循，其困难之大，超出想象。因此，我们只能坚持从中国实际出发，围绕中国特色社会主义法治建设中的理论和实践问题，把法治建设的普遍规律与中国的国情相结合，不断探索并形成中国特色社会主义法治道路、制度和理论。这就要求我们在全面推进依法治国的进程中，必须践行实事求是的思想路线，认清中国法治之真国情，探索中国法治之真道路，构建中国法治之真制度，探究中国法治之真理论，解决中国法治之真问题。唯有如此，我们才能穷中国法治之理、探中国法治之道。这也正是将本套丛书命名为"法学求是前沿书系"的目的和意义所在。同时，本套丛书的名称也暗合了河北大学"实事求是"的校训传统，体现了河北大学"博学、求真、惟恒、创新"的校风精神。

本套丛书以法治中国为目标图景，坚持建设性立场，聚焦法治中国建设中的理论与实践问题，探寻法治建设的中国之道，主要着眼于以下几个方面问题。

第一，中国法治之真国情。实践证明，任何国家的法治建设都必须立足本国国情，坚持从本国实际出发，而不能从主观愿望和想当然出发，不能从本本和概念出发，更不能照搬照抄外国的东西。在中国进行法治建设，必须要深刻揭示和正确认识中国的基本国情，并将之作为中国法治建设的出发点和落脚点。同时，中国的国情比较复杂，异于西方国家。因此，我们对中国国情的研究，必须要从多维度入手，既要研究地理意义上的中国，也要研究政治意义上的中国，更要研究文化意义上的中国。

第二，中国法治之真理论。中国的法治建设需要法治理论的支撑与指导。如果我们不能够从理论上将中国法治建设的性质、方向、道路、总目标、指导思想、基本原则、主要任务等阐释清楚，中国的法治建设就无从开展，也必然无法成功。为此，我们必须清楚地认识到，与中国法治建设的要求相比，我国远未形成与之相对应的中国特色社会主义法治理论。现有的西方法治理论既不能真正满足中国法治建设对法治理论的需求，难以引领中国法治的科学发展，也不能真正与中国的优秀文化传统相融合，难以实现传统与现代、本土与外来、国内与国际的有机统一。这就需要我们在中国法治建设的实践中，在借鉴西方法治理论的基础上，不断推进中国法治理论的探索和创新，并努力形成立足中国基本国情、总结中国法治经验、适应中国法治需求、体现中国法治规律、解决中国法治问题、彰显中国法治特色的中国特色社会主义法治理论，以为中国法治建设提供理论指导和学理支撑。

第三，中国法治之真道路。道路关乎前途和命运。法治道路是法治建设成就和经验的集中体现，是建设法治国家的根本遵循。中国法治建设之所以要坚持走中国特色社会主义法治道路，而不能照搬照抄别的国家的法治道路，是由法治与法治模式的不同决定的，也是由我国的基本国情决定的。尽管法治如同民主、人权一样具有普遍共识，但不同国家的基本国情决定了各国的法治模式不同，也决定了各国的法治建设道路不同。因而，努力探索并找到一条既不同于欧美资本主义国家又不同于其他社会主义国家，既遵循法治建设普遍原理又具有鲜明中国特色的社会主义法治道路，自然就成为中国法治建设的重要选择和任务。

第四，中国法治之真制度。法治制度既是法治建设的制度基础，也是法治建设的制度保障，集中体现了一国法治建设的特点与优势。中国的法治建设之所以要以中国特色社会主义法治制度为依托，是因为照抄照搬他国的法治制度行不通，会水土不服，会出现"橘生淮南则为橘，生于淮北则为枳"的尴尬局面。各国国情不同，每个国家的法治制度都是独特的，都是由这个国家的内生性因素决定的。只有扎根本国土壤、汲取充沛养分的法治制度，才最可靠，也最管用。因而，在中国的法治建设实践中，构建中国特色社会主义法治制度，既要坚持从国情出发、从实际出发，也要注重借鉴国外法治建设的有益成果；既要把握中国长期形成的历史传承，也要把握当前中国特色社会主义事业建设的现实需求，以实现历史和现实、理论和实践、形式和内容的有机统一。

此外，这里还须说明的是，本套丛书的作者大多为中青年学者，囿于理论基础与实践能力，难以对中国特色社会主义法治建设中的重大理论与实践问题展开深入系统研究，故此，我们只能选取中国特色社会主义法治建设中的若干具体理论与实践问题展开研究，以求"积跬步，至千里"，"积小流，成江海"。同时，鉴于能力和水平有限，本套丛书中定然存在不足，乃至错误之处，恳请学界同人批评指正！

"法学求是前沿书系" 编委会
2019 年 10 月

2020 年第十三届全国人民代表大会第三次会议高票表决通过《中华人民共和国民法典》（简称《民法典》，以下所及法律均为简称），是新中国成立以来第一部以"法典"命名的法律，是新时代科学立法、民主立法、依法立法的重大成果，对于全面推进依法治国、加快建设社会主义法治国家具有重大意义。同时 2020 年也是《立法法》赋予设区的市地方立法权五周年之际。《立法法》修改以来，各设区的市逐步积累有益经验，积极探索完善立法工作，充实配备地方立法力量，在维护法律体系和谐统一、推进国家治理能力现代化中发挥出重要作用。《民法典》的颁布实施和《立法法》的修改对于走好中国特色社会主义法治道路奠定了重要基础，为地方立法树立了典范，同时也给地方立法工作带来了新挑战，指明了新方向，提出了新要求。

为深入研究地方立法工作在《民法典》颁布实施和《立法法》修改五周年背景之下的理论与实践问题，2020年 12 月 26 日，经河北省法学会批准，由河北大学法学院、河北省法学会立法学研究会、河北大学国家治理法治化研究中心承办的河北省法学会立法学研究会 2020 年年会在河北大学隆重举行。与会的 100 多位代表分别来自全国人大常委会、河北省委政法委、河北省人大常委会、河北省司法厅、河北省法学会等部门，以及清华大学、中南财经政法大学、天津市社科院法学所、天津师范大学、河北工业大学、燕山大学、华北电力大学等省内外高校和科研院所。与会代表围绕大会主题"《民法典》颁布实施和《立法法》修改五周年背景下的地方立法问题研究"，对《民法典》实施背景下的地方立法、设区的市立法、区域协同立法以及雄安新区法治保障等具体议题展开了深入讨论，指出了当前我国地方立法中存在的主要问题，并提出了许多有针对性的建议。

在这次大会上，与会代表共提交论文90余篇，经遴选有代表性的论文，汇编为本书《民法典实施与地方立法问题研究》。全书共分四编，第一编探讨了《民法典》实施背景下的地方立法问题；第二编探讨了设区的市的立法问题；第三编探讨了京津冀区域协同立法与雄安新区法治保障问题；第四编探讨了北京冬奥会、破产法、文化遗产、食品安全、乡村振兴等重点领域立法。通过上述研究，本书力图在民法典实施和《立法法》修改五周年的宏大背景下，进一步深化对地方立法基本理论的研究，阐明地方立法与《民法典》之间的关系，回顾与反思《立法法》修改以来的地方立法工作，最终在《民法典》和《立法法》的指导下丰富和完善地方立法研究。同时，通过以《民法典》实施和《立法法》修改五周年为背景研究地方立法的各个层面，特别是探讨河北省地方立法的特点和经验，为河北省人大、河北省政府以及各地市立法机构提供理论指导和决策咨询，为全国其他省市的地方立法提供重要借鉴，最终在地方立法实践中促进民法典全面有效实施，完善立法体制机制，提升法治建设水平。

目　　录 | CONTENTS

区域协同立法与雄安新区法治保障研究

重点领域立法研究

民法典实施背景下的
地方立法问题研究

《民法典》的立法成就与宣传实施着力点

■周保刚 翟玉肖

作者简介：周保刚，河北正定人，中共河北省委政法委员
会法治处（省司改办）处长、一级调研员，河
北省法学会常务理事、学术委员会副主任委员、
省立法学研究会副会长。研究方向为立法学与
法治协同、法治考核等。

翟玉肖，河北司法警官职业学院副教授。研究
方向为法学教育。

2020 年 5 月 28 日，十三届全国人大三次会议审议通过《中华人民共和国民法典》（简称《民法典》），由中华人民共和国主席令（第四十五号）公布，于 2021 年 1 月 1 日起正式施行。这一重要法律文献是新中国第一部以"法典"命名的法律，是新时代我国社会主义法治建设的重大成果，是一部固根本、稳预期、利长远的基础性法律，是深化新时代中国特色社会主义法治建设的重要保障。各级各部门、各方面应当坚持以习近平新时代中国特色社会主义思想为指导，深入学习贯彻习近平法治思想"十一个坚持"精神实质和习近平总书记关于切实实施民法典重要讲话精神，认真贯彻落实党中央关于民法典学习宣传、推动实施的安排部署和全国人大常委会、中央依法治国办等有关部门做出的任务分工❶，紧紧抓住了解历史背景、理解重大意义、抓好重点工作、健全完善机制等方面的一系列着力点，确保学习、宣传、贯彻、实施等重要要求落地落实落细，有力推进新时代法治中国建设取得更大更新更深入的成就。

一、深刻认识编纂民法典的历史背景

《民法典》的编订纂修以及审议通过、颁布、实施，是在深入推进新时代中国特色社会主义建设伟大进程，努力开创法治中国建设新局面的深厚历史背景下进行的。对此，应当作出全面系统的理解、准确无误的把握。

（一）新中国民事法律制度奠定了较好基础

其一，编纂民法典是中国几代人的夙愿。习近平总书记指出，"在各方面共同努力下，经过 5 年多工作，《民法典》终于颁布实施，实现了几代人

---

❶ 2020 年 11 月 16—17 日召开的中央全面依法治国工作会议，正式提出习近平法治思想并明确为推进全面依法治国的根本遵循和行动指南。2020 年 5 月 29 日举行的中央政治局第二十次集体学习会，习近平总书记发表重要讲话，号召全党切实推动民法典实施，以更好推进全面依法治国、建设社会主义法治国家，更好保障人民权益。本文中习近平总书记重要讲话精神，主要来源于中央政治局就"切实实施民法典"举行第二十次集体学习的专题报道。本文的定位与展开，主要围绕贯彻落实党中央、全国人大常委会和中央全面依法治国委员会办公室关于民法典学习宣传和推动实施的有关要求。

的夙愿。"从清末以来，无数仁人志士都在致力于制定或者编纂一部具有中华民族特色的民法典。新中国成立后，党和国家领导人多次研究民法典编纂工作，广大法学法律工作者更是希望制定出台一部真正属于中国人民的民法典。从 2014 年 10 月党的十八届四中全会作出编纂民法典的部署，到 2020 年 5 月 28 日十三届人大三次会议审议通过《民法典》，经历了 5 年多扎实细致的工作。

其二，制定民法是新中国国家立法的历史工程。新中国成立后，党和国家曾先后四次启动民法制定工作。1954 年第一次启动，提出了《民法典草案》文本，包括总则、所有权、债、继承四编。1962 年第二次启动，提出了《民法典草案（试拟稿）》，其体例为总则、财产所有、财产的流转"三编制"体例。出于多种原因，前两次启动未能取得实际立法成果。1979 年第三次启动，是在党的十一届三中全会的背景下进行的，按照"成熟一个通过一个"工作思路，先是修改了此前制定公布的《婚姻法》，之后相继出台了《继承法》《民法通则》《收养法》《担保法》《合同法》等民事单行法律。但由于刚刚进入改革开放新时期，制定一部完整民法典的立法条件和立法技术尚不具备。2001 年第四次启动，是在回应经济社会发展新形势背景下进行的。虽然起草了《民法》草案，但经讨论研究仍有很多不足，故仍以制定单行法的办法推进民事法律制度建设。此间，陆续制定了《物权法》《侵权责任法》《涉外民事关系法律适用法》等法律文件。

其三，编纂民法典具有较好的制度基础、实践基础、理论基础和社会基础。民事法律关系是社会生活中最普遍、最为常见的法律关系，民法是一个国家的国家制度、社会制度、经济制度在法律规范体系上的集中体现。党的十八大以来，以习近平同志为核心的党中央，把推动中国特色社会主义法治体系和法治国家建设摆在更加突出位置，统筹推进"五位一体"总体布局，协调推进"四个全面"战略布局，法治中国建设已经踏上新的历史征程。在党中央正确领导下，科学立法、严格执法、公正司法、全民守法"新十六字方针"得到全面贯彻，坚持中国特色社会主义制度和走中国特色社会主义的道路自信、理论自信、制度自信、文化自信"四个自信"更加坚定。中国特色社会主义法治体系不断完善，法治中国建设各个领域均取得重大成就。特别是经过立法机关的持续努力与法治实践的不断深化，民事法律规范体系比较完善，民事司法积累了丰富经验，民事法律服务取得显著进步，民法理论研究也达到较高水平，全社会民法观念普遍增强。

其四，全面深化改革和社会主义现代化建设提供了丰硕成果。党的十八大以来，在以习近平同志为核心的党中央坚强领导下，全面深化改革与全面依法治国如同"车之两轮""鸟之两翼"，推动在社会体制改革和法治建设领域分别形成了一系列可以上升为法律的制度成果。正如全国人大常委会副委员长王晨同志在《民法典草案》起草说明中指出，"我国民事法律制度正是伴随着新时期改革开放和社会主义现代化建设历史进程而形成并不断发展完善"。尤其是民事商事法律制度相关领域形成的一大批立法成果，既为巩固经济社会发展和深化改革成果提供了法治保障，更为民事法律法典化积累了深厚经验。特别应当看到的是，民事领域出台的一大批立法举措及其法律成果，为巩固改革开放发展成果提供了有力法律保障，为推动民事法律法典化积累了深厚经验。同时，全面深化改革所提出的一大批新的政策精神和所探索的一系列新的机制制度，为上升为国家法律制度提供了立法基础。

（二）党中央和全国人大明确为重大任务

一是以习近平同志为核心的党中央高度重视。习近平总书记指出，"在革命、建设、改革各个历史时期，我们党都高度重视民事法律制定实施"。党中央在对"两个一百年"伟大目标做出的一系列决策部署中，将编订纂修民法典定位为坚持和完善中国特色社会主义制度的现实需要，确定为推进全面依法治国、推进国家治理体系和治理能力现代化的重大举措，党的十八大以来，更是实践发展要求和人民群众期待，把编纂民法典摆上重要日程。

二是党的全国代表大会和中央全会多次提出重要要求。民法是广大人民群众的权利保护法，与国家其他领域法律规范一起支撑着国家法律制度和国家治理体系。在具有标志性意义重大部署上，党的十八届三中全会主要研究全面深化改革，其中将法治中国建设作为重要内容；党的十八届四中全会主题是全面依法治国，其中将编纂民法典确定为一项重大政治任务和立法任务；党的十九大明确习近平新时代中国特色社会主义思想，坚持全面依法治国是"八个明确"的重要内容和"十四条基本方略"的重要组成部分，报告中强调的依法保护人民人身权、财产权、人格权为编订纂修民法典指示了重要方向；党的十九届四中全会强调坚持和完善中国特色社会主义法治体系，提出了运用法律建构和保护基本经济制度、民生保障制度、生态文明制度等民事法律重要制度的基本要求和规范内容。

三是最高立法机关及时解决重大问题。全国人大及其常委会把编订纂修民法典列入立法规划、年度计划，作为完善中国特色社会主义法律规范体系的一项系统的、重大的立法工程，明确了编订纂修民法典的总体考虑、工作步骤、体例结构。全国人大常委会党组多次向党中央请示汇报重大工作，提出了"两步走"工作思路，第一步先出台《民法总则》，第二步编纂民法典各分编，适时出台民法典。

四是全国人大常委会法工委等部门积极履行职责。法工委和民法典小组广泛征集各方面意见建议，有力地提升了民法典的科学性、民主性。法学法律界作为研究重点展开深入系统研究，提供了有力理论支撑和丰富立法依据。立法实践中坚持和完善社会主义基本经济制度，积极回应全面建成小康社会的现实需要，提供了建设社会主义现代化强国的坚实基础。立法成果努力回应增进人民福祉的必然要求，立足新发展阶段推动高质量发展，维护了最广大人民的根本利益。

（三）完善法治法律体系目标任务确定为重大举措

一是作为坚持全面依法治国基本方略的重要举措。习近平总书记指出，"全面依法治国是中国特色社会主义的本质要求和重要保障"，强调要"完善以宪法为核心的中国特色社会主义法律体系"，强调要"把法治体系作为国家治理体系和治理能力的骨干工程"❶。编订纂修民法典是坚持党的领导、人民当家作主、依法治国有机统一的具体体现，是推进全面依法治国基本方略落地落实落细的重要举措，是提高党的执政能力和领导水平的重要举措。

二是作为完善中国特色社会主义法治体系的重要内容。中国特色社会主义法治体系是中国特色社会主义制度的重要组成部分，在本质上是中国特色社会主义制度的法律表现形式。习近平总书记多次强调，"把建设中国特色社会主义法治体系，作为全面推进依法治国在实际工作中总揽全局、牵引各方的总抓手"❷。完善立法是为推进社会主义市场经济建设提供完备法律规范的基础性工作，民法是国家法治体系和法律体系中至关重要的组成部分。编订纂修民法典是完善中国特色社会主义法治体系的必然要求，是坚持和完善中

---

❶ 习近平总书记在党的十九大报告第三部分"新时代中国特色社会主义思想和基本方略"中，阐述了坚持全面依法治国基本方略有关精神。2013年11月12日在党的十八届三中全会第二次全体会议上的讲话，2014年2月17日在省部级主要领导干部学习贯彻十八届三中全会精神全面深化改革专题研讨班上的讲话，2014年10月13日在十八届中央政治局第十八次集体学习时的讲话，多次就国家治理体系和治理能力作出精辟论述。

❷ 习近平总书记2014年10月20日在党的十八届四中全会上所作《关于〈中共中央关于全面推进依法治国若干重大问题的决定〉的说明》、2017年10月18日在党的十九大上所作报告、2018年8月24日在中央全面依法治国委员会第一次会议上的讲话、2020年11月16日在中央全面依法治国工作会议上提出的"十一个坚持"中，多次对这一重要论断进行深刻阐述和强调。

国特色社会主义制度的重要法律基础。

三是作为完善中国特色社会主义法律体系的重要内容。完备的法律体系是良好的法治体系和法律制度的基础。民法是关于民事领域法律关系和法律制度的基础性、综合性法律。我国于2011年即已形成较为完备的法律规范体系，但尚不够科学。改革开放以后，我国围绕有法可依着力推进了法律体系建设，但大量存在的民事法律文件存在相互衔接不够等突出问题，尤其是民事法律制度、规范的分散特征造成不少法律实施上的问题。编纂民法典，可以解决很大程度上存在的制度冲突、制度漏洞问题，以及一定程度上存在的立法分散、制度过时甚至内容重复问题，为经济社会发展始终在法治的轨道上运行提供坚实的法律基础。

四是作为落实科学立法重大要求的重要内容。习近平总书记指出，"全面依法治国是国家治理的一场深刻革命，必须坚持厉行法治，推进科学立法、严格执法、公正司法、全民守法"。❶ 厉行法治和推行善治强调以良法促进发展、保障善治，其基础是科学立法。民事法律规范体系庞大、涉及面广、制度林立，是国家制度、经济制度、社会制度等重要制度在法律制度上的集中体现，实施中存在一系列现实问题，需要围绕增强法律适用准确性、科学性、规范性，系统整合、编订纂修现行的民事法律制度规范。

（四）习近平新时代中国特色社会主义思想提供了方向指引

首先，习近平新时代中国特色社会主义思想提出了全面推进依法治国的目标方向。党的十九大报告在第一部分"过去五年的工作和历史性变革"中指出，党的十八大以来，我国民主法治建设迈出重大步伐，同时全面依法治国任务依然繁重；报告主干部分明确的"两个一百年"奋斗目标，为民主法治建设提出目标任务；论述的习近平新时代中国特色社会主义思想"八个明确"和"十四条基本方略"，为新时代中国特色社会主义建设指明了目标和方向；强调的深化依法治国实践，为深化立法实践提出重要要求；强调的坚持党的领导、人民当家作主、依法治国有机统一，为做到科学立法、民主立法、依法立法提供了方法论。

其次，习近平法治思想提供了推进科学立法的根本遵循和行动指南。习近平总书记在中央全面依法治国委员会第一次会议上，阐述了十八大以来的全面依法治国新理念新思想新战略。习近平总书记在历史上第一次召开的中

---

❶ 参见习近平总书记在党的十九大上报告的第六部分"健全人民当家作主制度体系，发展社会主义民主政治"。

央全面依法治国工作会议上，阐述了"十一个坚持"重大意义、核心要义。在全面依法治国新征程上，编纂民法典是坚持中国特色社会主义法治道路的应有之义，是贯彻中国特色社会主义法治理论的应有之义，是健全社会公平正义法治保障制度的应有之义，是完善中国特色社会主义基本经济制度的应有之义，是推进新时代民主法治建设的重要基础。

再次，坚持和完善中国特色社会主义制度提供了鲜明的制度导向。民事法律制度是中国特色社会主义制度的重要组成部分和法律表现形式，民事法律体系法典化是推进国家治理体系和治理能力现代化的重要要求。习近平总书记指出，国家治理体系和治理能力是国家制度和制度执行能力的集中体现，完善和发展中国特色社会主义制度，推进国家治理体系和治理能力现代化，"两者是一个整体""两者相辅相成"，反复强调"法治体系是国家治理体系和治理能力的骨干工程"❶。党的十九届四中全会作出的《中共中央关于坚持和完善中国特色社会主义制度、推进国家治理体系和治理能力现代化若干重大问题的决定》指出，"建设中国特色社会主义法治体系、建设中国特色社会主义法治国家，是坚持和发展中国特色社会主义制度的内在要求"。围绕提升国家治理体系和治理能力系统整合、编订纂修原有的民事法律制度规范，使法典化成果做到"体例科学、结构严谨、规范合理、内容完整及协调一致"❷，是善于运用制度和法律治理国家的重要体现。

最后，在新的历史形势下推进国家治理现代化需要完善民事法律体系。法治是国家治理体系和治理能力的重要依托，是最好的营商环境。围绕提升国家治理体系和治理能力系统整合、编订纂修原有的民事法律制度规范，制定颁布新中国成立以来第一部以"法典"命名的法律，是科学立法、民主立法、依法立法的重大成果，是推动完善中国特色社会主义法治体系、深化建设中国特色社会主义法治国家的重大成果，是坚持和完善中国特色社会主义制度，推进国家治理体系和治理能力现代化的重要体现，是善于运用制度和法律治理国家的重要体现，是彰显立法能力的重要载体。民法典对公权力行使也有一定的制度规定和机制衔接，编订纂修民法典是提高依法执政能力和水平的重要抓手。

---

❶ 习近平总书记 2013 年 11 月 12 日在党的十八届三中全会第二次全体会议上的讲话，2014 年 2 月 17 日在省部级主要领导干部学习贯彻十八届三中全会精神全面深化改革专题研讨班上的讲话，2014 年 10 月 13 日在十八届中央政治局第十八次集体学习时的讲话，多次就国家治理体系和治理能力作出精辟论述。

❷ 王晨. 关于《中华人民共和国民法典（草案）》的说明［M］. 中华人民共和国民法典（含起草说明），北京：中国法制出版社，2020：195-216.

二、充分认识颁布《民法典》的重大意义

在实现"两个一百年"奋斗目标的重大历史交会点、社会主义现代化事业和全面依法治国深入推进的重要节点、修正后的立法法公布实施五周年等重要节点颁布《民法典》，对加快推进全面依法治国、全力建设法治中国伟大进程，乃至全面推进新时代中国特色社会主义伟大事业，都具有极其重大的现实意义和深远的历史意义，成为推进伟大中国走向繁荣昌盛、推动中华民族实现伟大复兴的一个重要标志。

（一）适应了中国建设发展的需要

一是为提升治理能力提供了法律保障。习近平总书记指出，"民法典的编纂是要给国家治理提供一个基本的遵循，要完成国家治理基本支柱的建设"。民法典丰富了全面依法治国根本遵循的法律内涵，提供了推进国家治理有力现代化的助推器。颁布《民法典》贯彻了坚持和完善中国特色社会主义制度、推进国家治理体系和治理能力现代化的重大要求，落实了坚持和完善中国特色社会主义法治体系、法律体系和法律制度特别是民事法律体系和民事法律制度的重要任务，贯彻了推进国家治理体系和治理能力现代化的重大要求。

二是为服务经济发展提供了法律依据。习近平总书记多次强调，"重大改革要于法有据"。民法典完善了市场经济建设的基本法律，夯实了推进经济社会发展和深化改革创新的法律基石。编订纂修民法典以推动高质量发展为立法方向，进一步彰显了市场经济就是法治经济的本质特征。民法典全面贯彻坚持和完善中国特色社会主义基本经济制度的重大要求，大大强化了各种民事主体的权利范畴，为进一步深化经济制度和社会制度等重大改革提供了法律依据。民法典除在总则编提出民事法律活动基本原则和有关制度外，还在各分编中为各种民事主体、各类民事行为建构了适应当前经济社会发展的民事法律制度。民法典针对各类民事主体的各种民事活动提出行为规则和法律准则，科学规范了有关民事主体的法定义务，为保障经济高质量发展提供了更加适宜的法律依据。

三是为保障人民福祉提供了法律武器。围绕保障人民权益这一中国特色社会主义法治建设的根本目的，有力保护人民群众在民主、法治、公平、正义、安全、环境等方面日益增长的要求，有力回应人民对美好生活由吃饱穿暖到富裕文明的向往，因此被称为"权利保障的宣言书"。在总则编关于民事权利的次序中，将人身关系调整放在财产关系的前面，先是对人格权益和人

身权益进行确认和保障的法律规则，随后才是对财产权益进行确认和保护的规定。在分编中关于人格权的规范体系上，将有关规定独立成编，鲜明规定了人格权的一般规则，逐项作出了关于生命权、身体权和健康权、姓名权和名称权、肖像权、名誉权和荣誉权、隐私权和个人信息保护等民事权利的明确规定。在增强新的历史环境下关于人民权利的法律保护上，作出与人类发展和个体健康有关的医学和科研活动的法律导引，推出有关信息技术手段与人格权益、隐私权和个人信息保护问题的法律规则，用法律手段推动经济社会发展大趋势。

四是为促进绿色发展提供了法治基础。民法典立足中国国情、适应世界发展、顺应人与自然和谐共生理念，在一系列法律规则和相关制度中充分体现绿色原则。例如在基本原则规定中提出，"民事主体从事民事活动，应当有利于节约资源，保护生态环境"。这一推动建构更加科学规范的民事法律制度做法，贯彻了党中央关于坚持和完善生态文明制度体系的重大要求，落实了党的十九大关于为促进人与自然和谐共生提供法律规范保障的目标任务。在各分编一系列法律规则和相关制度中，充分体现了绿色原则。例如，在物权编中关于建设用地使用权的设立条件，就是要秉承绿色原则；在合同编中关于法定的合同义务，就包含着基于绿色原则所产生的法定义务；在侵权责任编中关于环境侵权责任的法律规则，就对环境污染、生态破坏等侵权责任作出了规定，并且把生态修复明确为侵权责任的一种具体方式。

（二）汲取了法典编订纂修的源泉

首先，彰显了民事法律体系的立法目的。民法典以保护民事主体的合法权益等为主要目的，以保护民事权利为出发点和落脚点。第一条开宗明义，"为了保护民事主体的合法权益，调整民事关系，维护社会和经济秩序，适应中国特色社会主义发展要求，弘扬社会主义核心价值观，根据宪法，制定本法"，在总则和总体上彰显系统观念，修改完善了《民法通则》的民事法律关系的主体界定与主体分类，修改完善了原来民法体系的基本原则、民事法律行为的各项制度。在物权编、合同编、婚姻家庭编、继承编、侵权责任编等规则体系中，修改完善了原有法律规范的多项制度，为充分调动民事主体的积极性和创造性搭建了法律平台。在土地法律制度上，运用法律形式确认农村土地三权分置、集体经营性建设用地入市、完善征地补偿制度等重大经济制度改革的实践成果。在转化和固化新形势、新思维有关政策制度成果上，将加强个人信息保护、加强弱者保护、加强城市建设管理服务以及新冠肺炎疫情依法防控、依法治理有关制度成果上升为法律制度。基本原则、法律规则与立法目的的衔接也非常紧密。中国法学界普遍认为，民法典实现了民事法律制度和法律规范由"碎片化""枝节化"到"科学化""体系化"的转变。❶

其次，彰显了中国法律体系的思想之源。贯彻了习近平新时代中国特色社会主义思想，坚持了新时代中国特色社会主义基本方略，落实了中国共产党长期执政、科学执政、依法执政的根本遵循。贯彻了习近平总书记关于加强家庭文明建设的讲话精神。这既体现在一系列具体的法律制度上，更体现为依法明确要树立优良家风、弘扬家庭美德，依法保障、深受社会各方面重视地推动家庭文明建设。贯彻了宪法关于保护人权的"新精神"，以专编形式强调对人格权的保护，既有人格权一般规则的诸项提出，更有对各种人格权法律规则的进一步明确，由此将宪法保护人权的规定在基本法律层面作出了衔接落实与细化规定，成为中国民法典在古今中外民法典系列文明中的一大特色和亮点。充分体现了习近平法治思想，特别是将"十一个坚持"重要精神充分地体现在民事商事法律规范体系中。

再次，彰显了中国法治体系的法理之源。贯彻了中国特色社会主义法治体系的基本原理，丰富了中国特色社会主义法治体系与法律体系的理论成果、制度成果和实践成果；吸收了经过多年推进实施的，已经有力推动农村土地经营权有序流转和农业适度规模经营的政策成果，明确农村土地承包经营权实行所有权、承包权、经营权三权分置，进一步明确集体所有权的行使规则，运用法律加强对农民土地财产权的保障；吸收了经过多年司法实践检验的司法解释有关规定，建构了一套更新的婚姻家庭关系和继承制度等民事法律制度；吸纳了法治实践中突出问题的研究成果和实践成果，确立了一定风险的文体活动"自甘风险"规则、合法权益受到侵害有关情形下"自助行为"制度；完善了精神损害赔偿制度；完善了机动车交通事故责任规则；完善了生态环境损害责任等重要制度；增加了原来单行法律所没有的一些民事制度，丰富了原来已有但需要充实内容的民事制度；形成了开放性的人格权益体系。还设立了人工智能依法规制有关制度和法律规则。

最后，彰显了中国法律之治的价值之源。把中国特色社会主义核心价值观融入法治实践，首先体现为融入立法工作和法律文件。民法典通过立法固化优秀传统文化精髓，把中国优秀传统文化融入了立法举措、立法活动和立

---

❶ 张典标. 民法典"磨法师"：66 年"磨一法"[J]. 决策参考，2020（13）：56-59.

法成果。对国家、社会（包括法人和非法人组织、农村集体经济组织等）、自然人等民事主体的权利、行为作出全面、系统的规范，有力推动了依法治国和以德治国相结合的理念落地与实践推动。

（三）强化了保护民事权利的依据

一是完善了民法的规范体系。特定领域法律规范的体系科学性程度，直接影响多部法律文件法治精神的科学性。民法典在民事行为体系上，依次为总则、物权、合同、人格权、婚姻家庭、继承、侵权责任以及附则，分编规范了生命健康、财产安全、交易便利、生活幸福、人格尊严等民事行为。在民事制度内容上，涵盖了当代经济发展的各个领域和社会生活的各个方面，为依法调整平等主体的自然人、法人和非法人组织之间的人身关系、财产关系提供了最全面的法律保障。在法律规则表述上，使用了一系列的新概念，阐述了一系列的新法理，是新中国成立后民事商事法律制度的"集大成者"和完善民法体系的典型成果。

二是明确了民法的基本原则。法律原则是一部法律的"筋"，指引着法律规则与法律制度的道路与方向。民法典属于民法体系中的基本法，充分运用编纂式立法、法典化立法和民事基本法立法"三大立法技术"❶，很好地处理了法律原则、法律规则与法律制度的关系。在总则中强调了平等、自愿、公平、诚信等民事活动基本原则，还强调民事法律行为不得违反法律，不得违背公序良俗，应当有利于节约资源、保护生态环境❷。将习近平生态文明思想转化为了民法典强调的基本原则。

三是优化了民法的重要制度。民法是国家法律制度的"骨干型"法律文件，民法典编订纂修坚持了问题导向、目标导向、法效导向"三大导向"❸。在内容上，系统整合了新中国成立70多年来的诸多法律文件和民事法律规范。在结构上，全面优化了本较完备的民事法律规范体系。在制度科学性上，消除了很多的制度冲突，弥补了一批制度漏洞，填补了一批制度空白，纠正了一批制度过时问题。在立法科学性上，设定了一些新的法律规则和法律制度，为各方面民事权利设计了平等保护法律制度，同时为民事"特别法"的制定修改提供了"接口"，为有关法律、行政法规、地方性法规的衔接提出了

---

❶ 刘俊臣. 关于民法典的几个主要问题 [N]. 人民日报，2020-08-18（12）.

❷ 《民法典》第四条强调"平等"，第五条强调"自愿"，第六条强调"公平"，第七条强调"诚信"，第八条提出"两个不得"，第九条、第十条提出"两个应当"。

❸ 刘俊臣. 关于民法典的几个主要问题 [N]. 人民日报，2020-08-18（12）.

民事权利保护导向。

四是完善了民法的主要规范。深刻吸纳了中国共产党领导的系列法律制度和丰富民事司法经验，总结汲取了中华民族5000多年来的优秀法律文化❶。编订纂修了原有的民事单行法律和制度规范，修改调整了已不适应现实情况与发展需要的条文规定。科学完善了民事主体、民事行为、民事权利、民事义务、民事责任等各个方面的制度规范，为经济社会发展提供了强有力的法律依据。经过系统整合、编订纂修，民事法律规范内容更加明确、制度更加完善，规范性更强了。

（四）提供了深化法治实践的动力

一是为坚定理想信念提供了法治支撑。以法律文件方式，充分吸纳最新法学研究成果和法治实践成果，凝聚了数代党和国家领导人的期望、数代法律人的才智心血和广大人民的期待心愿。以法典化方式，确认、巩固和发展了新中国成立后特别是改革开放以来的民事法治建设成果。以法律文献方式，坚定了全党和全国人民走中国特色社会主义法治道路的道路自信、理论自信、制度自信、文化自信。以高票表决通过，进一步凝聚了国家和民族的共识。

二是为服务建设改革提供了法治保障。着力推动实施民法典，对增强民事法律实施、建设中国特色社会主义法治体系，对推进全面依法治国、加快建设社会主义法治国家，对发展社会主义市场经济、巩固社会主义基本经济制度，对坚持以人民为中心的发展思想、依法维护人民权益、推动我国人权事业发展，对推进国家治理体系和治理能力现代化，都具有重大意义。

三是为推进良法善治提供了立法范式。全面考虑新时代民事行为、商事活动、法律关系的变化特点，建构了一系列适应当前经济发展和社会治理的法律制度，为推进全面依法治国提供了高质量的民事商事法律依据。充分考虑经济社会发展的关系，为营造良好法治环境、营商环境、社会环境提供了一部带有法律效力的"社会生活的百科全书"❷。

四是为提升实践能力提供了良好基础。全面吸纳了原有民事商事法律制度的经验成果，有力解决了原有法律规范、民事制度中存在的矛盾问题。为

---

❶ 新华社.《求是》杂志发表习近平总书记重要文章《充分认识颁布实施民法典重大意义，依法更好保障人民合法权益》[EB/OL].（2020-06-03）. http://www.xinhuanet.com/politics/leaders/2020-06/15/c_1126116359.htm.

❷ 法学家关于《民法典》的定位、意义、作用的这一观点，已为最高立法机关所采纳. 王晨.关于《中华人民共和国民法典（草案）》的说明 [C] //《中华人民共和国民法典》，北京：中国法制出版社，2020：197.

执法司法机关做到严格公正文明司法，法律服务机构和法律工作者提供优质高效法律服务，提供了高质量的法律文本，提供了高效率的法律依据。

（五）捧出了中国智慧方案的样本

一是为光大人类文明提供了成果亮点。分析借鉴了人类法治文明的有益成果❶，回应了人民的利益、群众的愿望与各方面的期盼，在中国法制史乃至世界法制史上留下了浓墨重彩的一笔。特别是以立法方式吸纳了信息文明建设和发展的成果，巩固了有史以来社会主义性质的制度和文明。例如，针对互联网、大数据、云计算时代背景和信息文明发展趋势，完善了网络侵权法律规则，有力顺应了由农业文明、工业文明到与信息文明相结合的新形势。

二是为发展社会主义提供了制度样板。运用法律丰富中国特色社会主义的国家制度、社会制度、法律制度，为中国特色社会主义经济制度、文化制度、社会制度发展提供了法治保障。回应了"世界百年未有之变局"，指出了今后世界社会主义社会发展的目标和方向。捧出了一部世界性的社会主义法律文献，奉献了一部史诗般的社会主义制度文本，树起了一座熠熠生辉的社会主义法治建设里程碑。

三是为深化国际交往提供了法律依据。统筹国内法治和涉外法治，大大强化中国建构现代市场主体地位与市场秩序的法律成效，有力扩展中国参加国际交往空间的法律基础，为维护世界和平和公平正义提供了中国智慧。例如，在民事主体的表述上，把《民法通则》中"公民"或者"公民（自然人）"概念，改变为自始至终都使用"自然人"，不再仅限于具有中华人民共和国国籍的群体和个体，还包括没有中华人民共和国国籍的外国人和无国籍人，有力推动了宪法关于致力建构人类命运共同体宪法规则的贯彻实施，依法转化了中国共产党关于建构人类命运共同体的政治主张。

四是为推动世界和平提供了法治智慧。注重世界经济交往，为中外民事主体开展经济合作和内外交流，提供了适应科学调整国际交流民事关系的基础性法律文本。依法保护人权，为落实联合国人权保护法律文件有关规定，依法推进全世界人权保障事业，贡献了中国方案。所确立的基本原则、法律制度和法律规则，对于推动各国家（地区）之间民事主体交易的平等互利、公平诚信提供了可供使用、借鉴和复制的重要法律文本。

---

❶ 新华社.《求是》杂志发表习近平总书记重要文章《充分认识颁布实施民法典重大意义，依法更好保障人民合法权益》[EB/OL].（20-06-03）. http://www.xinhuanet.com/politics/leaders/2020-06/15/c_1126116359.htm.

三、切实抓好实施民法典的重点工作

习近平总书记强调，"全党要切实推动民法典实施，以更好推进全面依法治国、建设社会主义法治国家，更好保障人民权益"。[❶] 法律的权威和生命力在于实施。各地各部门和各方面应当结合各自职能和任务分工，切实履行推进法治中国建设的重要职责，全领域、全方位推动民法典学习宣传和贯彻实施。

（一）强化法治思维和法治方式

一是顺应为强化法治思维所规划的法治轨道。各级党政机关和各方面应当坚持依法治国、依法执政、依法行政共同推进，坚持法治国家、法治政府、法治社会一体建设，按照坚持中国特色社会主义法律制度[❷]体系统一基本要求，尊重和保障自然人、法人和非法人等民事主体的法律地位，推动相关行为规范体现精神一致性、内容衔接性和机制协调性，不得违背法律法规随意做出减损公民、法人和其他组织合法权益或增加其义务的决定。

二是适应为完善法治方式所制定的法律规范。公法中的权力和私法中的权利具有一定程度的对应关系。民法典对新时代的行政权力和民事权利进行了统一研究，作出了对应或衔接规定。各级党和国家机关履行职责、开展工作应当充分体现法治方式，充分考虑《民法典》有关规定，在行使公权力过程中始终做到依法决策、依法履职、依法办事。各级政府及其工作部门是公权力行使主体的主要成分，在把握相应主体的法律定位及其享有公权力的行使上，应当坚持依法行政原则、贯彻民法典法律规则。具体讲，民法典法律规则对公权力问题已经明确的要坚决执行，不明确的应当认真研究贯彻民法典基本原则，从而始终清楚自身行为和活动的范围和界限，做到相关民事行政活动不得违背民法典有关规定。

三是回应为理顺制度规范所提供的操作依据。民法典是法律规范体系中的基本法，与其内容有关的法律、行政法规、地方性法规、政府规章和司法解释，从不同层级和效力上对有关法律制度提出要求或进行细化，相关规定

---

❶　新华社.《求是》杂志发表习近平总书记重要文章《充分认识颁布实施民法典重大意义，依法更好保障人民合法权益》[EB/OL].（20-06-03）. http://www.xinhuanet.com/politics/leaders/2020-06/15/c_1126116359.htm.

❷　中国法律制度是中国社会主义国家制度、社会制度的法律形式，中国法律体系的统一性体现在立法体系的统一及立法中所要坚持的立场、所要彰显的观点、所要维护的制度等都体现为统一性乃至一致性，这与西方国家"三权分立"、联邦制和资本主义法律制度有着本质的区别。

的指向与内容应当精神一致、制度一体、规则衔接。各级立法机关及立法工作机构、司法机关是有关制度规范的制定主体，应当履行好理顺与完善制度规范的主体责任，"加强同民法典相关联、相配套的法律法规制度建设"。❶此种境况下的理顺与完善相关制度规范，可以理解为广义上的立法活动，其实际操作主要体现在及时修改完善相关的法律、法规、司法解释，深入梳理调整有关地方性法规、政府规章，定期调整完善有关执法办案的意见、指导意见等规范性文件，最终目的和要求是依法清理修改或废止与民法典规定和原则不一致的决策、政策、规定、依据。理顺和完善相关的法律制度规范需要与有关部门的机构设置、职能设定、编制配备相衔接，有关编制机构和部门应当加强衔接配合，及时修改调整与民法有关的执法依据、执法职权、执法机制，不能包容"政策打架""规范冲突""制度矛盾"等侵犯人民群众合法权利问题。❷

四是顺应为加强监督制约所提出的前行方向。《民法典》等法律法规的实施效果，在很大程度上受到有关部门公权力的影响和制约。公权力"关进制度笼子"指导思想和私权利"法无禁止即可为"法律原则，是监督制约公权力的重要精神和重要要求。各级党政部门和立法机关、纪检监察机关、司法机关共同构成针对政府部门公权力进行监督制约的法定体系，应当着力加强党内执法监督、法律实施监督、检察法律监督等监督机制建设，依法严肃处理侵犯群众合法权益的行为和人员，切实保护各类民事主体的民事权利不受侵犯。各级政府及其工作部门、直属机构是行使行政权及相关权力的法定主体，是行政管理、行政处罚的法定主体。民法典总则与各分编中，将民事主体界定为"任何组织或者个人"的有 23 处，其中行政机关是重要的主体形式。由此，有关的行政处罚必须主体法定，必须是依法具有法定职能和管辖权的行政机关、法律法规授权组织等；有关的行政处罚必须对象法定，只有"公民、法人或者其他组织违反行政管理秩序的行为"才能作出行政处罚；有关行政处罚行为的处罚种类、处罚依据、处罚程序、执行方式也必须法定，不遵守法定程序和有关要求，构成重大且明显违法的，相应的行政处罚无效。

---

❶ 新华社.《求是》杂志发表习近平总书记重要文章《充分认识颁布实施民法典重大意义，依法更好保障人民合法权益》［EB/OL］.（20-06-03）. http://www.xinhuanet.com/politics/leaders/2020-06/15/c_1126116359.htm.

❷ 这些重大实际问题，看似不是法律问题，实质上是多种立法问题、执法问题、司法问题的法理根源所在，既影响经济交往又产生矛盾纠纷，非常容易引发或转化为诉讼纠纷，同时还反映着国家法律制度的科学性和立法工作的科学性，反映着有关地方和部门的法治思维和法治方式的实际评价。

正在全国推开的行政执法"三项制度"改革❶，已经充分证明对行政执法规范化的推进与提升作用，应当加大推广力度。

（二）建设法治政府和法治环境

一是为建设法治政府作出了重要规定。习近平总书记指出，"各级政府要以保证民法典有效实施为重要抓手推进法治政府建设，把民法典作为行政决策、行政管理、行政监督的重要标尺"❷。《民法典》中民事权利与行政权力的衔接规范，主要体现在对许可、确认、征收、征用、收费、备案、救助、奖励、检查、强制、处罚、赔偿、裁决等行政行为作出了相应规定，其中有的是行政执法的直接依据，有的作出了衔接规定。各级各部门应当坚持依法行政、私法自治原则，尊重和保障民事权利，处理好职权法定与民事权利的关系，以权利意识深化对职权法定原则的理解。各级各部门应当把贯彻实施《民法典》和保证《民法典》有效实施作为法治政府建设的重要抓手，把民法典制度规范作为行政决策、行政管理、行政监督的重要标尺，做到推进依法行政与促进民事关系和谐有序相结合相统一。例如，《民法典》完善了监护制度，扩大了被监护人的范围，强化了政府的监护职能，应当在有关政府规章和行政管理制度上得到衔接落实。

二是为推进依法行政制定了制度规则。《民法典》中的一些新制度、新规则，使民法与行政法的法治精神衔接、法律制度衔接和条文规则衔接更加紧密。行政机关和有关机构在履行行政职权时，应当准确区分民事法律关系和行政法律关系，从而正确适用依法行政原则，不因违法行政带来法律纠纷。在参与民事活动时，应当准确适用私法自治原则，进而带头体现对宪法和法律的尊重与服从。各级政府、政府工作部门和有关机构在研究问题、谋划决策时，应当把贯彻实施好国家法律作为深化依法行政的自律准则，坚决落实民法典对行政组织、行政立法、行政执法、行政责任等方面的新要求，切实提高依法决策、依法履职、依法办事等依法行政的能力和水平。应当依法规范行政行为和行政活动，严格履行涉及民事权利实现的行政登记、行政确认、行政协议等的政府职责，切实提高服务人民群众、推进法治政府建设的能力和水平。

---

❶ 行政执法"三项制度"，指行政执法公示制度、行政执法全过程记录制度、重大执法决定法制审核制度。

❷ 新华社.《求是》杂志发表习近平总书记重要文章《充分认识颁布实施民法典重大意义，依法更好保障人民合法权益》[EB/OL].（20-06-03）. http://www.xinhuanet.com/politics/leaders/2020-06/15/c_1126116359.htm.

三是为统筹有关事项提出了工作要求。《民法典》规定的有关制度和法律规则，与党政各系统正在着力推进深化改革的有关事项密切相关，需要在有关的改革事项中，在行政管理、行政执法以及有关的司法活动中，给予高度的重视、充分的研究、有力的衔接。例如，对与农村集体产权改革相关的征地补偿制度、土地承包"三权分置"制度提出了衔接性规定，对与人民群众切身利益密切相关的建筑物区分所有权制度进行了规则完善。尤其是在用益物权部分，增加了认可和保护民事主体对住房保障的灵活安排，以此满足特定人群的居住需求，在法律层面形成了具有新时代特色的居住权制度。还提出了建立统一的动产抵押和权利质押登记制度等新的制度构想。这些任务，有的需要通过完善有关政策、调整登记机构职能等来推进改革，有的需要国务院正式提出修改有关法律的议案后再进一步做好衔接，有的需要在深化改革中按照《民法典》新规定推进有关制度改革，有的需要通过完善有关政策、调整登记机构职能等来贯彻落实。行政机关职能与权力的有关规定对民事主体、民事权利、民事行为都具有较大程度上的实质性影响，各级各部门应当将《民法典》的贯彻实施工作与做好"六保""六稳"工作，与实现新冠肺炎疫情防控常态化，以及与推动本地经济社会发展等中心工作❶相结合，为新形势下的依法防控、依法治理和经济社会发展提供有力法治保障。

四是为优化法治环境规定了政府责任。针对行政执法机关法定义务与法律责任作出新规定，对改善法治环境、营商环境和提升政府形象有重大影响。如明确了登记机关的公示义务，明确了主管机关的申请清算法人义务等，都是对行政机关如何依法行政的法律要求，也是有关行为的法律依据。有关机关、机构和行政执法人员不作为的，将承担相应的法律后果。《民法典》针对市场要素、资源要素、产权要素等作出的一系列新规定，对推动营商环境法治化和改善投资环境具有重大意义。各级各部门应当高度重视产权法律制度和知识产权法律制度等方面新变化，通过深化产权制度改革、推进知识产权保护等民事领域法治举措，助力打造区域法治环境和营造良好营商环境。《民法典》针对政府和有关部门设定了一些新法定义务，有关部门和机构在今后的行政活动、执法活动和司法活动中，应当积极地履行《民法典》提出的救助义务、保护义务（安全保障义务）、保密义务，避免因未履行法定救助义务或者履行义务不到位而承担相应的侵权责任。

---

❶　如中共河北省委九届六次全会确定的"三六八九"经济社会发展基本思路和"三创四建五优化"总体部署，即是当前一个时期全省上下的中心工作，其中将推进京津冀协同发展、规划建设雄安新区、筹办北京冬奥会列为"三件大事"。

（三）加强民事执法和民事司法

一是强化执法理念司法理念。习近平总书记指出，"民事案件同人民群众权益联系最直接最密切"。❶ 行政执法和民事司法是法律实施的重要环节，是法治理念落地的重要方式，是推动《民法典》有力实施的重要内容。各执法司法机关应当秉持人民司法思想❷和严格执法公正司法理念，做到坚持依法行政与重视私法自治相结合。所有国家工作人员都应当增强权利意识，做到坚持依法行政与重视私法自治相结合，做到依法保护公民、法人和其他组织的民事权利与合法权益。例如，《民法典》在侵权责任编的规定中，明确要求公安等机关对高空抛物致人损害问题履行确定具体加害人的侦查调查职责，按照法律规定作出行政处罚，构成犯罪的还要依法追究刑事责任。

二是强调严格执法公正司法。严格公正文明执法和公正司法是法治国家、法治政府和法治社会建设的重点领域和重大环节，有关的执法司法活动必须把《民法典》规定的新精神、新制度、新规则落实到位。各执法司法单位不能只盯着行政法、行政权，应当坚持严格按照法律规定执法办案，运用《民法典》这面新"镜子"处理好职权法定与民事权利的关系，摆布好公法中的公权力和民事主体的私权利之间的关系，切实加强财产权、人格权、知识产权、生态环境等重点领域执法司法工作，确保经办案件经得起法律检验、时间检验和实践检验。各执法司法单位是《民法典》有关规定落地落实落细的重要主体，尤其是政法机关，承担着维护国家政治安全、确保社会大局稳定、促进社会公平正义、保障人民安居乐业的重大责任。应当严格落实《民法典》禁止高利放贷和严厉惩处"高利贷""套路货"等重要规定，切实防范金融风险，切实有力维护正常的金融秩序。

三是提升办案水平案件质效。吸纳了原来司法解释有效的、符合《民法典》总体精神的一系列内容，同时也为执法司法活动提高质效提出了挑战和考验。各执法司法部门应当研究落实行政行为的新界限、新标准，在今后的

---

❶ 新华社.《求是》杂志发表习近平总书记重要文章《充分认识颁布实施民法典重大意义，依法更好保障人民合法权益》[EB/OL].（20-06-03）. http://www.xinhuanet.com/politics/leaders/2020-06/15/c_1126116359.htm.

❷ 董必武人民司法思想的内涵包括"坚持党的领导""巩固国家政权""坚持司法为民""坚持群众路线""坚持领导干部带头"等多个方面的重要思想，其本质是"人民司法工作者必须站稳人民的立场，全心全意地运用人民司法这个武器，尽可能采取最便利人民的方法解决人民所要求我们解决的问题"。董必武. 董必武政治法律文集 [M]. 北京：法律出版社，1986. 卫彦明. 董必武人民司法思想的内涵及当代价值体系 [J]. 河北法学，2020（7）：56-59.

执法司法活动中体现优质高效，不得侵犯民事主体的人身权利、财产权利以及其他合法权益。各司法机关应当正确区分民事案件、刑事案件的界限，加强民事执法司法中的对下指导工作，坚决防止以办理刑事案件名义插手民事纠纷、经济纠纷，不断提高办案质量和司法公信力。

四是加强民事案件、行政案件监督。政法系统和行政执法往往深入涉及民事主体法律权利，应当着力推进提高执法办案质量。各级审判机关、检察机关审判机关、检察机关担负着维护公平正义"最后一道防线"重要职责，应当切实加强民事行政审判监督和民事行政检察监督。政法机关和信访部门是基层治理法治化的主力军和排头兵，应当通过畅通司法救济渠道、深化公益诉讼制度改革等有力举措，切实加强对民事司法执法活动的监督，推进提高执法办案质量。

（四）完善解纷机制和法治协同

其一，着力完善多元解纷机制制度。民法典为从源头上预防和化解矛盾纠纷提供了法律依据和法律武器，其实施效果不仅体现为有关的执法司法活动优质高效，更体现为民事主体遵照执行、有关工作贯彻落实。人民法院、仲裁机构、法律服务机构、基层组织应当提升预防和化解矛盾纠纷的能力和水平，着力完善人民调解、行政调解、司法调解和民商事仲裁等多元化纠纷解决机制，特别是充分发挥人民法庭、基层调解组织、专业调解组织的重要作用。例如，物权编关于业主建筑物区分所有权中，秉持业主自治原则提出了一系列新规则，涉及业主与物业之间、业主与业主之间的利益关系，涉及公共事务、基层治理众多事项，其中对《物权法》有关涉及业主公共事务的规定作出了重大调整，降低了业主经由表决形成决议的门槛，为预防和减少物业服务管理纠纷提供了法律依据。对这些重要规定，有关的案件办理机制、基层治理机制和矛盾化解机制应当给予及时有力的回应。

其二，着力提升法律服务能力水平。各司法行政部门应当提高有关工作组织协调能力和水平，司法行政单位、法律服务机构和广大法律服务工作者应当提高法律服务能力和水平，切实做好法律援助、司法救助、法律服务有关工作，帮助群众实现和维护自身合法权益。例如，合同编对司法解释实施中较好发挥作用的情势变更制度进行了立法认可，上升为基本法律文件中的一项重要法律规则，有关部门、机构和法治工作人员应当高度重视，结合新冠肺炎疫情防控、大气污染治理等近年来情势变更重大问题，对诉讼及非诉业务中的合同签订、履行、变更问题给予充分重视和必要体现。有关法律服务机构和法学法律工作者应当主动作为，着力推动当前已经形成情势变更现实法律问题的依法解决。

其三，着力畅通私权维权救济渠道。民法典实施必将为理顺法律关系、推动经济发展、促进社会和谐和化解矛盾纠纷提供重要依据、发挥重大作用。同时，新旧法律与制度间的衔接和适用问题❶，也必然会带来一些法律上的挑战，可能会提出一些法律救济的新要求。各级信访部门和各系统信访机构应当带头学习领会民法典新精神、新制度和新规则，加大信访问题化解力度，依法对有关问题作出化解或救济。各监督部门和各有关机构应当围绕提高依法监督能力和水平，学深弄懂吃透民法典新精神、新制度和新规则，及时回应群众关切，切实畅通公民、法人和其他社会主体合法权益的救济渠道。例如，《民法典》第 1039 条规定，国家机关、承担行政职能的法定机构及其工作人员，对于履行职责过程中知悉的自然人的隐私和个人信息应当予以保密。当发生自然人的隐私和个人信息泄露等情形时，应当按照《中华人民共和国国家赔偿法》认定机关法人的法律责任。

其四，是加强法治建设工作协同❷。各相邻行政区域尤其是市县级区域有关部门、基层组织应当和执法司法机构应当完善法治协同机制，务实解决及时化解各类矛盾纠纷。各级各部门应当广泛动员社会力量积极参加法治社会建设，全方位引导广大群众自觉尊法学法守法用法，不断增强促进社会和谐稳定的实效。

四、健全完善民法典实施的保障制度

习近平总书记指出，"讲清楚实施好民法典，是坚持以人民为中心、保障人民权益实现和发展的必然要求，是发展社会主义市场经济、巩固社会主义基本经济制度的必然要求，是提高我们党治国理政水平的必然要求。"❸ "民

---

❶ 包括新旧民法文件间、新旧民事法律规范间、新旧民事法律制度间以及民法典与相关行政法律法规、政府规章、规范性文件等多种法律规范和法律文件之间。

❷ 所谓"法治协同"是指特定区域（例如京津冀、粤港澳、环渤海、大亚湾等）内区划相邻地方的有关部门，在立法、执法、司法、法律服务等法治建设工作中，强化大局意识、协同思维、协同机制，协同推进该特定区域内的法治建设重要工作。有关思考与建议参见：周保刚. 雄安新区法治保障策论［J］. 浙江工业大学学报（社科版），2017（3）. 另可参阅人民日报社《内部参阅》2017 年第 32 期和河北省法学会编撰的《法治参阅（特刊）》《第八届法治河北论坛论文集》等收录的有关文章。

❸ 新华社.《求是》杂志发表习近平总书记重要文章《充分认识颁布实施民法典重大意义，依法更好保障人民合法权益》［EB/OL］.（20-06-03）. http://www.xinhuanet.com/politics/leaders/2020-06/15/c_1126116359.htm.

法典要实施好，就必须让民法典走到群众身边、走进群众心里。"❶ 各级各部门应当加强组织领导，为民法典宣传教育和贯彻实施提供强有力的组织保障、机制保障和制度保障。

（一）作为党政领导干部重要职责

一是突出抓好各级"关键少数"。习近平总书记多次强调："全面依法治国必须抓住领导干部这个'关键少数'。"各级党政主要负责人应当提高政治站位、找准历史方位、坚持法律定位、履行职能定位，充分发挥"关键少数"作用，将推动实施民法典作为推进法治建设第一责任人职责重要内容，作学习、遵守、维护民法典的表率。

二是推动形成浩大持久声势。《民法典》7编、1260条的庞大体系，人身关系、财产关系的丰富内容，调整、规范的重要使命，需要广泛深入地学习宣传。各级党和国家机关应当带头学习宣传民法典，推进、保障民法典贯彻实施。各地各部门各单位和各有关方面应当推出多种行之有效的方式，确保民法典得到有力宣传、全面理解和有效执行。广大群众应当积极融入新时代法治中国建设热潮，积极学习民法典等法治知识，做到尊法学法用法守法。

三是统筹协调学习宣传贯彻。民法典实施成效关系全面依法治国的深化，关系新时代中国特色社会主义建设，必须与中心工作统筹考虑、协调推动，作为中心工作重要内容、法治建设重点工作和法治宣传重大任务。各地各部门主要领导和班子成员应当强化责任意识，把民法典宣传实施与本地本部门法治建设总体工作和经济社会发展工作同谋划、同部署、同协调、同推进、同督促、同考核❷。

四是发挥领导干部带头作用。"火车跑得快，全靠车头带。"领导干部在全面依法治国中的作用越来越突出，法治队伍作为法治宣传教育和法律实施主力军的作用越来越重要。各级领导干部应当带头学习贯彻民法典，做学习、遵守、维护民法典的表率。各地各系统的法治干部，包括广大法学法律工作者，应当带头学习贯彻民法典。

---

❶ 新华社.《求是》杂志发表习近平总书记重要文章《充分认识颁布实施民法典重大意义，依法更好保障人民合法权益》[EB/OL].（20-06-03）. http://www.xinhuanet.com/politics/leaders/2020-06/15/c_1126116359.htm.

❷ 党中央制定颁布的《党政主要负责人履行推进法治建设第一责任人职责规定》、河北省制定印发的《河北省党政主要负责人履行推进法治建设第一责任人职责实施办法》及其他有关地方和系统的有关文件，均强调要在法治建设工作中发挥党委领导核心作用，其中包括深入推进法治宣传教育等。

（二）作为普法宣传教育重点工作

一是精心筛选确定普法重点。各级各部门应当把民法典学习宣传贯彻作为"十四五"时期法治宣传教育的重要内容❶，做到全文系统讲解与新精神深入讲解相结合，推进法治社会建设与推进依法行政、建设法治政府、建设法治国家相结合。法治宣讲团队应当突出重点，将作出新规定、作出新修改的重要法律制度，尤其是与人民群众生活密切相关的法律规则，作为法治宣讲的重点内容。例如，民法典的基本原则，民法典的新制度、新规则、新亮点，民法典实施与依法行政的关系等，均应当重点讲授。再如，继承编中的有关法律规则，扩大了继承人的范围、设立了代位继承制度、增加了继承证明的种类和形式，应当让全社会充分了解。再如，婚姻家庭编中的有关家庭关系规定，除了对夫妻关系作出规定之外，对父母子女、近亲属的关系也作出了专门回应，应当让人民群众深入了解。还有，总则编和各分编中，对夫妻关系、父母子女之间的关系、兄弟姐妹之间的关系等都有相应的新规定，应对广大市民和农民进行重点宣讲。

二是加强学习培训研讨交流。《民法典》中的一系列新制度、新规则为贯彻实施提出了一系列新课题。有关部门和单位应当明确学习目标、落实学习计划，组织开展大培训活动。有关培训活动应当有的放矢，提高学员理解法律本义、执行法律规范、协调法律关系的能力，提高工作人员运用民法典维护人民权益、化解矛盾纠纷、促进社会和谐稳定的水平。有关研讨交流应当突出针对性，重点解决有关精神的理解、有关规则的适用和有关概念的把握等。例如，在对数据、网络虚拟财产的法律保护上，《民法典》作出了初步回应，但对其法律制度、法律规则的实施应用，如数据管理人制度的建构与实施等，还需要进一步的研讨；再如，总则编有关民事权利规定中对个人信息保护作出了初步回应，需要对个人信息保护制度机制的建构作出进一步的研究。

三是纳入系列对象教育内容。民法典学习宣传与推动实施是一项重大的系统工程。各法治宣传机构、组织宣传部门、院校应当纳入干部培训教学内容，列为干部培训重点和法律知识考试内容。各有关院校应当纳入国民教育体系，发挥课堂教学的重要作用和专家学者的智库作用。各有关部门、单位

---

❶ 新华社.《求是》杂志发表习近平总书记重要文章《充分认识颁布实施民法典重大意义，依法更好保障人民合法权益》[EB/OL].（20-06-03）. http://www.xinhuanet.com/politics/leaders/2020-06/15/c_1126116359.htm.

和机构应当作为青少年普法重点，增强下一代用法能力。

四是加强宣传典型培树表彰。民法典学习宣传和推动实施为推进法治进程提供了有力平台，为媒体和宣传工作、新闻工作提供了广阔舞台，也为法治领域的典型培树提供了新的重点。各新闻媒体应当通过多种形式宣传民法典，提振社会主体发展经济信心。各有关部门和媒体应当推介宣传贯彻实施中的好做法，推选宣传和表彰奖励贯彻实施民法典的先进典型。

（三）作为法学理论研究重大课题

一是加强培训辅导学习宣传。民法典的问世凝聚了几代法学家和法学法律工作者的心血，也为法律教学科研机构和法学工作者提供了进一步施展才能的空间。各级法学会及其所属研究会、各院校应当充分发挥法治智库专家作用，积极服务党委（党组）理论中心组学习和各级各部门学习培训辅导。特别是各级法学会，应当在组织开展"双百"报告会活动中，把民法典培训辅导宣传作为重点内容，推出一系列专题辅导课程。在谋划推动法治文化基层行活动时，应当把民法典宣传解读作为重点内容，采用多种方式普法，让民法典规范走到群众身边、走进群众心里。

二是解读重大制度精神亮点。民法典的总体思维、规范体系、制度建构、逻辑层次既是重大的立法成果，也是丰富的课题资源库。法学院校、研究机构和专家学者应当深化民事法律制度研究，广泛宣传民法典编订纂修中推出的"新亮点"，精准解读重大立法成果中的民事法律关系重要制度。尤其要把立足新发展阶段、提出新发展理念、构建新发展格局所需要的制度和导向，作为法治宣传和法律解读的重中之重。

三是深化民事商事理论研究。民事商事法律制度是法学研究的传统领域、重点领域，也是服务保障新时代经济社会发展顺利推进的重大课题。社科规划部门应当统筹规划、协调推进法学法治课题与社科课题研究，支持研究机构和专家学者全面加强民法典理论研究、规范研究与实践研究，阐释好基本原则、基本要求和一系列新规定新概念新精神❶，为民法典贯彻实施和民事法律制度发展提供理论支撑。尤其是对协议离婚制度中的冷静期制度等社会热议问题，应当全面考量中国人关于家庭的特殊情感和人生价值，进行深入浅出的讲解，全面推进家的和谐稳定、社会的和谐稳定与个人的自由权利。

---

❶ 新华社.《求是》杂志发表习近平总书记重要文章《充分认识颁布实施民法典重大意义，依法更好保障人民合法权益》［EB/OL］.（20-06-03）. http://www. xinhuanet. com/politics/leaders/2020-06/15/c_1126116359. htm.

四是推动形成中国话语权。当代中国反复强调的人类命运共同体既是一个政治概念更是一个法治命题，为涉外法治研究提出了重大课题。民法典是推动新时代中国经济社会发展的法律文件，也是推进中国与世界交往的法律依据。社科研究各有关方面和新闻宣传各有关机构应当围绕丰富中国特色社会主义法治理论，深化民法典等法律制度的理论研究和成果宣传。社科研究各有关方面和法律法学工作者应当立足我国国情和实际，坚持理论与实践相结合、服务国家建设与对外交往相结合、推动法治中国建设和涉外法治建设相结合，努力构建体现我国社会主义性质，具有鲜明中国特色、实践特色、时代特色的民法理论体系和话语体系。❶

（四）作为监督检查考核重要内容

一是优化法律实施检验标准。法治精神其中一个重要特点是坚持实事求是。检验法律实施效果的一个重要标准是促进社会公平公正。关于民法典的宣传实施情况和推动实施效果，应当作为检验和评价各方面工作的一个重要标准。各级党政部门和领导同志应当优化政绩观念和能力水平综合评价机制，把民法典的实施水平和效果，尤其是法治环境、营商环境和社会环境改善情况与人民群众的满意度，"作为衡量各级党政机关履行为人民服务宗旨的重要尺度"。❷

二是强化宣传实施监督推进。民法典学习宣传和推动实施是一项系统工程。各上级部门、有关工作牵头部门应当加强民法典学习宣传和贯彻落实工作的检查和监督，推动系统性、区域性、规模性学习宣传和贯彻实施工作。普法工作的"八五"规划以及与民法典实施有关的法治建设规划、法治政府计划和法治社会纲要等重要文件，都应当把民法典学习宣传和推动实施纳入重要内容。"十四五"规划有关文件应当将民法典等法治建设情况作为重要保障。

三是优化法治考核机制制度。党中央多次强调制定科学的法治建设指标体系和考核标准，各级党委政府和有关机构应当完善领导班子和领导干部综合考核指标体系与考核机制，将法治学习宣传作为推进法治社会建设的重要

---

❶ 新华社.《求是》杂志发表习近平总书记重要文章《充分认识颁布实施民法典重大意义，依法更好保障人民合法权益》[EB/OL].（20-06-03）. http://www.xinhuanet.com/politics/leaders/2020-06/15/c_1126116359.htm.

❷ 新华社.《求是》杂志发表习近平总书记重要文章《充分认识颁布实施民法典重大意义，依法更好保障人民合法权益》[EB/OL].（20-06-03）. http://www.xinhuanet.com/politics/leaders/2020-06/15/c_1126116359.htm.

指标，纳入法治建设年度考核重要内容。对监督检查和综合考核中发现的问题、不足、短板，有关部门应当及时梳理、深入分析、督促整改。对监督考核机制建设需要解决的问题，应当给予有力的政策支持和经费保障。

四是用好法治考核结果数据。民法典的制定颁布，标志着新时代中国的法治建设达到了新高度、进入了新阶段。对民法典的学习宣传和推动实施情况，应当作为党政领导班子和领导干部综合考核中法治考核的重要内容。关于法治考核的结果，有关部门应当客观对待，分析不足、强化弱项，不断提高推进法治建设的力度。各级各部门应当不断深化推进良法善治各项工作，努力为富强、民主、文明、和谐、美丽的社会主义现代化强国提供有力法治保障。

司法如何追求社会效果
——兼论《民法典》中的"公平责任"

▌郭明龙

作者简介：郭明龙，天津师范大学法学院教授，天津市法学会民法学分会秘书长，研究方向为民法学。

一段时间以来，对于"法律效果与社会效果的统一"的理解出现了两种极端：一是僵化刻板地理解适用法律，认为追求社会效果会阻碍法律适用，这种极端最终会走向机械司法；二是无视法律的具体规范及其射程内的文义，以社会效果为由使法律随心所欲地服从即时的需要或者特定人的需要，这种极端最终会走向"法律虚无主义"。"法律效果与社会效果的统一"的提法源于为法律解释与适用注入更多的社会需求、社会意义和社会后果，"它已经成为我国法院的一项基本司法政策"❶。通过司法裁判行为践行的民法精神，根本目标是要产生和实现符合民法精神的社会效果。任何一个司法裁判都会产生一定的社会效果，但是有的社会效果是正面的，有的社会效果是负面的，而民法精神实践指导下的司法裁判，所追求的应是契合民法精神的正面社会效果，也就是符合社会主义法治原则及其权利保护与权利实现要求的正义效果。本文以《中华人民共和国侵权责任法》（以下简称《侵权责任法》）第二十四条、《中华人民共和国民法典》（以下简称《民法典》）第一千一百八十六条的"公平责任"变化为切入点，展现立法上的重大价值判断更弦易辙与追求社会效果之间的关系。

一、司法裁判对社会效果的匡扶

（一）社会效果不是司法裁判"和稀泥"

无论南京小伙彭宇是否真的在下公交车时碰到了老人徐寿兰，发生于2006年11月20日的"彭宇案"在中国法治进程中都是典型案例，只要涉及"扶不扶""好心无好报"的问题必援引该案例。❷发生在天津的"许云鹤案"也与之类似。从证明责任法的角度，当加害行为与受害者的损害事实之因果关系处于真伪不明状态时，法院往往贯彻"世上无好人"的推定

---

❶ 孔祥俊. 司法理念与裁判方法［M］. 北京：法律出版社，2005：195.

❷ "南京彭宇案的'真相'为何被捂了好几年"［EB/OL］.（2012-01-17）［2021-06-07］. http://dzb.hxnews.com/2012-01/17/content_25081.htm. 南京彭宇案中，官方公布的事实是彭宇与老人发生了碰撞，其就是侵权行为人。

规则，即在我们的社会生活中，只有加害人才会去救人，普通人不会去救人，普通人做好事属于例外，普通人不做好事属于原则。按照事物的例外和原则的关系，由主张例外事实——世上有好人或普通人做好事的人，对自己做好事的事实承担证明责任。其实，从深层次说，这属于职权主义诉讼模式"出力不讨好"，在真伪不明的状态下单纯按照举证责任的分配规则分配败诉风险，而不是由司法者根据自己所理解的法律效果滥用事实推定规则。无论最终司法投入多大成本发现所谓"客观真实"，南京"彭宇案"的判决已经因司法裁判影响到法律对道德的正面引导。十多年来，由南京"彭宇案"纠缠而成的心结，宛如病灶，一直存在于社会，潜伏于人心，顺势应景不时发作，不单是道德滑坡的标志，还是诸多缺德行为的遮羞布和挡箭牌。有人将当今社会道德沦丧、部分民众的自私冷漠与其相联系，确实有一定道理。

实践中"和稀泥"式判决追求所谓的社会效果却带来了对道德源泉的极大破坏，因为它会对社会行为进行反向激励。有学者对我国明代官员海瑞的决狱定案经验进行研究后总结为"海瑞定理"，其中的海瑞定理I认为"始终如一地依法公正裁判会减少机会型诉讼"❶。按照海瑞定理I，真正有效的"息讼"就是要在全力听讼的基础上依照案情是非曲直严格执法，"和稀泥"注定引发好事者的不当利益追求——健讼，而只有持续不断地公正司法才能达到息讼的法律效果，才能实现维护良好社会秩序的社会效果。从经济学角度看，海瑞定理的目标就是司法通过释放明确、稳定的信号，来构建社会秩序，打消机会主义的念头，最终在整体上降低社会关系本身所要消耗的社会成本，"和稀泥"与海瑞定理指引的光辉目标背道而驰。"树太好爬索赔 60 万元"的新闻引发网友热议，点开新闻真是让人惊奇。❷ 从社会效果看，必须杜绝司法结果"和稀泥"现象，守好法治的底线，再不整治，会让中国道德出现倒退。与广州"摘杨梅"案不同，实践中也发生过因"追不追""劝不劝"

---

❶ 苏力."海瑞定理"的经济学解读 [J]. 中国社会科学，2006 (6)：131-132.

❷ 广州六旬老人吴某在景区游玩上树摘杨梅时，由于树枝枯烂断裂，致吴某从树上跌落，经送医抢救无效身亡。事后，吴某亲属认为景区未采取安全疏导或管理等安全风险防范措施，向景区索赔 60 多万元。广州市花都区法院 2018 年 5 月 29 日作出一审判决，认为吴某作为成年人，未经同意私自上树采摘杨梅，应当预料到危险性，应当对自身损害承担主要责任；被告景区作为杨梅树的所有人及景区的管理者，应当意识到这种行为存在可能危及人身财产安全的情况，但其没有对这一行为的危险性作出一定的警示告知，存在一定的过错。花都法院酌情认定被告承担 5% 的责任，某山村村委会向吴某的亲属赔偿 45096.17 元（"树太好爬索赔 60 万"就因为"我死我有理" [EB/OL]. (2018-06-25) [2021-06-07]. http://www.sohu.com/a/237704087_679669.）。该案件通过再审得到改判，驳回原告方的全部诉讼请求。后被最高人民法院确定为指导性案例。

引发的案件，法院顶住压力作出了裁判，匡扶道德正义，赢得较好的社会效果。❶ 2018 年 3 月，第十三届全国人民代表大会第一次会议上的《最高人民法院工作报告》在关于大力弘扬社会主义核心价值观部分，重点点评"追不追"案件时说："朱振彪追赶交通肇事逃逸者案，让维护法律和公共利益的行为受到鼓励，让见义勇为者敢为，以公正裁判树立行为规则，引领社会风尚。"同样，"劝不劝"的案件及其判决结果也产了一定社会影响。❷ 在十三届全国人大一次会议河南代表团审议最高人民法院和最高人民检察院的工作报告的会议上，最高人民法院院长周强称赞郑州中院审理的电梯抽烟劝阻案判得好："我们对吸烟的老人家不幸去世感到悲伤，这是个不幸的事件，但是这个医生劝阻吸烟是正确合法的行为，他不能承担责任，郑州中院这个案件判得很好，大大推动了社会风气，让见义勇为者敢为，让符合法律的行为受到鼓励。"❸

对比法院的判决，有的法官纠结于"有损害必有救济""人死为大"等所谓社会效果而做出"和稀泥"裁判，反而无意助长了"会哭的孩子有奶吃"这种社会歪风。如果身边发生不文明、不道德、不合法行为，理直气壮地指出、见义勇为制止反而会面临巨大的法律风险，势必会产生一种不良的社会导向，人们的观念慢慢也会随之改变，看见需要扶一下、帮一把、劝一嘴的事，会奉行事不关己高高挂起而明哲保身，所造成的精致利己主义是我们所不愿意看到的。所以，民法精神实践除靠规范加以约束外，依然要有

---

❶ "追不追"的案件发生于 2017 年 1 月 9 日，唐山小伙朱振彪追赶"交通肇事逃逸"的张永焕，追出 20 多公里后，被追赶的张永焕跑上了旁边的铁路，被迎面而来的火车撞击身亡。张永焕的父亲张庆福、儿子张殿凯将朱振彪告上法庭。张家认为，朱振彪的追击行为导致了张永焕的死亡，向其索赔 60.98 万元。2018 年 2 月 12 日，唐山市滦南县人民法院对该案作出一审判决，认为肇事者的肇事逃逸行为构成违法，朱振彪作为普通公民挺身而出，制止正在发生的违法行为，属于见义勇为，应予以支持和鼓励，驳回死者家属的诉讼请求。（唐山"追逃逸者致死案"宣判：朱振彪行为不构成侵权 [EB/OL].（2018-02-12）[2021-06-07]. https://baijiahao.baidu.com/s?id=1592199709758226779&wfr=spider&for=pc.）

❷ "劝不劝"的案件发生于 2017 年 5 月，死者段某与杨先生先后进入小区电梯内，因段某在电梯内吸烟，两人发生言语争执。段某与杨先生走出电梯后，仍有言语争执。双方被该小区物业公司的工作人员劝阻后，杨先生离开，段某同物业公司工作人员一同进入物业公司办公室。段某因突发心脏病，抢救无效死亡。段某近亲属田女士将杨先生以侵权告上法院，一审法院按照《中华人民共和国侵权责任法》第二十四条的规定，受害人与行为人对损害的发生都没有过错，可以根据实际情况，由双方分担损失，法院酌定杨先生向田女士补偿 1.5 万元。田女士不服提起上诉，2018 年 1 月 12 日，河南省郑州市中级人民法院宣判，撤销一审河南省郑州市金水区人民法院的一审判决，驳回田女士的全部诉讼请求。（劝人别吸烟，这人气死了！你赔不赔？[EB/OL].（2018-01-24）[2021-06-07]. http://www.sohu.com/a/218709980_99962378.）

❸ 周强评价"郑州电梯吸烟案"审判：让见义勇为者敢为 [EB/OL].（2018-01-24）[2021-06-07]. http://news.163.com/18/0310/22/DCIPPR9J0001899N.html.

"管闲事"的勇气，让维护法律和公共利益的行为受到鼓励，让见义勇为者敢为，以公正裁判树立行为规则，引领社会风尚。

在实践中，侵权责任构成要件被软化，导致所谓公平责任原则被滥用，此现象需要立法和司法共同协力加以矫治。在立法上，立法者在《民法典》第一千一百八十六条将公平分担损失的适用先定位"依照法律的规定"，将原2009年《侵权责任法》第二十四条中对法官"根据实际情况"所进行的裁量授权予以收回；在司法上，也要通过指导性案例统一裁判思路，人民法院在侵权责任案件的审理中，必须始终秉持权益维护与行为自由两种价值的平衡，不可偏废，如果曲解"法律效果与社会效果相统一"，僭越立法，突破法定构成要件，就会对民法精神的自由价值造成极大破坏和伤害。

（二）司法裁判社会效果追求的"先见之明"

法律效果与社会效果的统一既要通过立法，也需要通过司法和执法。法律的制定就是追求法律效果与社会效果相统一的过程。"如果没有某些具有规范性质的一般性标准，那么有组织的社会就会在作下述决定时因把握不住标准而出差错，比如说：什么样的利益应当被视为是值得保护的利益，对利益予以保障的范围和限度应当是什么以及对于各种主张和要求又应当赋予何种相应的等级和位序。"● 法律的制定需要实现利益衡量，通过一定的立法技术将价值判断固定在规范之中，一旦凝固于具体的法律制度，定型化的利益也就成为该法律制度一个不可分割的属性。立法过程中的所谓社会效果就是有效地协调了各种利益关系。在立法过程中我们强调民主立法、科学立法，最重要的原因就是要保证法律最大限度地体现和反映社会生活的需要。所以，法律效果与社会效果的统一，在很大程度上需要强调在立法过程中保持两种效果的统一。

司法追求法律效果与社会效果的统一，需要进行利益衡量，一种是法律允许法官特定情形所享有的一定自由裁量权，另一种是法律漏洞补充和价值补充。"利益衡量论"在日本被作为民法解释学所独有的一种法学方法论，是指"法官在阐释法律时，应摆脱逻辑的机械规则之束缚，而探求立法者制定法律时衡量各种利益所为之取舍……斯即利益衡量。换言之，利益衡量乃在发现立法者对各种问题或利害冲突，表现在法律秩序内，由法

● E.博登海默. 法理学——法律哲学与法律方法 [M]. 邓正来，译. 北京：中国政法大学出版社，2004：413-414.

律秩序可观察而得之立法者的价值判断"❶。现代法律虽然通过不确定概念、一般条款等授予司法者一定的裁量权，但不可否认的是对主要利益的衡量仍须通过立法来完成。如果仅仅强调司法利益衡量，则可能导致利益衡量被滥用，例如法律已有明确依据，司法者却认为其欠缺实质妥当性而弃置不用，进行法外利益衡量，此现象经常被称为"情与法"的冲突。❷ 社会效果的确存在，但确实孕育于法律效果之中，必须坚持"依法裁判"的精神，必能以社会效果为名，逾越法律界限，实现了法律中的价值选择，也就实现了其社会效果。

对社会效果的追求，正确做法是对"事前分析"（先见之明）观点的坚持。"事前分析"和"事后分析"（后见之明）的观点是芝加哥大学讲座教授伊斯特布鲁克（F. Easterbrook）在分析克林顿弹劾案时提出的理论工具，"事前分析"是一般性的通则，而"事后分析"则往往是针对个案和特例来考虑。二者区分具有相对性，但伊氏认为，如果只使用眼前或手上的个案，那么通常是特例，也就是后见之明；相反的，如果适用于所有类似的情形，通常就是先见之明。长远来看，以事前分析作为社会效果的考虑作出判决比较好。❸ 判决中对于社会效果的考虑既不能避免，也难以回避，当法官根据法律法规作出可能结果不同的判决时，都不允许法官只考虑个案当事人的要求和利益，还必须以服务于全体利益的方式解决表面的纯私人争端。因为法院判决不仅仅解决原告和被告之间的私人纷争，它还对法律共同体的将来行为、对民众的行为产生一定影响。法官造法不能局限于纷争中的私人利益，它必须考虑到整个社会的利益——比如那些能够获得高度认同的公正和社会福利观念。❹

《民法典》第一千一百八十六条将授权型的"公平责任"改造为引介型的"公平责任"后，面对"受害人和行为人对损害的发生都没有过错的"情形，可怜的受害人一方怎么办呢？这是很多司法者纠结或者将要纠结的问题。依笔者看，立法既然"狠心"将法官原来几乎不受限制的裁量权收走，必然在价值衡量上有新的考量。一方面，不受限制的公平责任并非协调权益维护与行为自由的关系，而是"通过模糊处理消除当事人之间的权利边界，起到

---

❶ 杨仁寿. 法学方法论 [M]. 北京：中国政法大学出版社，1999：175.
❷ 张新宝. 侵权责任法立法的利益衡量 [J]. 中国法学，2009（4）：177-178.
❸ 熊秉元. 解释的工具——生活中的经济学原理 [M]. 上海：东方出版社，2014：223.
❹ 汉斯-贝恩德·舍费尔，克劳斯·奥特. 民法的经济分析（第四版）[M]. 江清云，杜涛，译. 北京：法律出版社，2009：14.

维护社会稳定的作用"❶。有学者对我国司法实践中适用所谓"公平责任"的案件进行了研究，分析了这种责任对侵权法体系的消解和社会成员行为自由的戕害。❷ 裁判结果并不意味着"法律效果与社会效果相统一"，而可能仅是被告出于"维持人际和谐关系"顾虑而勉强接受，在周围群众中也未见得社会效果很好。司法的功能就在消除社会的纷争，但息讼不等于"畏讼"，也不能"和稀泥"，在司法这一路径上，仅是出于方便、人情或其他因素的考虑就向公平责任之类的归责逃逸，"最终将导致过错责任和无过错责任无法发挥应有的预防损害之规范功能，软化侵权法归责原则的体系构成"❸。另一方面，随着我国国力增强，已经构建起比较完备的社会救济和社会保障体系，之前"由于我国社会保障制度尚不健全，对一些意外损害还需要通过侵权法来救济，不能使无辜的受害人自己完全承受损失"❹ 的理由已经到了检讨并重新作出价值判断的关键节点。

中共中央办公厅、国务院办公厅于 2016 年 12 月印发并实施的《关于进一步把社会主义核心价值观融入法治建设的指导意见》要求，要大力培育和践行社会主义核心价值观，运用法律法规和公共政策向社会传导正确价值取向，把社会主义核心价值观融入法治建设。固本培元，将社会主义核心价值观融入法治建设，不仅靠立法也要靠司法，司法所追求的法律效果与社会效果的统一，要求在个案裁判中融入核心价值观，真正实现对全社会民法精神实践的价值导引。

二、司法裁判社会效果与信访维稳

（一）信访维稳对司法社会效果追求的扭曲

为了了解民众对司法不公的看法，本项目组以"您认为目前存在司法不公的最主要原因是哪项"为题进行了全国性问卷调查，有五个备选答案（A. 法官业务水平低；B. 法官公平意识差；C. 司法体制缺陷；D. 社会环境影响；E. 没有法治传统）供单项选择，对该问题的回答涉及对司法不公成因的看法。调查的数据统计结果如图 1 所示。

---

❶ 程啸. 侵权责任法 [M]. 北京：法律出版社，2015：106.
❷ 程啸. 侵权责任法 [M]. 北京：法律出版社，2015：107.
❸ 王泽鉴. 民法学说与判例研究 [M]. 北京：北京大学出版社，2015：182.
❹ 王利明. 侵权责任法研究（上卷）[M]. 北京：中国人民大学出版社，2010：107.

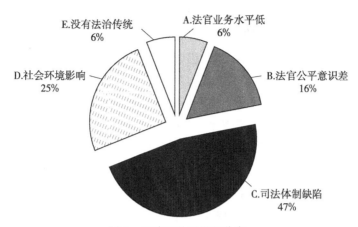

图1 司法不公正原因分布

数据统计结果显示，在可能影响司法不公的五个原因选项中，认为司法体制缺陷（C）的比例最高，为47%；选择社会环境影响（D）的比例次之，为25%；其他依次是法官公平意识差（B）占比16%，法官业务水平低（A）和没有法治传统（E）占比均为6%。民众的感受与理论界的分析基本一致，司法不公的原因，"一方面，是外部的各种权力、关系、金钱、人情等对司法案件的影响和干预，表现为个别地方党委审批案件、党委政法委决定案件、地方主要领导批示案件、人大代表过问个案、亲戚朋友同学情说案件等各种形式"；"另一方面，是司法机关内部体制机制不完善，相关制度不健全，滥用司法权"。❶党的十八届四中全会《决定》为了实现"公正司法，提高司法公信力"的目标，提出"完善确保依法独立公正行使审判权和检察权的制度"，"优化司法职权配置"，"推进严格司法"，"保障人民群众参与司法"，"加强人权司法保障"，"加强对司法活动的监督"等措施。多年来，很多学者呼吁解决司法权行政化问题，并认为行政化是司法权难以独立行使的最大症结。❷党的十八届四中全会《决定》提出的以上措施剑指司法行政化问题，真正改变"审者不判""判者不审"的现状，保证司法权的独立行使，因为只有让司法者真正独立行使权力，才能实现真正的司法责任制。

---

❶　李林. 通过法治实现公平正义［G］//俞可平. 国家底线：公平正义与依法治国. 北京：中央编译出版社，2014：85.

❷　如张卫平教授认为："司法行政化指违背司法的规律，将法院、法官及司法判断过程纳入行政体制的命令与服从关系之中，使司法被行政'格式化'的变态现象。"张卫平. 体制、观念与司法改革［J］. 中国法学，2003（1）：4-5.

在司法行政化过程中，我国"信访"制度的运行也"功"不可没。信访是我国司法体制自身不足的产物，曾经是我国解决社会现实纷争的重要形式之一。它是指公民、法人或者其他组织采用书信、邮件、传真、电话、走访等形式，向有权接受信访的单位提出建议、意见或者投诉请求，依法由有关机关予以处理的活动。❶ 根据历史资料记载，我国信访制度在一定程度上体现出传统文化的连续性，信访组织设立的初衷功能上在于"统合"，在国家政权建设过程中新政权发明了这套包括组织管理技术、民主动员技术、化解矛盾技术在内的网络系统，"并在这种技术组合中形成的自己的新传统"❷。信访制度存在一定的合理性，如群众路线的宗旨、为民做主的目的、信赖"青天"的心理、威慑贪腐的需要等。现实生活中的"上访"事件，实际上多是当事人不得已要求借助"权力"手段解决"权利"纠纷的问题，是对司法机制及其结果无奈的一种选择。当事人对生效裁判不满并不一定依照法定程序申请再审，而往往"信访不信法"，向本级或越级向政府机关或党的机关来信来访。而接受信访的部门又会认为这是社会不稳定因素，通过对下级的信访考核将压力传导过去。党政机关需要"息事宁人"，当事人的诉求针对法院裁判时，这些问题又会回到司法机关。基于司法机关在地方权力结构中的弱势，法官及其上级领导为了减少这种麻烦只有妥协，满足当事人的部分诉求。某些案件当事人的缠诉缠访由此导致维稳政治压力下法院"和稀泥"现象，"爱哭的孩子有奶吃"逐步成为常态。有学者总结信访功能错位和扭曲的具体表现是，"信访制度的政治参与和表达沟通功能逐渐萎缩，权力监督功能实效单一，而权利救济功能则过度扩张"❸。

信访之所以能够排挤司法独立、扭曲司法权威，根源于对绝对"维稳"的追求。"稳定压倒一切"是邓小平理论中的一个基本观点，我国的改革开放和现代化建设离不开稳定的政治局面，但是，"稳定并非说社会矛盾不复存在，或者社会矛盾被完全压制，而是指和谐社会实现了对社会矛盾的有效预防和公正排解。对于和谐社会，主体的不同利益得到协调平衡与满足，实现了对矛盾与冲突发生的尽力避免，部分矛盾纠纷发生时得到及时有效的化解，防止了势态扩大到威胁社会和谐的程度"❹。争议和纠纷既要靠预防，又要靠解决。预防纠纷要靠制度，在一个合理的社会结构中，能够保障个人或利益

❶ 汤唯，等. 当代中国法律文化本土资源的法理透视 [M]. 北京：人民出版社，2010：175.
❷ 强世功. 法制与治理 [M]. 北京：中国政法大学出版社，2002：101.
❸ 孙大雄. 信访制度功能的扭曲与理性回归 [J]. 法商研究，2011 (4)：52-55.
❹ 王利民，郭明龙. 论"和谐社会"的私法构建 [J]. 河北法学，2006 (2)：2-3.

群体通过合法的和制度的手段实现自己的利益目的，而无须通过社会越轨的行为或者冲突的办法达到个人利益的需要与满足。而解决纠纷必须健全社会利益纠纷与冲突的有效疏导机制，维护社会的和谐与稳定，这一社会疏导机制是多方面的，但最根本的就是公正独立的司法体制。"现代法治文明的一个重要标志就是权利受损失衡时，由私力救济向公力救济的转换，公力救济在很多领域都取代了私力救济。"❶ 司法成为维护社会正义的最后一道防线和社会矛盾的缓冲与平衡系统，意味着纠纷的和平、理性解决。"法律的最主要的任务之一是保持和保证法律的和平，而法律和平则要求，任何人不得对他人使用暴力，因此，当某人的权利受到侵害或受到威胁时，他不应该通过自己的强力去实现自己的（实际上的或可能的）权利，而应该寻求司法机关的帮助。"❷ 纠纷解决中的维稳思路要求应当尽量减少矛盾的转化和纠纷升级为暴力，无论是立法和司法都包含着对当事人暴力的反对，应当通过制度设计使得纠纷双方诉诸暴力的机会降至最少。比如，引发舆论热议的"昆山反杀案"，就是一个值得反思的典型案例。❸ 其实，如果没有强制性的规则（约束条件），按照博弈论，双方就会形成背叛的纳什均衡，双方的暴力升级就不可避免（都会担心对手暴力升级而先发制人）。规则的目标就是通过介入一种强力，让焦灼的双方适时放手，形成妥协的均衡、合作的均衡。按照科斯第三定理，不同的产权界定将会产生不同的效率与效果，以《水浒传》举例来说，如果规则有利于蒋门神，欺凌行为就会毫无顾忌；如果规则倾向于武松，就会激励出现更多的大英雄。无论是恶霸还是英雄，本质都是诉诸暴力，在和平年代都不利于社会的稳定，都是一种不和谐的存在。因此，关于防卫的裁判需要找到均衡点，让恶霸和英雄的数量之和最小。目前，我国立法仍囿于对公力救济的过于迷信而没有规定自助行为，这属于立法缺憾，面对来自不法行为的严重紧急危害，法律应当引导鼓励公民勇于自我救济，坚持同不法侵害作斗争。

---

❶ 孙鹏，肖厚国. 担保法律制度研究 [M]. 北京：法律出版社，1998：269-270.

❷ 卡尔·拉伦茨. 德国民法通论 [M]. 王晓晔，等，译. 北京：法律出版社，2003：358.

❸ 2018年8月27日晚，江苏省昆山市震川路街头一辆宝马车与一辆自行车因抢道发生争执，驾驶宝马车的刘海龙在冲突发生后，从车里拿出一把砍刀连续击打自行车车主于海明，途中砍刀掉落，反被于海明抢到砍刀并将其砍伤，最终致使刘海龙死亡。刘海龙醉酒驾车，违规变道，主动滋事，挑起事端。从事态发展看，刘海龙先是推搡，继而拳打脚踢，最后持刀击打，不法侵害步步升级，于海明正面临严重现实危险。"昆山反杀案"引发舆论热议，于海明的行为属于故意伤害还是正当防卫，成为社会各界关注的焦点，最终公安机关认定属于正当防卫（"昆山反杀案"于海明属正当防卫 [EB/OL]. (2018-09-02) [2021-06-08]. http://www.xinhuanet.com/2018-09/02/c_129945114.htm.）。

（二）对信访制度的法治化改造

绝对维稳思想和信访制度相互影响，对司法机关裁判案件、对民事主体自治行为的扭曲不容忽视。信访机制的存在，其目的在于维护社会和谐，但其存在本身，又表明一种社会不和谐，是司法低效不公或者司法机制不能有效满足排解各类社会纠纷与矛盾的需要的反映，反而进一步加强了司法行政化。在涉法涉诉上访中，当事人无不希望获得有关机构和领导的重视进行个案批示纠正自己的"冤案"。表面看，个案过问批示一定程度上可以纠正一些执法不严、司法不公的案件，实现了"有错必纠"，但是实际上每一起这样的涉法涉诉信访案件的解决，通常具有强大的示范效应，它会催生大量的机会主义，不断强化当事人和社会公众对法官之上"法官"的期望，从而形成一种偏离法治的循环：由于不信任法院和法官，其到司法之外寻求权力救济，导致司法权威弱化，而司法权威的弱化又进一步加重了当事人的机会主义倾向，选择到法院之外的部门去上访，导致当事人信"访"不信"法"。善治目标的达成意味着要建立一种顺畅的、能够有效化解社会矛盾的机制，从这个意义上，信访制度的设置与善治的目标追求似乎并不重复，但实际情况却是，愈演愈烈的群体上访、越级上访和重复上访造成了"信访洪峰"，不仅破坏社会稳定，大量的涉法信访存在也是对司法独立性和权威性的破坏。司法裁判的终极效力必然要求当事人应当尊重法院的生效裁判，除非符合申请再审的法定情形，否则不得反复申请再审，也不得就生效裁判确定的事项又向社会组织、行政机关寻求救济。

中国信访制度面临困境，与国家治理现代化目标也存在很大差距，因此有学者建议，应当从"行政性权利救济"向"司法性权利救济"转型。❶虽然当前直接取消信访的条件可能并不成熟，但信访的确不应成为通过政府解决社会矛盾的主要渠道，这个问题不解决，对社会矛盾的处理就不能从根本上纳入法治建设的轨道，实现善治并彰显民法精神。信访作为一项制度安排，从长远或者根本上来讲，并不符合社会主义法治原则及其民法精神实践的要求，它的存在与效用的发挥，往往不仅与司法裁判及其民法精神相矛盾，而且其存在本身就代表着中国司法裁判在解决案件纠纷上的功能缺失与不足，也就代表着一种非法治条件的社会秩序形态及其维护的制度性存在与认可。

---

❶ 于建嵘. 中国信访制度批判 [J]. 中国改革，2005（2）：26-28.

党的十八届四中全会《决定》指出："把信访纳入法治化轨道，保障合理合法诉求依照法律规定和程序就能得到合理合法的结果。"信访和司法作为解决社会纠纷的不同方式，前者注重纠纷个体的差异性和结果的针对性，而后者更强调程序的安全性和结果的可预期性。从长远来看，应贯彻"司法最终解决"原则，充分发挥通过司法程序解决社会纠纷的价值和功能，维护裁判的权威性和稳定性，尤其不能用涉法涉诉信访替代诉讼程序解决纠纷，更不能将涉法涉诉信访凌驾诉讼程序之上。"司法最终原则和涉法涉诉信访问题法治化解决的内在逻辑是社会矛盾纠纷的解决必须符合司法规律和国家治理现代化的要求，必须按照法治思维和法治方式而非人治思维和人治方式解决社会矛盾纠纷。"❶ 信访制度的法治化，一方面要通过司法改革保障纠纷能够顺利进入司法、程序设计顺畅、成本可及，以充分发挥司法解决纠纷的功能，另一方面要依法治"访"，尽早划定信访制度的权力边界，"访""法"分离，同时要建立涉法涉诉信访依法终结制度，终结事项依法有序退出法律处理程序，不能又回流进信访渠道。

结　语

司法裁判之"善"，需要以对民法精神的遵循及其价值的弘扬为基础。实践着的民法精神，不仅通过当事人的行为，而且通过司法裁判者的行为加以体现。司法权作为社会正义的最后一道防线，应当保持独立、权威；司法作为最重要的他治力量，对民法精神实践既有守护，又有引领、塑造。

---

❶ 程琥. 司法最终原则与涉法涉诉信访问题法治化解决 ［J］. 人民司法·应用, 2015（5）: 13–14.

《民法典》合同编"绿色条款"的立法引入及实现

彭和棋　李百超

作者简介：彭和棋，河北大学法学院刑事诉讼法学 2019 级硕士研究生。

李百超，河北大学法学院刑法学 2019 级硕士研究生。

一、背景：合同编 "绿色条款" 的引入

2020 年 5 月通过并颁布的《中华人民共和国民法典》（以下简称《民法典》，下文所及有关法律均为简称），作为新中国成立以来特别是诞生于新时代的第一部以法典命名的法律，其第一章第 9 条规定 "民事主体从事民事活动，应当有利于节约资源、保护生态环境"，坚持了 "绿色原则" 的确立，体现出了鲜明的时代精神和时代特征，特别是社会主义核心价值观和以人民为中心的发展思想。❶《民法典》引入绿色原则后，还应在各个分编中通过具体的规范进行展开，即绿色原则作为民法的基本原则不应被虚化，应该转化为具体的法律规则。❷ 诸多学者从多维度和多角度的层次出发对此进行阐释和解读，普遍认可其重大价值，并提倡绿色原则的具体化。

若期望对生态文明建设取得成功，一方面需要贯彻绿色发展理念、坚持节约资源和保护环境的国策，另一方面还需要立法者通过制定、认可行为规范而确立个体的行为规则，《民法典》中 "绿色规则" 条款的立法亦如是。早在 2017 年颁布的《中华人民共和国民法总则》（以下简称《民法总则》）第 9 条首次增加了 "民事主体从事民事活动，应当有利于节约资源、保护生态环境" 这一原则，即 "绿色原则"，现行的《民法典》在编纂过程中继承并发展了这一原则，并将其落实为物权编、合同编和侵权责任编的具体 "绿色规则" 条款。较之于物权编、侵权责任编的 "绿色规则" 条款，合同编的 "绿色规则" 条款在传统意思自治理论的基础上逐渐转化为合同编的具体规则，为合同编增添了新的内涵，也与建设现代化经济体系的目标相一致。

在市场经济条件下，市场运行关注更多的是对资源的占有和使用，市场交易活动对于资源节约和环境保护的影响等外部性问题投入的关注较少。因此，有必要通过法律制度等社会规范来实现安排产权、降低交易成本并科学

---

❶ 郭峰. 中国民法典的价值理念及其规范表达 [J]. 法律适用，2020（13）：17.

❷ 吕忠梅课题组. "绿色原则" 在民法典中的贯彻论纲 [J]. 中国法学，2018（1）：6.

规范交易规则的作用。❶ 现代社会民事主体之间的交易日益复杂多样，市场主体的交易行为所产生的负外部性也应当由交易主体承担，这是与传统的自然经济与商品经济所不同的部分。此时，便可以通过立法的激励与约束性规则对交易活动进行制度性安排，即规范交易主体行为，降低交易成本。在继承传统民法理论的基础上，我国《民法典》创造性地增加了环境保护与资源节约这一时代需求，不仅为民事主体的行为规则指明了方向，同时也丰富了我国《民法典》的时代内涵与特征。随着工业文明的不断发展，环境污染问题日益严重，加之资源本身固有的稀缺性，节约资源与环境保护成了解决这一难题的关键。对于这一难题，调整环境保护与资源节约的法律规范应运而生，主要体现为具有现代性的经济法和以环境资源保护为主的环境资源法。然而，上述立法主要是调整纵向法律关系的环境保护规则，面对日益严重的环境问题，立法还需要通过规制横向法律关系的规范予以调整，即经济法和环境法主要调整国家与市场主体之间的法律关系，环境保护的立法还需要完善平等主体之间的环境保护关系，《民法典》"绿色条款"及其具体化的制度正好实现了这一立法需求。

二、展开：合同编"绿色条款"之体现

既然《民法典》总则中第 9 条确立了绿色原则，那么在分编中必然要予以贯彻和落实，以回应绿色原则的要求，实现具体制度的绿色化改造。其中在合同编中直接反映绿色条文的有四个。一是《民法典》第 509 条相比《合同法》第 60 条增加了第 3 款，规定"当事人在履行合同过程中，应当避免浪费资源、污染环境和破坏生态"，明确了合同履行的绿色约束，丰富了合同附随义务的内容。二是《民法典》第 558 条相比《合同法》第 92 条❷增加了"旧物回收"义务，是对后合同义务内容的扩展。三是《民法典》第 619 条相比《合同法》第 156 条增加了包装方式不明确时按照"有利于节约资源、保护生态环境"的要求确定包装方式，与"足以保护标的物"的要求并列，扩展了适当包装义务。四是《民法典》新增第 625 条规定："依照法律、行政法规的规定或者按照当事人的约定，标的物在有效使用年限届满后应予回收的，出卖人负有自行或者委托第三人对标的物予以回收的义务。"从体系上看是买卖合同规则中对第 558 条规定的旧物回收义务的具体化。从文本表达来看，

---

❶ 李其瑞，等. 法理学教程［M］. 北京：中国政法大学出版社，2017：99.

❷《合同法》第 92 条：合同的权利义务终止后，当事人应当遵循诚实信用原则，根据交易习惯履行通知、协助、保密等义务。

《民法典》合同编的 "绿色条款" 多数是在《合同法》既有条款中添加了环境保护有关的内容，仅第 625 条是新增条文。而第 625 条规定的买卖合同中出卖人的旧物回收义务是对旧物回收义务的具体化，应当在第 558 条确立的规范框架之下理解。

（一）合同履行的绿色随附义务

合同编总则部分第 509 条规定合同履行应当 "避免浪费资源、污染环境和破坏生态"。该项规定是在合同履行过程中新增的具体义务，从字面上看改变了绿色原则的表达结构，将 "有利于节约资源、保护生态环境" 的正面指引性规定变更为 "避免浪费资源、污染环境和破坏生态" 的反向限制性规定，具有更强的义务设定意味，体现了绿色原则对合同履行活动的约束。

绿色附随义务是对合同附随义务的扩展，不仅是贯彻绿色原则的体现，也是合同履行活动所应遵循的基本价值导向。❶ 从体系上看，该款规定列于合同履行原则和合同附随义务两款规定之后，且不属于合同给付义务的内容，与该条第二款规定通知、协助等义务相同，是将绿色原则 "纳入附随义务体系，令契约当事人承担保护环境附随义务" 的体现。❷《民法典》第 509 条将绿色义务单独列为第 3 款，从合同的体系来看也宜将其解释为附随义务。附随义务性质上为法定义务❸，需要在裁判中基于合理性判断来确定义务的内容、强度和边界。

（二）绿色义务于合同履行的扩展

合同编涉及 "绿色规则" 的合同履行条款主要包括第 558 条规定的债权债务终止后的义务以及第 625 条规定的出卖人的回收义务。首先，第 558 条规定了合同法律关系终止后当事人应当承担的旧物回收义务，这一规定系新增内容，属于立法对于合同履行中旧物回收制度的确认，使合同当事人权利义务得以明晰，也符合新时代发展理念的需要。其次，第 625 条是买卖合同章的新增条文，明确出卖人 "对标的物予以回收的义务"，呼应了第 558 条关于旧物回收的规定，对于旧物回收制度的建立健全极具指导意义，但是其增加了依照法定或者按照当事人约定 "标的物在有效使用年限届满后应予回收"

❶ 刘长兴. 民法典合同编 "绿色条款" 解析 [J]. 法学杂志，2020（10）：23.
❷ 侯国跃，刘玖林. 民法典绿色原则：何以可能以及如何展开 [J]. 求是学刊，2019，46（1）：116.
❸ 韩世远. 合同法总论（第四版）[M]. 北京：法律出版社，2018：342.

的限定条件，改变了后合同义务的规范结构，存在不同的解释空间。笔者认为这项规定适用范围较为狭窄，并不能很好地落实第 558 条中的"旧物回收义务"，具有一定程度的病态法条的性质❶，但仍可以用绿色原则的大方针作出合理的解释，与第 558 条相呼应。

（三）绿色包装的立法确认

《民法典》合同编第 619 条以立法形式规定了合同履行中如果标的物包装方式没有约定或者约定不明确，并且没有通用标准的条件下，合同主体应当"采取足以保护标的物且有利于节约资源、保护生态环境的包装方式"，这一规定在最大限度尊重合同主体意思自治的前提下，对当事人的履约行为产生负外部性予以调整，对私法主体的意思自治原则予以规范，有利于节约资源和保护环境。

"采取足以保护标的物的包装方式"即合同法上的适当包装义务，是《合同法》规定的合同在包装方式上存在漏洞时最终的补充规则。关于适当包装义务的性质，有学者认为当属合同附随义务中的协助义务；❷ 若适当包装构成物之瑕疵的判断标准，那么违反适当包装义务应承担瑕疵担保责任。《民法典》第 619 条将绿色包装义务与原适当包装义务并列，是对适当包装义务之内涵的扩展，在性质上也可解释为合同附随义务，在体系上是合同履行中的绿色附随义务在买卖合同包装方式确定规则中的具体化。

（四）合同绿色义务的定位

综合起来，本文将《民法典》合同编四个"绿色条款"规定的义务统称为合同绿色义务，本质上是根据绿色原则对合同当事人履行合同的行为乃至合同终止后的行为提出的绿色约束。绿色原则对民事主体从事民事活动的要求主要体现在经济交易领域，具体体现为对合同关系中当事人行为的约束。在此意义上，合同绿色义务是民事活动中贯彻绿色原则的主要途径，决定着民法绿色原则的实现程度。总的来说，不论是"绿色原则"还是具体的"绿色规则"条款，《民法典》立法的这一创新性举措对于民事主体的行为产生了重要的指引与规范作用，但同时也应当注意到这一法律制度设计的争议与调适，以及规则条款过于概括性而导致的可操作性较弱、对于民事主体行为的作用有限等问题。同时，随着中国特色社会主义法律制度的不断完善，如何

---

❶ 贺剑. 民法的法条病理学——以僵尸法条或注意规定为中心 [J]. 法学，2019（8）：75.

❷ 汪渊智，李媛. 论附随义务 [J]. 山西大学学报（哲学社会科学版），2001（3）：41.

与环境法等法律制度有效衔接也成了《民法典》"绿色条款"面临的主要课题。❶

但是《民法典》合同编的"绿色条款"并未触及合同法的核心制度,不管是绿色附随义务、旧物回收义务还是绿色包装义务,在合同法中都仅具有附属性甚至可能被边缘性的地位,而合同效力规则、合同解释规则等相对更核心的合同法制度中并未体现绿色原则的要求,与合同法绿色化的制度设想仍有一定的差距。❷ 所以在此形态下,应更为准确地发现并理解《民法典》合同编"绿色条款"实施中的效力以及存在的不足等问题,随之以积极的方式予以优化和完善,方可对于经济交易活动朝着有利于节约资源、保护生态环境的方向发展以及推动生态文明建设发挥重要的作用。

三、问题:合同编"绿色条款"之实现困境

我国《民法典》合同编以条文立法的方式积极回应并贯彻了总则编第 9 条确立的"绿色原则",并将其细化为合同编的"绿色规则",这使我国《民法典》的体系更加完整,为合同编注入了新鲜血液,也丰富了债权行为法律制度,为合同行为提供了重要规范与指引。但是,由于合同法律制度本身的独特性与"绿色规则"实现的复杂性,这一法律制度目前还主要存在以下问题:

(一)合同效力及解释双规则的"绿色"缺失

合同的效力问题是合同法的核心问题,相关问题应当在《民法典》合同编中作出全面规定。❸ 合同制度的设计是否能够有效运行,关键是有赖于合同效力制度,"绿色规则"在合同效力规则的体现,也构成了合同法绿色化的基础。就立法文本而言,《民法典》第一编第六章第 147 条至第 151 条分别规定了在重大误解、欺诈、胁迫和显失公平情形下当事人的撤销权;第 153 条、第 154 条规定了在违反法律、行政法规的强制性规定和违反公序良俗以及恶意串通损害他人合法权益情形下合同无效的规则。尹田教授指出,"绿色原则"在概念上已为《民法典》总则编第 8 条的公序良俗原则之"公序"(社会公共利益)所涵盖,环境资源保护的立法目标主要是通过公序良俗原则加

---

❶ 吕忠梅. 民法典"绿色规则"的环境法透视 [J]. 法学杂志, 2020 (10): 9.

❷ 刘长兴. 论"绿色原则"在民法典合同编的实现 [J]. 法律科学, 2018 (6): 132.

❸ 王利明. 民法分则合同编立法研究 [J]. 中国法学, 2020, 41 (10): 26.

以表现的❶，随着"绿色原则"的独立，但包括合同编在内的《民法典》规定并没有关于违反节约资源、保护环境义务行为的效力性规定。那么违反合同履行中的附随义务是否构成对合同义务的违反，以及救济方式是否包括采取补救措施、赔偿损失和解除合同等，以及后续救济的途径这些都是相对存在疑问的问题。❷ 如果将"绿色原则"通过公序良俗原则予以扩大解释，则等于否定了"绿色原则"的基本原则地位，如果不纳入公序良俗原则又会导致违反"绿色条款"行为的效力规则的缺失。

与此同时还有重要的一点，即关于合同的解释而言，第510条关于合同的解释条款也没有吸收"绿色原则"这一因素，成文的规定仅见于第619条关于标的物包装方式约定不明情形下应当采取"有利于节约资源、保护生态环境的包装方式"。这一立法缺陷使得"绿色条款"往原则化的角度偏离，使其实现更加充满未知性不确定性。总的来说，上述两项制度设计的缺陷，直接导致合同编的"绿色规则"在一定程度上还停留在原则性以及倡导性规范的层面。

(二) 具体"绿色规则"要素欠缺

在逻辑意义上来看，一个完整的表达法律规范的规则包括"前提条件""行为模式"以及"法律后果"。❸ 从合同编的文本规范来看，第558条、第619条和第625条关于后合同义务、合同的履行方式和出卖人的回收义务等规范，只是对合同主体如何履约进行了规定，且第619条带有倡议性，加之合同编违约责任部分也缺乏对于违反上述规则的否定性评价，导致了规则法律要素的残缺，构成了法律调整的障碍，即当事人不履行旧物回收义务是否应当承担违约责任、承担什么责任和怎样承担责任等问题，显然难以通过当事人的意思自治得以实现，而需要通过立法或司法解释对其法律后果进行进一步的明确。同时，合同编"绿色规则"的条文明显稀缺，只有四条条文的体现，且仅仅局限于合同履行的附随义务等边缘性制度，虽然合同属于私法的范畴，对于这些规定的绿色义务可以通过双方当事人的约定来履行，但是如果双方当事人对这些绿色规则不予理睬并且也并没有采取约定的方式予以实现，那么对于合同主体的行为指引效果就显得十分有限，这也导致合同编"绿色条款"运行及实现的动力不足。

---

❶ 尹田. 民法基本原则与调整对象立法研究 [J]. 法学家，2016 (5)：14.

❷ 李宇. 后合同义务之检讨 [J]. 中外法学，2019，31 (5)：1272.

❸ 朱继萍. 法学导论 [M]. 北京：中国政法大学出版社，2015：56.

（三）缺乏涉及绿色规则的合同制度

在解决民事行为带来的负外部性的过程中，国家通过建立排污权、碳排放权等交易规则，使双方交易主体之间通过自愿达成的协议而实现了节约资源和保护环境的目标，也提高了社会福利，已被普遍认为是一种低成本、高效率的环境保护方法。交易规则的确立与完善，有赖于产权交易合同制度这一上层建筑，因此，有必要在物权生态化及环境物权的基础上建立专门调整环境资源流转关系的合同制度。❶ 实践中，碳排放权、排污权和矿业权等交易的规则不足，导致交易规则的确立与完善不得不依赖于地方立法和司法解释，而相关立法严重匮乏，特别是在《民法典》废除民事领域许多单行立法的情形下，这些规则的缺失制约着环境权交易市场的发展与繁荣，也阻碍着"绿色规则"的实现。

四、实现：合同编绿色制度的优化

作为一项创新性的立法设计，"绿色条款"在争议中写入了我国《民法典》，并逐渐内化为我国《民法典》物权编、合同编和侵权责任编的具体法律制度。在合同编编纂过程中，由于理论层面的争议与实践经验的不足，"绿色原则"虽然得到立法的确认，但并没有完全内化为合同的效力规则和解释规则，导致其发挥的实际作用有限。因此，有必要依据"绿色原则"充实合同编立法的"绿色"元素，将其内化为合同的效力规则和解释规则，并增加新的"绿色"有名合同类型，以扩大环境资源权益的保护范围，提升合同编"绿色规则"条款的实践性。

（一）完善"绿色条款"的履行规则及绿色元素

首先，《民法典》"绿色条款"的实现，不仅要规范环境法律制度下市场主体的行为规范，也有必要通过对《民法典》所规范的各类主体的环保义务予以强化。具体而言，合同编"绿色规则"条款的实现，既要在第558条、第619条和第625条等具体合同制度中加以完善，还需要结合合同效力、违约责任等制度予以回应，即明确违反"绿色条款"行为的效力、违约责任等具体制度，如赋予债权人在债务人严重违反"绿色规则"情形下拒绝受领权利。同时，合同编第558条明确了合同主体的旧物回收义务，这一义务属于

---

❶ 吕忠梅. 论合同制度的生态化拓展［J］. 河南师范大学学报（哲学社会科学版），2004（5）：50.

后合同义务，也是附随义务，具体与第 625 条规定的出卖人回收义务相对应，但缺乏约束性，在平等的合同主体之间操作性有限，也极易被当事人规避。因此，有必要吸收我国《固体废物污染防治法》的立法技术，对旧物回收制度中当事人的权利、义务与责任明确化，厘清合同标的物中的环保责任，规范不同主体的旧物收集、贮存、运输、利用和处置等活动，促进旧物回收制度的有效运作。

其次，合同编绿色化的实现，取决于合同效力规则中的"绿色"因素。《民法典》立法中"节约环保"因素的缺失，也使得"绿色规则"的实现大打折扣。同时也应注意到"绿色"因素对于合同效力制度的影响，需要严格依据民事法律行为效力制度的规定，不能动辄以违反"绿色原则"去否定合同的效力，也要解决好"环保的私人执行"机制的缺陷。❶ 因此，需要通过合同本身的立法规范，明确浪费资源、破坏环境行为的合同效力，并根据合同内容和合同履行可能导致的后果等情节，适当评价为有效、可撤销或者无效，特别是将明确严重污染环境、浪费资源等合同行为纳入合同无效的情形。同时，发挥合同的解释规则对于当事人行为的导向与限制作用，即在合同编第 510 条合同的解释规则中增加"节约资源、保护环境"这一"绿色"元素，以充实合同编的"绿色规则"。

（二）增加符合绿色规则的环境合同制度

法律制度的目标之一就是建立一个清晰的权利界限，使权利在此基础上通过市场进行转移以及重新组合，同时，市场经济有效运转的重要条件是清晰的产权制度以及公平有效的交易规则。❷ 在物权法律制度将"绿色原则"转化为立法规范的基础上，建立专门调整环境资源流转关系的合同制度已有可能和必要。❸ 当前，资源利用权、环境容量使用权等方面的交易规则尚未作为有名合同纳入合同编的立法视野，交易规则特别是法律规则制约着环境权利交易市场的发展与繁荣。同时，对绿色有名合同的法律肯定，也可以诱导民事主体积极去践行"绿色规则"，推动生态文明建设。随着党的十九大报告提出的"使市场在资源配置中起决定性作用""加快要素价格市场化改革"等决策的实施，而实践中包括碳排放权、水权和排污权在内的环境合同法律制度亟待整合和深化，因此有必要借助合同这一外在形式，建立统一的调整

---

❶ 贺剑. 绿色原则与法经济学 [J]. 中国法学，2019（2）：115.

❷ 杜富军，李瑞娥. 新编经济学基础 [M]. 西安：陕西人民出版社，2011：154-155.

❸ 吕忠梅，刘长兴. 试论环境合同制度 [J]. 现代法学，2003（3）：105.

环境资源流转关系的环境合同制度，以实现环境法的目标价值。❶ 随着合同制度的不断完善，也有必要将环境资源流转合同纳入《民法典》合同编的有名合同类型，具体包括环境分配合同与环境消费合同，在此基础上构建环境合同的类型、主体、内容、履行规则、效力与法律责任等制度，进而建立《民法典》合同编中的环境合同制度。

（三）合同绿色义务的强制适用

在引导合同当事人约定绿色义务的同时，是否需要确认未约定绿色义务时的强制性方可实现"绿色条款"的立法目的。合同绿色义务的法定义务属性意味着其具有强制适用的效力，这符合"绿色条款"的文本含义及基本法理，问题在于如何强制适用。

民法上当事人的行为规范需要经过司法程序才能直观体现其强制性。行为规范在逻辑上同时为裁判规范，合同绿色义务的行为规范也需要确立为裁判规范才具有最终的强制意义。❷ 合同编"绿色条款"虽未直接规定当事人的义务内容，但是其价值指向是明确的，可以在具体情形中经合理性衡量具化为可操作的义务。在当事人无法就合同绿色义务内容达成一致而诉诸法院时，司法机关经裁量确认合同当事人的绿色义务，包括义务的内容、边界以及时限等。尽管确认合同绿色义务的裁量要素和标准仍有待总结，但是合同绿色义务也可以应当经由司法程序强制适用并无疑问。而且，对于违反合同绿色义务的，存在判令当事人采取补救措施、接受价款减少乃至赔偿损失的空间。例如，不履行旧物回收义务而导致对方当事人支出额外成本的，出卖方应当补偿对方的成本支出。另外，对于合同绿色义务的强制性是否能通过约定排除其适用，如果对于当事人已经对合同绿色义务作出约定的，应当按照约定执行而无须强制适用"绿色条款"。但是基于合同绿色义务的法定义务属性，如果反向约定排除其适用，则有悖"绿色条款"的立法目的，不应当得到支持。

结　语

我国《民法典》合同编"绿色条款"的引入，不仅贯彻了宪法关于环境保护的要求，同时也落实了党中央关于生态文明建设、实现可持续发展理念的要求，将环境资源保护上升到民法基本原则与民事主体行为规范的地位，

---

❶ 吕忠梅，窦海阳. 民法典"绿色化"与环境法典的调适［J］. 中外法学，2018，30（4）：878.
❷ 王雷. 民法规范的性质——游走在自治和管制之间［J］. 法学杂志，2009，30（12）：120.

突破了传统的契约自由理论，实现了私法的社会化，也使法典顺应了绿色立法潮流。充分认识民法绿色原则的重大意义并积极贯彻落实才是生态文明时代合同法律规范的应有立场。同时也应当看到，《民法典》合同编的"绿色条款"仍不完备，其学理解释和实践适用都需要我们作出进一步努力。相信随着社会环保意识的提升，合同绿色义务的实现可能性也会必然提升。以《民法典》合同编的"绿色条款"为基础，经合理解释确认合同绿色义务并积极推动其在合同实践和司法实践中落实，才可实现"绿色条款"之立法目的。

论人文主义的立法导向
——兼评《民法典》人格权编

■马国琛　赵春娇

作者简介：马国琛，河北大学法学院 2020 级法学理论硕士
研究生。

赵春娇，河北大学法学院 2020 级法学理论硕士
研究生。

2020 年第十三届全国人民代表大会表决通过了《中华人民共和国民法典》（简称《民法典》，下文所及法律均为简称）。这是我国法学界以及全国人民积极响应党的十九届三中全会的号召、推进全面依法治国、推进国家治理体系和治理能力现代化的一大创举。相较于产生世界性影响的法国民法典与德国民法典，我国《民法典》颁布的核心亮点就是人格权独立成编，以着重强调对人格权的保障。这是基于我国人民群众日益增长的美好生活需要的国情而进行的伟大立法改革，是践行我国追求自由与法治的社会主义核心价值观的表现，是立足于人文主义的立法导向而编纂法典的勇敢创新。美中不足的是，虽然我国立法学界已经努力在《民法典》中体现人文关怀，人格权编的排序位置和其条款的内容方面仍然存在值得商榷的地方。如何在《民法典》乃至我国其他部门法的制定和完善中更充分地体现人文主义理念，可以也应当是学界值得探讨的一个问题。

一、人文主义法学概述

（一）人文主义法学的基本内涵

1. 人文主义

人文主义泛指一切尊重人的本性、追求人的幸福的思想体系。[1] 人文主义源起于古希腊。智者学派主张"人是万物的尺度"，强调了人的价值、人的决定作用；苏格拉底提出"认识你自己""知识即美德"的论断，使哲学真正成为研究"人"的一门学问。文艺复兴时期，人文主义的内涵得到了延展。一方面，更加强调人的地位、尊严与价值，要以人为中心，关注世俗而非教会，倡导人性的解放。但丁曾被恩格斯誉为"中世纪的最后一位诗人同时也是新时代的最初一位诗人"，他的作品《炼狱》中讲道："上帝的恩惠像一支蜡烛，人的意志像制蜡烛的蜡，人要登上炼狱山顶的上地上乐园，也缺少不得自己的意志"；另一方面，人文主义提倡追求现世的幸福与快乐。被誉为"文艺复兴之父"的彼

---

[1] 刘国利. 人文主义法学研究［M］. 北京：法律出版社，2016：9.

特拉克所著的爱情诗集——《歌集》摆脱了禁欲主义的桎梏，勇敢地描绘了世俗的人们对美好生活的向往与追寻。启蒙运动时期的代表人物康德提出了人是目的不是手段的主张。他认为："人，总之一切理性动物，是作为目的本身而存在的，并不是仅仅作为手段给某个意志自由使用的。"❶

2. 人文主义法学

人文主义法学是在人文主义的影响下形成的，泛指一切尊重人的本性、追求人的幸福的法学观点或法学思想体系。❷ 物文主义法学基于以物为世界之中心的观点，强调民法的首要功能是调整市场经济关系，把民法解释成经济法，忽略民法的社会组织功能，并且要把民法的一切与财产无关的内容都排斥出去。❸ 对比两者概念可以分析出，相较于物文主义法学，人文主义法学更关注立法的人文性，强调以人为本。

（二）人文主义法学的基本范畴

关于范畴的论述，陈兴良教授在他的《刑法哲学》一书中提及："任何一门科学，都是由一系列特有的范畴而形成的一张认识之网。"❹ 张文显教授在题为《论法学的范畴意识、范畴体系与基石范畴》的论文中提出了"范畴及其体系是人类在一定历史阶段思维发展水平的指示器，也是各门学科成熟程度的标志"，"为了摆脱法学落后的状态，更好地为社会主义法制建设服务，法学工作者应当增强范畴意识，重视法学范畴的研究"的观点。❺ 由此可知，着力于法学范畴的研习有助于我国的法学研究走向成熟。人文主义法学作为一种法学观点抑或法学思想体系，认识其基本范畴是我们掌握人文主义法学的首要步骤。法理学界已经有学者对其范畴做出了概括，刘国利副教授在其著《人文主义法学研究》一书中将人文主义法学的范畴分为幸福、人性、人权、人情。从四个范畴和《民法典》的联系紧密度出发，本文仅仅深入探讨幸福与人权两个范畴。

1. 幸福

提及幸福，不同的人有不同的感受。可能生活拮据的人觉得拥有金钱是

---

❶ 北京大学哲学系外国哲学史教研室. 西方哲学原著选读（下卷）[M]. 北京：商务印书馆，1928：317.

❷ 北京大学哲学系外国哲学史教研室. 西方哲学原著选读（下卷）[M]. 北京：商务印书馆，1928：317.

❸ 徐国栋. 民法哲学 [M]. 北京：中国法制出版社，2015：34.

❹ 陈兴良. 刑法哲学 [M]. 北京：中国人民大学出版社，2017：13.

❺ 张文显. 论法学的范畴意识、范畴体系与基石范畴 [J]. 法学研究，1991（3）：1.

种幸福；家庭破碎的人觉得拥有完整家庭是种幸福；婚姻不幸的人觉得拥有美好的爱情就是幸福；身体残缺的人觉得拥有健全的身体就是幸福……幸福的概念复杂多样，可以抽象也可以具体。但总结来看，幸福不外乎是人的心理欲望得到满足的状态，是内心的快乐感受。

幸福与法律之间存在着千丝万缕的联系，二者相辅相成。一方面，幸福是法律的终极目标。❶ 这一点我们从法的价值范畴可窥见一斑。法的价值体系包括了人权、自由、平等、正义、效率、秩序、幸福、和谐等。意味着法律的目标抑或理想应该包括追求幸福这一层次。正如边沁所言："法律所具有的或通常应具有的一般目的，是增长社会的幸福的总和，因而首先要尽可能排除每一种趋于减损这种幸福的东西，亦即排除损害。"❷ 另一方面，法律是实现幸福的手段。❸ 法律以其特有的强制性和权威性为人的行为确定了权利义务的边界，公民依照法律进行民事活动，减少了冲突的产生，随之社会秩序更加稳定，人的幸福感得到提升。

2. 人权

人权概念源起于启蒙运动。自然法学家格劳秀斯最早创立"自然权利"的概念。英国思想家霍布斯第一次明确地提出"自然权利"的理论，他指出："一般称之为自然权利的，就是每一个人按照自己所愿意的方式运用自己的力量保全自己的天性——也就是保全自己生命——的自由。"因此，这种自由就是用他自己的判断和理性认为最适合的手段去做任何事情的自由。❹

从概念角度分析人格权与人权的关系，人格权是由民法等私法文件所赋予的主观权利，属于私权，其义务主体为私法当事人。人权是由宪法、国际人权公约等公法文件所规定的，其义务主体主要是国家。❺ 两者的区别如下：一方面，义务主体存在区别。由于宪法是根本大法，人权的义务主体自然是国家，即国家要履行尊重人权的义务；民法是部门法，人格权的义务主体是民事主体。另一方面，范畴不同。人权包括财产性权利、非财产性权利、政治权利、经济文化权利等范畴，人格权仅包括非财产性权利。两者的联系如下：一方面，宪法上的人权内涵本身存在着民事因素。比如，宪法中规定了公民的人身自由、人格尊严不受侵犯、通信自由和通信秘密受法律保护；民

---

❶ 刘国利. 人文主义法学研究 [M]. 北京：法律出版社，2016：44.

❷ 边沁. 道德与立法原理导论 [M]. 时殷弘，译. 北京：商务印书馆，2000：217.

❸ 刘国利. 人文主义法学研究 [M]. 北京：法律出版社，2016：46.

❹ 霍布斯. 利维坦 [M]. 黎思复，黎廷弼，译. 北京：商务印书馆，1996：1-3.

❺ 石佳友. 人权与人格权的关系——从人格权的独立成编出发 [J]. 法学评论，2017，35 (6)：98.

法中的人格权规定了自然人享有基于人身自由、人格尊严产生的其他人格权益，还规定了隐私权和个人信息保护。另一方面，民法中的人格权内涵的拓展得益于宪法人权提供依据和动力。宪法人权比民法人格权的范围更为宽泛，由此，法官可直接以宪法人格权作为获取启示和动力的源泉，来发展民法人格权。❶ 总之，人权与人格权的关系可以用一位学者的话来表述，即："并非所有的人权都是人格权，而所有的人格权都属于人权。"❷

3. 新中国成立以来幸福与人权的立法制度建设

新中国成立以来，中国共产党和法学家们一直在致力于国家、人民的幸福与人权建设。中国共产党始终如一地坚持着为中国人民谋幸福，为中华民族谋复兴的初心和使命。特别是党的十八大以来，在习近平新时代中国特色社会主义思想指引下，中国不断总结人类社会发展经验，在建设中国特色社会主义的伟大实践中，坚持把人权的普遍性原则与自身实际相结合，奉行以人民为中心的人权理念，始终把生存权、发展权作为首要的基本人权，协调增进全体人民的各项权利，努力促进人的全面发展。❸ 简要回顾中国改革开放后的人权立法进程：2004 年，"国家尊重和保障人权" 被写入宪法；2012 年，习近平新时代中国特色社会主义思想将 "人权得到切实尊重和保障" 作为全面建成小康社会的重要目标；2014 年，《中共中央关于全面推进依法治国若干重大问题的决定》强调要 "加强人权司法保障" "增强全社会尊重和保障人权意识"；2017 年，党的十九大确立习近平新时代中国特色社会主义思想为中国共产党的指导思想，明确提出 "加强人权法治保障，保证人民依法享有广泛权利和自由"，为全面推进中国人权事业提供了根本遵循；2020 年，我国首部《民法典》出台，新增了居住权，人格权独立成编，婚姻家庭法回归民法。由此可见，改革开放以来中国的人权立法制度建设从未停滞，党和国家孜孜矻矻地进行着对人民幸福的追寻和对人权保障的探索。

二、《民法典》人格权独立成编的人文主义体现

（一）人格权独立成为民法典一编

孟德斯鸠在《论法的精神》一书中谈道："公民法犹如慈母的眼睛，就像

---

❶❷ 石佳友. 人权与人格权的关系——从人格权的独立成编出发［J］法学评论，2017，35（6）：102.

❸ 《为人民谋幸福：新中国人权事业发展 70 年》白皮书. （2019-09-22）［2021-06-07］. http://www.scio.gov.cn/zfbps/32832/Document/1665072/1665072.htm.

关注着整个城邦那样时时关注着每一个人。"❶ 回顾世界几百年来的人文主义民法发展史，我们可清晰地看到人文主义对于民法的滋养，比如，1804 年，作为大革命成果的《法国民法典》颁布实施，其字里行间都洋溢着市民社会的社会图景；1811 年奥地利《普通民法典》出台，该法典虽然不如《法国民法典》著名，但却因其鲜明的自然法色彩而备受重视；❷ 1896 年，《德国民法典》诞生，其采用了潘德克顿体系，总共分为总则、债务关系法、物权法、亲属法、继承法共五编，其中的监护制度、代理制度的设置都蕴含着对人的尊重，对人权保护的人文精神。不过，以《法国民法典》《奥地利民法典》《德国民法典》为代表的大陆法系民法典有一个明显特征，即属于物本位的立法导向指导下的财产法典，纵然有一些人文精神的体现，也没有在法典正文中规定人格权的内容。

我国《民法典》将人格权独立为一编，将其与物权、合同、婚姻家庭、继承、侵权责任各编并列，这在世界上实属首次。与物本位（重物轻人）的立法导向相比，人格权独立成编是一次伟大革新和对世界民事立法的突出贡献。纵观改革开放以来的立法实践，按照生产力决定生产关系、生产关系的总和构成经济基础、经济基础决定上层建筑的逻辑推导，我国的主要矛盾由人民日益增长的物质文化需要同落后的社会生产之间的矛盾转变为人民日益增长的美好生活需要和不平衡不充分的发展之间的矛盾，伴随而来的是我国经济制度从计划经济转变为商品经济和市场经济，我国的民事立法导向与实践也经历了重财产关系到重人身关系的转型。1986 年的《民法通则》第二条定义民法是"调整平等主体的公民之间、法人之间、公民和法人之间的财产关系和人身关系"，该法将财产关系置于人身关系的前面，体现出重物轻文的立法理念；2004 年人权条款入宪后，人文主义元素才体现得愈加明显，比如在 2007 年的《物权法》中规定了住宅建设用地使用权采取自动续期的方式。人文主义的立法理念在 2017 年的《民法总则》得到了进一步的确认，《民法总则》第二条将人身关系置于财产关系之前，从文本上扭转了重物轻文的私法传统。2020 年人格权独立成编则能够宣称这是一部充满人文精神的社会主义《民法典》。可以自信地说，对比世界民事立法，私法上的人格权独立成编仅此一例：一方面是在外观上的体例革新，即私法上的人格权独立成为一编；另一方面则是对人格权本身的突破和创新，弥补了传统人格权作为防御性权

---

❶ 孟德斯鸠. 论法的精神 [M]. 许明龙，译. 北京：商务印书馆，2007：368.
❷ 丁宇翔. 民法典编纂中的人文主义传统 [N]. 人民法院报，2018-12-29 (5).

利的弊端，融入了部分积极性权利要素❶，如人格权请求权制度❷，作为对社会发展中人的主体尊严性危机的回应。

（二）内部结构

人格权编的结构是总则在前分则在后的编写方式，开放列举式的体例能够保证人格权在社会变迁中保持灵活和稳定。同时人格权编的法律文本也同样具有时代性：近年来，随着基因工程、互联网技术等科技的发展，出现了对人是否失去主体性的怀疑。❸ 这种主体性危机也同样出现在了民事私法领域，如 AI 换脸产生的民事侵权、网络"人肉搜索"产生的对于技术与隐私权的广泛讨论以及大数据时代下的个人信息安全问题。在这种科技飞速发展的时代中，技术双刃剑效应前所未有地强烈，此时更应该坚持以人为本的立法导向。"基于人的尊严性，人只能作为主体而存在，任何时候都不能成为客体与工具，这是现代法治必须坚守的基本价值立场。"❹ 人格权编为了回应"主体性危机"，纳入了相当多契合时代需要的条款。如《民法典》第一千零九条规定："从事与人体基因、人体胚胎等有关的医学和科研活动，应当遵守法律、行政法规和国家有关规定，不得危害人体健康，不得违背伦理道德，不得损害公共利益。"又如《民法典》第一千零三十二条到第一千零三十九条规定的隐私权与个人信息权。除回应科技时代的发展提出的新要求外，人格权编也深化完善了传统人格权的保护，这也体现出立法实践中人文主义导向的两条路径：第一，坚持以人为本的立场，不断回应时代发展提出的要求；第二，逐渐从物文主义向人文主义过渡，通过法典编纂以及法律修改实现法律体系的体例革新和价值重构。

三、《民法典》人格权编人文主义立法观之优化建议

（一）体例编排上人格权编未被但应该置于分编之首

人格权的独立成编是人文主义立法实践的一次重要尝试，但是在《民法典》体例的编排上，人格权编被置于物权编与合同编的后面，即处于分编第三编的位置，可以看出我国人文主义的立法理想与妥协。但是本文认为此种

---

❶ 王利明. 民法典人格权编的亮点与创新 [J]. 中国法学, 2020 (4): 5-25.

❷ 王利明. 论人格权保护的全面性和方法独特性——以民法典人格权编为分析对象 [J]. 财经法学, 2020 (4): 3-13.

❸ 韩大元. 维护人的尊严是文明社会的基本共识 [J]. 探索与争鸣, 2018 (12): 4-6.

❹ 韩大元. 维护人的尊严是文明社会的基本共识 [J]. 探索与争鸣, 2018 (12): 4-6.

妥协在《民法典》中不仅使得系统化的规范无法融贯，也在整个国家治理体系现代化的建设中格格不入，理由如下：

第一，从《民法典》总则与分编的关系来看，我国《民法典》体例采用的是"潘德克顿"体系的框架，即将法典各编共同的部分提取出来构成总则，统摄各分编，各分编平行排列。规范性文件系统化的特点之一便是内容的融贯性，总则—分则的法典体例更是如此。我国《民法典》第二条规定："民法调整平等主体的自然人、法人和非法人组织之间的人身关系和财产关系。"该条同时对《民法典》各编的内容与顺序进行了统摄，一方面民法调整的对象是平等主体之间的人身关系与财产关系；另一方面考察该条的演进历史，民法调整对象条款在文本上经历了先财产—人身到人身—财产文本顺序的改变。文本顺序的改变对分编排列的体例提出了要求，结合我国民事立法中调整对象条款的演进，应当认为在法典编纂中需要对各分编的顺序进行调整（即人格权编与有关人身关系各编前置），在外观上使系统性规范协调统一。

第二，从政策对法律制定具有规范和指引作用的角度看，由前所述，我国《民法典》的调整对象条款的文本顺序经历了一次调整，这种调整的内在逻辑与我国国家治理体系的人文主义转型有关。2003 年，党的十六届三中全会首次提出坚持以人为本，全面、协调、可持续的发展观，表明我国开始由"以物为本"的国家治理理念向"以人为本"的新发展理念的转变；2006 年，党的十六届六中全会强调建设服务型政府，体现出共产党抛弃了原来的"官本位、政府本位"思想，选择了"公民本位、社会本位"的指导思想；2012 年党的十八大以来，我国更是将脱贫攻坚纳入"五位一体"总体布局与"四个全面"战略布局；2014 年，党的十八届四中全会明确提出了编纂《民法典》的要求。由此可见，我国治国理政的方针政策也逐步向人文主义倾斜。透过此种变化，我们可以进一步理解总则—分则模式的实质性内涵，即法典总则对分则的统摄和引领不仅是文本上的内在统一，总则的抽象性与总体性使其天然具备与国家治理体系对接接口的属性。这种对接超越了文本，能够实现法律系统与整个治理体系的交互。国家治理体系正如文学作品，立法实践也应当被进行整体性审视：德沃金认为理想中的法不仅包括公平、正义与程序的要求，还包括"整全性"。"整全法结合了回顾与前瞻的要素，它们解释被视为正在开展的政治叙事的当代法律实践。"❶ 我国人格权独立成编使得人文主义要素跃然法律文本中，但是在总则调整对象条款同治理体系对接后，

---

❶ 德沃金·法律帝国 [M]. 许永杨，译. 上海：上海三联书店，2016：178.

《民法典》的各编顺序却反其道而行之，未将人身关系有关分编前置。所以人文主义的象征或者外观价值没有达到理想状态，我国仍处于向人文主义全面立法导向的过渡阶段，未来《民法典》各编的顺序应当进一步调整。

第三，从法律文化的角度来看，讲人格权编前置有利于促进对国家治理体系的认同。现阶段财产法元素占据主流的《民法典》同我国"人本主义"的国家治理基调在法律文化上产生了割裂，这种割裂使得对国家治理体系的认同无所适从。"国族认同建构能力乃是国家能力当中极为重要的内容之一，它不仅是在全球化时代最大限度地维系一国法治之自身正当性的基础，也是有助于在一国范围内以最小成本高质量地构建回应型法治的润滑剂。"❶

第四，从法律技术上看，人格权编前置不会引起法律适用的难题。这是由"潘德克顿"体系架构的特点决定的，将人格权编调整至物权编之前，在具体法律适用时同现行法律文本的技术完全一样，即均可以适用本编内部条款，也可以引致侵权责任编的有关条款。正因为如此，人格权编的前置并无阻力，反而动力和理由十分充分。

（二）文本内容上幸福要素的缺失与补足措施

人格权编文本上死亡尊严的结构性存在缺陷：幸福是一种兼具主观与客观的价值，其评价标准以及主体具有多元性。然而人格权编乃至整个《民法典》对幸福范畴的规定大多为基本需求，其规定多为线性。多元性意味着普适性和商谈理性极难达到，按照线性逻辑（即人文主义法学中价值位阶理论，参见刘国利《人文主义法学研究》）的理解，生命权与生存权处于权利位阶的最顶端。但是正如列维·施特劳斯所说："不论是在自然中，还是在文明社会里，我们对存在都束手无策。"有关生命权与其他利益相冲突的案例已经引起过广泛的讨论，徐国栋教授在《民法哲学》里曾经列举了两个关于植物人产生重大社会和伦理问题的例子，两个案例中主人公在生前都表达过类似于如果成为植物人便可以结束其生命的意愿，但后来美国的最高院做出了两个相反的判决。徐教授认为这两个案例体现出美国"全脑死亡标准"出现了裂缝。本文则认为在植物人的案例中，死亡标准的选取并不是彻底思考的结果，背后的机制可以回到人文主义法学进行理解。

自古以来，人的尊严性不仅在于其是作为生物的人，主体性也不仅在于其是不是活着的人。祭祀是世界各族文化在历史发展与演进中不可或缺的结

---

❶ 尤陈俊. 法治建设的国家能力基础：从国族认同建构能力切入 [J]. 学术月刊, 2020, 52 (10)：89-99.

构性要素，这一要素也延续到了现代：先贤的主体性、祖先的主体性广泛存在于文学、艺术作品当中，甚至在现代为政者的图景下也能窥见一斑，比如疫情期间吹哨人化身的李文亮医生，在不幸感染新冠肺炎去世后，被国家卫生健康委员会追授"全国卫生健康系统新冠肺炎疫情防控工作先进个人"称号，成为全国人民心中的抗疫英雄，全国民众都以自己的方式来表达对他的深切缅怀，如在微博留言、撰写他的抗疫事迹、献花悼念等。同样，人作为历史的主体性也是人文主义法学的关注对象，这在《民法典》里也多有体现，比如第九百九十四条对死者人格的保护，以及第一百八十五条的"英烈条款"。基于此种讨论，人生前主体性与人生后主体性之间，安乐死中优化死亡的价值便呼之欲出；死亡的词义经过文化诠释，其不仅代表生命的终结，也连接了生前主体性与生后的主体性。如果人作为主体在生前有尊严性，生后也有尊严性，但是在法律文本上对死亡不管不顾，这在结构上是不能被接受的。基于此，本文认为《民法典》的人格权编在文本上可以增设优化死亡的条款：虽然考虑到主动安乐死制度在我国文化价值的认同中水土不服，但是主体的尊严性在安乐死中的优化死亡价值，以及在医疗中改善生存条件的价值，应当在人格权编的文本中得到体现。

结　语

《民法典》的出台是我国推进全面依法治国、推进国家治理能力、治理体系现代化的重要举措，是契合时代精神的立法进步。人格权独立成编作为《民法典》的最大亮点，彰显了以人为本的人文精神。但是，人格权编置于物权编、合同编之后的排序位置以及自身条款对于幸福因素的欠缺反映出我国人文主义民事立法思想的不彻底性。为此，需要我们坚持人文主义立法思想，排除非人文主义思想的干预，渐进式地完善《民法典》的体制编排和条款内容，推动我国民法最终自豪地走向世界。

设区的市立法问题研究

新赋权设区的市立法五周年分析报告

■ 郭树兵

作者简介：河北省人民代表大会常务委员会法制工作委员
　　　　　 会法规三处二级调研员，负责地方性法规的起
　　　　　 草、修改、论证等工作，审查批准设区的市地
　　　　　 市性法规。

2015 年 3 月，十二届全国人大三次会议修改《中华人民共和国立法法》（以下简称《立法法》），赋予所有设区的市地方立法权。新赋权的设区的市制定法规的具体步骤和时间由本省人大常委会决定。河北省分两批对没有立法权的 8 个设区的市进行了赋权：2015 年 7 月第一批赋权秦皇岛、保定、邢台、廊坊；2016 年 3 月第二批赋权张家口、承德、沧州、衡水。截至 2020 年 3 月《立法法》修改五周年，河北省新赋权设区的市已批准地方性法规 44 部，对引领和推动地方各项事业改革发展发挥了重要作用。

本文数据来源为经河北省人大常委会批准的新赋权设区的市所制定的全部法规数据，通过纵向时间维度的比较和横向地域维度的比较等方式，从宏观层面展现河北省新赋权设区的市地方立法的进展、趋势和特点，为进一步推动设区的市的地方立法工作提供参考和依据。

一、批准法规时间分布情况

2016 年 12 月，河北省人大常委会审查批准《保定市城市市容和环境卫生条例》，打响河北省新赋权设区的市地方立法第一炮，实现了从零到一的突破。截至 2020 年 3 月，共批准 8 个新赋权设区的市所制定的法规 44 部（见附件 1），平均每市 5.5 部。按年度统计，2015 年是设区的市地方立法元年，当年河北省人大常务委员会没有批准其地方所立法规。2016 年批准 1 部，2017 年批准 4 部，2018 年批准 13 部，2019 年批准 20 部。2020 年 3 月一次批准 6 部，预计全年报批 28 部（附件 2）。新赋权市地方立法数量逐年上涨趋势显著（见图 2）。

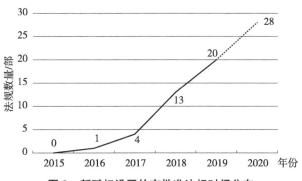

图 2　新赋权设区的市批准法规时间分布

二、批准法规地域分布情况

地域分布情况展现一个时段内各设区的市立法数量情况。截至 2020 年 3 月，河北省人大常委会已批准法规秦皇岛 9 部，张家口、保定各 7 部，衡水、邢台各 5 部，承德、沧州各 4 部，廊坊 3 部（见表 1）。可以看到，设区的市立法数量地域分布呈现出较大差异。同时，分析各设区的市出台第一部法规所用时间，可体现各市的立法效率和立法积极性。各市获得立法权后，打响第一炮所需时间最短的 17 个月，最长的 38 个月，平均用时 25.6 个月。总体而言，设区的市的立法工作正在有序进行、全面推进。

表 1　新赋权设区的市批准法规地域分布

设区的市	批准法规数量/部	赋权时间	批准首部法规时间	批准首部法规所用时间/月
秦皇岛	9	2015 年 7 月	2017 年 3 月	20
张家口	7	2016 年 3 月	2017 年 9 月	18
保定	7	2015 年 7 月	2016 年 12 月	17
衡水	5	2016 年 3 月	2018 年 9 月	30
邢台	5	2015 年 7 月	2018 年 3 月	32
承德	4	2016 年 3 月	2018 年 5 月	26
沧州	4	2016 年 3 月	2018 年 3 月	24
廊坊	3	2015 年 7 月	2018 年 9 月	38

三、批准法规选题分类情况

本文利用所批准地方性法规文本中明确提及的上位法依据，作为判断划分地方性法规的立法类别与事项的依据。《立法法》规定，设区的市可以对"城乡建设与管理、环境保护、历史文化保护"等方面的事项制定地方性法规。如图 3 所示分类在本文中为一级分类。在已批准的 44 部法规中，城乡建设与管理类 20 部，占比 45%；环境保护类 17 部，占比 39%；历史文化保护类 3 部，占比 7%；地方立法条例类 4 部，占比 9%。可以看出，各设区的市是在立法权限内选题立项，从本地实际需要出发，围绕《立法法》规定的三个方面的事项进行立法。

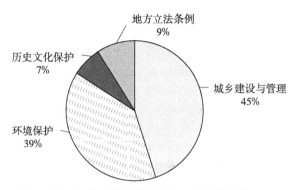

图3　新赋权设区的市批准法规一级分类统计

对"城乡建设与管理、环境保护、历史文化保护"做进一步细分，可以了解设区的市通过地方立法在引领和推动地方各项事业改革发展中发挥的作用。附件3所示分类表为对三方面立法权限所进行的二级分类。其中，城乡建设与管理领域，根据援引的上位法依据，已批准的地方性法规可细分为市容环境卫生管理、园林绿化管理、市政公用事业管理、物业管理、文明行为促进以及城市综合管理等；环境保护类可以分为大气环境、水环境、森林草原、垃圾处理、噪声污染及综合保护；历史文化保护可分为文物保护和非物质文化保护。需要说明的是，在"城乡建设与管理"二级分类中增加"服务冬奥"一项内容，作为2022年北京冬季奥运会举办城市张家口出台的《张家口市无障碍设施建设管理条例》和《张家口市公共场所控制吸烟条例》列入其中，彰显了地方人大服务国家战略的立法实践。

四、批准法规体例情况

在已批准的新赋权市44部法规中，有42部以"条例"命名，占比95.5%；2部以"若干规定""决定"命名，占比4.5%，分别为《廊坊市加强大气污染防治若干规定》《衡水市人大常委会关于禁止燃放烟花爆竹的决定》（见图4）。已批准法规文本条数最长的是《秦皇岛市物业管理条例》，为75条；条数最短的是《衡水市人大常委会关于禁止燃放烟花爆竹的决定》，为17条；平均条数为42条。通过法规名称和文本长短可以看出，已批准法规体例追求完整的占绝大多数，短小精悍，需要几条立几条的情况还较少见。

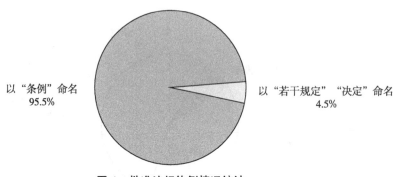

图 4　批准法规体例情况统计

五、立法队伍建设保障情况

《立法法》的修改，一方面赋予了设区的市立法权限，另一方面也对地方立法队伍建设提出了更高的要求。横向地域比较新赋权各市立法队伍建设情况，可展现各市做好新时代地方立法工作的支撑保障状况（见附件4）。截至目前，所有设区的市按照赋权要求，均依法成立了立法机构，编制、人员、经费到位，具备履行立法职能的条件。从人员配备来看，新赋权各市法工委实有人数平均 5 名，与全国人大常务委员会法制工作委员会对设区的市法制工作委员会人员配备需要达到 10 名的要求还有差距。某市虽已成立法制工作委员会，但还兼有其他委员会职责，一定程度上分散了法制工作委员会的工作精力，影响立法职能的充分有效发挥。

六、基于数据分析的几点结论

（一）设区的市地方立法热情高涨，立法数量高速增长

从统计数据可以看到，初始阶段设区的市地方立法尚不活跃，仍处在人员机构组建阶段以及立法研究论证、制定立法程序以及立法审议阶段。但随着立法程序日益完善，立法能力逐步提升，特别是 2017 年设区的市人大常务委员会换届以来，各市高度重视地方立法工作，大力加强对立法工作人员培训，地方立法数量逐年上涨趋势显著，充分体现出设区的市地方立法的工作热情，体现出地方立法在推进依法治市进程中的作用越来越重要。

（二）各市立法地方特色显著，数量存在较大差异

可以看到，各市结合本地实际，出台了一批地方特色浓厚的立法项目。

如《张家口市官厅水库湿地保护条例》《承德市水源涵养功能区保护条例》《秦皇岛市海水浴场管理条例》《保定市白洋淀上游生态环境保护条例》《衡水湖水质保护条例》等。另外，由于立法需求与立法能力不同，设区的市立法数量地域分布呈现出较大差异。截至 2020 年 3 月，排在第一位的秦皇岛市报批法规数量是处在最末位市的 3 倍。各设区的市人大及其常委会要充分发挥在立法工作中的主导作用，突出立法重点，完善立法规划，健全立法起草、论证、协调、审议机制，提高立法质量和效率，深入推进科学立法、民主立法、依法立法。

（三）立法选题集中，立法范围符合《立法法》规定

一些市人大同志认为，《立法法》赋予设区的市在三个方面的立法权限，束缚了地方的手脚，不利于地方立法充分发挥作用。根据我们的审批实践，以援引上位法作为主要分类依据进行初步分类统计发现，设区的市立法选题与《立法法》第 72 条对于立法权限的规定相一致。这说明，《立法法》规定的城乡建设与管理、环境保护、历史文化保护等方面的事项是比较宽泛的，是符合设区的市地方立法实际需求的。设区的市立法选题要遵循"把控权限、急需先立、突出特色"的原则，尽量避免和省级立法重复，科学选择立法项目，通过立法项目的选择，使立法真正发挥促进本地经济社会发展的作用。

（四）"贪大求全"现象仍然存在，地方立法简易体例结构有待推广

数据统计显示，新赋权设区的市以"若干规定""决定"命名的简易体例法规仅占 4.5%，平均条数为 42 条，文本冗长，立法存在"贪大求全"的现象，造成立法资源的浪费，也影响了地方立法的质量。地方立法不应追求大而全、小而全，应当提倡简易体例结构，少一些原则性、纲要性的条款，多一些细化、量化的规定，坚持有效管用的原则，有几条立几条，实现小切口立法推动大问题解决。

（五）设区的市报批法规数量快速增加，省、市人大常委会立法队伍建设仍需加强

《立法法》修改之前，河北省人大常委会只需审批 3 个较大的市地方性法规，配备 3 名工作人员；目前审批 11 个设区的市地方性法规，仍是 3 名工作人员，审批队伍需要加强。新赋权设区的市人大常委会之前没有立法权，缺乏从事地方立法工作的经验。赋权后各设区的市立法水平整体虽有提高，但

面对立法需求加大，仍面临提升立法能力的问题。设区的市要把立法工作队伍建设摆在重要位置上来推动、谋划和落实，选拔好、培养好立法人才，充分借鉴外脑智慧，发挥立法专家学者作用，打造一支门类齐全、结构合理、专业素质高的立法工作人才队伍，不断提高地方立法工作能力和水平，推动河北省地方立法工作取得新的更大成效。

附件 1

新赋权设区的市批准法规统计

（2015 年 3 月至 2020 年 3 月，共 44 部）

2016 年（1 部）

1.《保定市城市市容和环境卫生条例》（2016 年 12 月）

2017 年（4 部）

2.《保定市大气污染防治条例》（2017 年 1 月）

3.《秦皇岛市停车场管理条例》（2017 年 3 月）

4.《秦皇岛市环境噪声污染防治条例》（2017 年 5 月）

5.《张家口市禁牧条例》（2017 年 9 月）

2018 年（13 部）

6.《秦皇岛市制定地方性法规条例》（2018 年 3 月）

7.《秦皇岛市物业管理条例》（2018 年 3 月）

8.《保定市工业遗产保护与利用条例》（2018 年 3 月）

9.《沧州市城市绿化管理条例》（2018 年 3 月）

10.《邢台市河道采砂管理条例》（2018 年 3 月）

11.《承德市制定地方性法规条例》（2018 年 5 月）

12.《秦皇岛市长城保护条例》（2018 年 5 月）

13.《沧州市地方立法条例》（2018 年 5 月）

14.《承德市水源涵养功能区保护条例》（2018 年 7 月）

15.《廊坊市市容和环境卫生条例》（2018 年 9 月）

16.《衡水湖水质保护条例》（2018 年 9 月）

17.《张家口市城市绿化条例》（2018 年 11 月）

18.《邢台市城乡生活垃圾处理一体化管理条例》（2018 年 11 月）

2019 年（20 部）

19.《承德市城市市容和环境卫生管理条例》（2019 年 3 月）

20.《保定市中小学校幼儿园规划建设条例》（2019 年 3 月）

21.《保定市白洋淀上游生态环境保护条例》（2019 年 3 月）

22.《沧州市市容和环境卫生管理条例》（2019 年 3 月）

23.《邢台市制定地方性法规条例》（2019 年 3 月）

24.《秦皇岛市海水浴场管理条例》（2019 年 5 月）

25.《张家口市公共场所控制吸烟条例》（2019 年 7 月）

26.《张家口市无障碍设施建设管理条例》（2019 年 7 月）

27.《秦皇岛市爱国卫生条例》（2019 年 7 月）

28.《廊坊市文明行为促进条例》（2019 年 7 月）

29.《沧州市快递条例》（2019 年 9 月）

30.《衡水市养犬管理条例》（2019 年 9 月）

31.《衡水市城市市容和环境卫生管理条例》（2019 年 9 月）

32.《张家口市烟花爆竹安全管理条例》（2019 年 11 月）

33.《张家口市地下水管理条例》（2019 年 11 月）

34.《张家口市官厅水库湿地保护条例》（2019 年 11 月）

35.《衡水市生态环境教育促进条例》（2019 年 11 月）

36.《衡水市人大常委会关于禁止燃放烟花爆竹的决定》（2019 年 11 月）

37.《邢台市工业遗产保护与利用条例》（2019 年 11 月）

38.《邢台市工业企业大气污染防治条例》（2019 年 11 月）

2020 年 3 月（6 部）

39.《承德市城市供热条例》（2020 年 3 月）

40.《秦皇岛市养犬管理条例》（2020 年 3 月）

41.《秦皇岛市市容管理条例》（2020 年 3 月）

42.《廊坊市加强大气污染防治若干规定》（2020 年 3 月）

43.《保定市禁牧条例》（2020 年 3 月）

44.《保定市河道管理条例》（2020 年 3 月）

附件 2

新赋权设区的市 2020 年立法计划

（共 28 部，市均 3.5 部）

张家口（3 部）

1. 《张家口市首都上游河道和水库管理的规定》

2. 《张家口市城市市容和环境卫生管理条例》

3. 《张家口市物业管理条例》

承德（4 部）

4. 《承德市工业遗产保护与利用条例》

5. 《承德市武烈河流域水环境保护条例》

6. 《承德市村容村貌管理条例》

7. 《承德市快递市场管理条例》

秦皇岛（4 部）

8. 《秦皇岛市电力设施保护条例》

9. 《秦皇岛市砂质海岸线保护条例》

10. 《秦皇岛市旅游市场管理条例》

11. 《秦皇岛市沿海防护林条例》

廊坊（3 部）

12. 《廊坊市院前医疗急救服务条例》

13. 《廊坊市养犬管理条例》

14. 《廊坊市国土绿化条例》

保定（5部）

15.《保定市历史文化名城保护条例》

16.《保定市长城保护条例》

17.《保定市白石山景区保护条例》

18.《保定市市区养犬管理条例》

19.《保定市旅游发展促进条例》

沧州（2部）

20.《沧州市建筑垃圾管理条例》

21.《沧州市大运河文化保护条例》

衡水（2部）

22.《衡水市计划节约用水管理条例》

23.《衡水市物业管理条例》

邢台（5部）

24.《邢台市城镇供水用水条例》

25.《邢台市禁止燃放烟花爆竹规定》

26.《邢台市城市供热管理条例》

27.《邢台市养犬管理条例》

28.《邢台市古村落保护条例》

附件 3

新赋权设区的市批准法规分类统计

类别	二级分类	分布地市	数量
城乡建设与管理	市容和环境卫生管理	承德市、秦皇岛市、廊坊市、保定市、沧州市、衡水市	6
	园林绿化管理	张家口市、沧州市	2
	市政公共事业管理	承德市、保定市	2
	养犬管理	秦皇岛市、衡水市	2
	爱国卫生	秦皇岛市	1
	物业管理	秦皇岛市	1
	城市综合管理	秦皇岛市、沧州市	3
	文明行为促进	廊坊市	1
	服务北京冬季奥运会	张家口市	2
环境保护	大气环境保护	廊坊市、保定市、邢台市	3
	水环境保护	张家口市、承德市、保定市、衡水市	5
	森林草原保护	张家口市、保定市	2
	河道管理	保定市、邢台市	2
	垃圾处理管理	邢台市	1
环境保护	烟花爆竹燃放管理	张家口市、衡水市	2
	噪声污染防治	秦皇岛市	1
	生态环境教育	衡水市	1
历史文化保护	工业遗产保护与利用	保定市、邢台市	2
	长城保护	秦皇岛市	1
议事规则	地方立法条例	承德市、秦皇岛市、沧州市、邢台市	4

附件 4

新赋权市人大常委会
法制工作委员会人员编制有关情况

（2020 年 4 月）

设区的市	编制人数	实有人数	机构设置	备注
张家口	10	6	法规科 备案审查科	
承德	9	5	立法科 备案科	
秦皇岛	9	5	法规处 备案审查处	
廊坊	8	6	办公室 民侨科司法科	
保定	11	6	办公室	
沧州	11	4	综合科 备案审查科	
衡水	6	6	办公室 立法备案审查室	
邢台	9	3	办公室 法规科	

牢固树立质量意识 努力打造精品良法
——秦皇岛市开展地方立法工作的做法和体会

▌尹　强

作者简介：尹强，秦皇岛市人民代表大会常务委员会法制工作委员会副主任。

2015 年 8 月，秦皇岛市经河北省人大常委会赋权，成为全省首批获得地方立法权的设区的市。2016 年 3 月，法制工作委员会机构正式组建，人员基本到位。同年 4 月，秦皇岛市人大常委会组织召开第一次地方立法工作会议，地方立法工作正式启动。行使地方立法权五年来，秦皇岛市人大始终坚持党的领导，发挥主导作用，加强统筹协调，整合各方资源，积极构建大立法格局，主动服务地方经济社会发展大局，助推了全国文明城市、国家森林城市和国家卫生城市的争创和建设工作。五年来，已有《秦皇岛市停车场管理条例》《秦皇岛市海水浴场管理条例》等 10 部法规经省人大常委会批准实施，按照五年立法规划安排（2017—2021 年），2021 年年底之前还将有《秦皇岛市旅游市场管理条例》《秦皇岛市海岸线保护条例》等 5 个立法项目走完审议和提请批准等法定程序，正式颁布实施。五年来，在河北省人大常委会的指导和帮助下，秦皇岛市地方立法质量稳步提升，立法工作得到了全国人大常委会法制工作委员会和河北省人大常委会的充分肯定。2017 年 5 月，全国人大宪法和法律委员会工作简报刊载了秦皇岛市地方立法工作做法。2016 年以来，秦皇岛市两次在全国人大常委会地方立法培训班上作了经验交流，两次在省人大常委会立法工作会议上作了典型经验介绍发言。五年来，秦皇岛市人大牢固树立宗旨意识和法治意识，深入贯彻党的十八大、十九大精神，实事求是，发扬民主，努力打造精品良法，为秦皇岛建设新时代沿海强市、美丽港城和国际化城市提供了有力的法治保障。

一、坚持和依靠党的领导，是做好立法工作的根本保证

秦皇岛市人大在推进地方立法工作伊始，就牢牢把握党领导立法这个根本要求，出台了《秦皇岛市人大常委会党组关于地方立法工作重大事项向市委报告的规定》，自觉把党的领导贯穿到立法工作的全过程，并在实践中注意做到以下几点：

一是深刻理解市委关于当前形势任务的重要分析判断，始终坚持立法工作服从服务于市委中心工作和全市工作大局。二是在立法规划、立法计划编制过程中及时征求市委领导意见，并报市委研究批准。从 2019 年开始，参照中央、河北省的做法，秦皇岛市人大常委会的年度立法计划，同时提交依法治市委员会审议。三是法规草案提请表决前报市委研究。四是对于立法中涉及的重大问题以及社会高度关注、各方面意见分歧较大的难点问题，报市委决策。如，在制定《秦皇岛市物业管理条例》过程中，对于物业保修、物业企业监管、住宅专项维修资金使用等方面，各方争议较大。市人大及时就有关问题向市委作出请示，市委对人大的意见给予了肯定和支持，有效推进了物业立法的进程。五是根据市委重大决策部署，及时对立法计划、规划作出调整。如，2018 年 12 月，市人大根据市委决定，及时调整本届人大常委会五年立法规划，新增《秦皇岛市养犬管理条例》等两项审议项目。2019 年 3 月18 日，为了配合秦皇岛市创建国家卫生城市需要，在立法任务已经十分繁重的情况下，及时将《秦皇岛市爱国卫生条例》立法工作纳入 2019 年立法计划。

二、选好题，立好项，是做好立法工作的基本前提

科学立法，关键在科学立项；人大主导，关键在立项主导。秦皇岛市获得立法权后，各方面的立法热情较高，一些部门和同志由于对立法工作尤其是设区的市这一级立法的地位和特点还不了解，提出的立法项目建议在必要性、可行性方面并不符合设区的市立法的要求。市人大在广泛进行立项调研论证的基础上，积极争取市委的领导和支持，充分发挥人大的主导作用，坚持立市委关注的法、立群众期待的法、立有秦皇岛特色的法、立有效管用的法。

一是坚持切口要小，聚焦要准。"切口要小"就是在选择立法项目时，注意针对特定领域，解决特定问题，避免贪大求全。"聚焦要准"就是立法项目要围绕中心，服务大局，聚焦社会关注的"痛点"和政府工作的"难点"。在行使地方立法权伊始，有关方面提出了制定秦皇岛市城市管理条例和秦皇岛市环境保护条例等建议。市人大研究后认为，类似立法项目切口过大，范围过宽，针对性不强，难以深入具体，搞不好就会成为无实质内容的重复立法。最后，经过反复论证，针对停车场供需矛盾突出，群众对停车难、停车乱和乱收费问题反映强烈的现实，在没有直接上位法的情况下，坚持创新性立法，将秦皇岛市首部地方性法规聚焦停车场管理。《秦皇岛市停车场管理条例》出台后，有关主管机关以该条例为依据，依法整顿全市停车秩序，并在城市区新施划 3.3 万个停车泊位，停车场违法收费、私设地桩地锁侵占公共

资源等现象得到有效遏制，全市停车秩序明显改善，社会反响良好，有力助推了秦皇岛市全国文明城市的创建工作。

二是坚持突出秦皇岛地方特色。秦皇岛作为著名的夏都和滨海旅游城市，生态环境、旅游环境至关重要，市委也提出了生态立市、旅游立市战略，所以我们将生态资源保护和旅游市场管理作为立法的重点，开展了以保护沿海岸线资源为重点的海水浴场管理、沿海防护林保护、海岸线保护和旅游市场管理的立法工作。历史文化资源是秦皇岛的宝贵财富，也是秦皇岛市开展全年、全域旅游的重要依托，为此，我们开展了长城保护和山海关古城保护的立法工作。这些立法项目既符合市委的战略部署，又具有浓郁的秦皇岛本地特色，得到了市委的肯定和支持。

三是坚持不重复立法，协调好与上位法的关系。我们在选择立法项目时，坚持对于上级立法机关已列入近期立法计划的项目，不抢闸出台，避免出台后与新颁布的上位法不一致而造成被动局面；对于上位法刚刚颁布实施且规定较细的，在贯彻落实 1~2 年后，认为确有必要的，再启动立法程序。如，2019 年年初，有关方面向市人大提出制定文明行为促进条例的建议，并起草了条例草案。我们研究后认为，省人大常委会正在制定《河北省文明行为促进条例》，我市相关条例应待《河北省文明行为促进条例》制定出台后，根据省《条例》的具体内容和我市文明建设实际，按照不与上位法抵触、不与上位法重复并突出地方特色的立法原则，对我市制定出台《秦皇岛市文明行为促进条例》的必要性、可行性和草案文本进行研究论证，再决定是否纳入一类立法项目（提请审议项目）。所以，我们暂缓了相关立法程序，将其列入二类立法项目（预备调研项目）。此前，我市对城乡规划、湿地保护等方面的立法，也因同样原因调整了立法安排。

三、加强组织协调，是做好立法工作的有力保证

万事开头难。特别是立法作为一项专业性、程序性强，多主体参与的系统工程，对于新赋权的设区的市来说，加强组织协调工作显得尤为重要。为此，市人大在市委的领导下，充分发挥人大的主导作用，努力形成立法合力，确保了立法计划的顺利实施。

一是加强机制建设。2016 年，市人大启动了地方"小立法法"——《秦皇岛市制定地方性法规条例》的起草工作。以该《条例》为总纲，对我市立法体制和机制做出了总体安排，明确了我市立法工作的具体步骤和程序。在此基础上，2017 年，制定出台了《关于加强和规范立法工作的意见》，明确

了市人大常委会各工作机构在立法过程中的职能作用，建立各司其职、密切配合的工作机制。2018 年，制定出台了《秦皇岛市人大常委会关于加强立法工作组织协调的若干意见》，建立重大立法事项由市人大常委会副主任和市政府副市长共同牵头负责的双组长领导机制，积极构建党委领导、人大主导、政府依托、社会各界广泛参与的大立法格局。2019 年，制定出台了《秦皇岛市人大常委会立法后评估办法》，从启动程序、评估主体、评估内容、评估程序、组织方式和结果运用等几个方面，对立法后评估工作进行了规范，通过对法规实施情况的"体检"，增强法规实施效果，促进提高立法质量。2020 年，制定出台了《秦皇岛市人大常委会地方性法规（草案）、规章和其他规范性文件合法性审查工作指南》，对地方性法规（草案）等进行合法性审查的要点、流程等进行了归纳总结。2021 年，我们还要研究制定地方性法规草案征求意见、建议反馈机制，进一步推动开门立法、民主立法，通过不断完善机制体制建设，不断推动我市立法工作提质提速提效。

二是做好统筹协调。在立法计划颁布后，迅速组织召开全市地方立法工作会议，就加强领导、落实责任，做好法规草案起草、审议等工作，确保高质量完成立法计划，进行动员部署。

三是明确责任分工。制定下发立法项目责任明细表，要求各起草单位成立专门领导小组、起草班子，明确责任部门、责任领导、责任人员和完成时限，确保各个立法项目分工明确、责任到人。

四是强化督导调度。通过召开草案起草工作调度会和深入有关起草单位听取汇报等形式，加强对法规草案起草工作的督导调研，明确具体要求，确保按时推进。

四、提高审议水平，是做好立法工作的重要环节

审议是地方立法的法定程序，审议水平直接决定着立法质量。我们在审议修改过程中，一是坚持平衡好各方利益。在沿海防护林立法过程中，保护和开发的矛盾突出，我们坚持严格依法、保护为主、兼顾发展需要的原则，针对条例适用范围、禁止开发区域界定、开发项目立项条件等重点问题深入调研，反复沟通协调，草案质量得到了常委会组成人员的肯定和利益各方的认可。二是坚持敢修改、真修改。在审议修改过程中，我们坚持以质量为中心，坚持有效管用，坚持清除部门利益，对草案进行了较大幅度的修改。在《秦皇岛市停车场管理条例》的立法过程中，各方面普遍反映条例草案过于原则化，针对性不强。为此，我们认真研究各方面提出的意见，共梳理出停车

场管理方面存在的六个方面的突出问题，并以这些问题为导向，有针对性地设计条款，对条例草案做了较大幅度的修改，由原来的 29 条 2428 字，调整修改为 45 条 4979 字，得到了社会各界的好评。同时，我们坚持不重复上位法规定的原则，坚持有几条写几条，哪条管用写哪条，针对条例草案与上位法重复较多的问题，在《秦皇岛市环境噪声污染防治条例》审议修改过程中，先后共删减十四条零三款；在《秦皇岛市物业管理条例》审议修改过程中，删去 7000 余字，增加 4000 余字，整体压减 3000 余字，使条例文本更加有特点、接地气，有刚性、可操作，能落地、见实效。三是充分发挥委员和代表的作用。我们注意广泛征求和倾听委员和代表意见，组织安排委员和代表开展立法调研，健全分组审议机制和代表列席审议机制，在"两审三通过"的基础上，必要时增加审议次数，有力保证了审议质量。如在《秦皇岛市沿海防护林条例》的立法过程中，从 2017 年启动开始，历经四年五次审议，这在全国设区的市立法中是罕见的，也充分体现了市委、市人大常委会对我市核心生态资源保护的高度重视和极端审慎。

五、积极借助外脑，是做好立法工作的有效途径

立法力量薄弱、人员编制不足是新赋权设区的市面临的共性问题。我们积极挖掘社会资源，注重发挥专家学者作用，有效提升了立法能力。一是组建地方立法咨询人才库。按照理论与实务相结合、法律与其他专业相结合的原则，聘请了首批 60 名地方立法咨询人才库人员，出台了《秦皇岛市人大常委会立法咨询人才库管理办法》。二是建立秦皇岛市地方立法研究咨询基地。分别在燕山大学、河北环境工程学院和河北科技师范学院建立了三个秦皇岛市地方立法研究咨询基地，举行了签约揭牌仪式，为地方立法工作提供草案起草、咨询论证等常态化的智力支持。三是建立基层立法联系点。出台《基层立法联系点工作办法》，建立了首批 9 个基层立法联系点，畅通社会各界有序参与地方立法工作的渠道。四是委托专家开展法规草案调研论证。委托立法咨询基地组成课题组，就每部法规草案的修改进行深入的调研论证。以物业管理立法为例，市人大与燕山大学文法学院课题组合作撰写了 23 万字的《物业管理立法参阅资料》，编纂了 132 万字的《物业管理立法汇编》，有效提高了立法质量。五是组织召开地方立法咨询专家论证会，认真听取和吸纳专家意见。每个法规草案的修改完善过程中，都通过组织召开专家论证会的形式，积极听取专家的意见和建议。六是实行高校法学教师到立法岗位挂职锻炼制度。与本地高校洽谈协商，达成了每年选取优秀教师和毕业生到市人大

常委会法工委进行挂职锻炼或实习锻炼的合作协议，该做法得到了市委的肯定和支持。截至目前，已有2名挂职教师、四批实习人员共16人到立法岗位挂职或实习，实现了法学教育和立法实践相结合、共促进的双赢局面。

法规的生命在于实施。五年来，市人大通过召开新闻发布会、建立法规实施情况报告、开展法规实施情况调研和执法检查等方式，推动法规真正落到实处。秦皇岛市的立法工作刚刚起步，经验欠缺，还有很大差距和不足，法规草案起草质量、常委会审议质量、组织协调工作和立法的精细化程度都有待提高。今后，我们将在省人大、省法学会立法学研究会的指导下，认真学习兄弟地市的先进经验和做法，紧紧把握新时代新要求，进一步提高科学立法、民主立法、依法立法水平，不断提升地方立法质量，积极追求以高质量立法法促进高质量发展的工作目标，努力在法治建设中发挥更大作用。

设区的市地方立法权制度运行与思考
——以河北省部分地市立法现状为视角

■ 陈洪峰　田润雨

作者简介：陈洪峰，衡水市中级人民法院研究室主任，研究方向为刑法。

田润雨，衡水市中级人民法院法官助理，研究方向为民商法、行政法。

《中华人民共和国立法法》（以下简称《立法法》）要求各省级人大根据辖区各市情况分步骤、分时间开展赋权工作，但实践中各省级权力机关在短时间内却将地方立法权赋予所有设区的市❶，导致各类地方性立法层出不穷，立法质量高低不一。本文以河北省部分设区的市地方性法规立法现状为基础，分析研究其运行情况及存在的问题。

一、各市近年立法现状调研分析

为分析河北省设区的市立法赋权现状，本文以近年石家庄市、保定市、衡水市、邯郸市和张家口市地方性法规立法情况为分析样本，该五市既涵盖较发达地市也涉及较偏远地市，在经济发达程度、地理位置分布、立法水平高低、立法需求层次上各有所异，通过对五市近年立法情况的调研分析，以期从中发现问题并提出建议措施。

（一）各市近年立法规划统计分析

立法规划是立法工作的起点。从宏观上分析各市人大近几年的立法规划，其立法计划每年大致分为两类，一类是在年内拟提请审议的立法项目，该类项目经过前期立法调研、意见征集、专家修改，其立法目的明确，立法思路成熟，易于通过；另一类是年内的立法调研项目，往往是由社会各界提出调研建议，经人大法制工作委员会梳理汇总，初步认为有立法需求的项目。

总体来看，五市近年立法规划项目共106项，其中地方性立法程序7项，占比6.6%；城乡建设与管理66项，占比62.3%；环境保护25项，占比23.6%；历史文化保护8项，占比7.5%，详见图5和表2。

---

❶ 王春业. 设区的市地方立法权运行现状之考察 [J]. 北京行政学院学报，2016（6）：84-91.

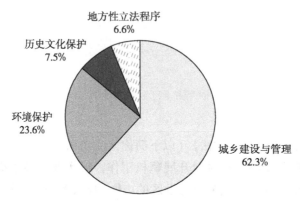

图 5　五市近年立法规划项目类型分布

表 2　五市近年立法规划项目统计

设区的市	地方性立法程序	城乡建设与管理	环境保护	历史文化保护	总计（项）
石家庄	0	18	4	0	22
保定	1	9	2	4	16
邯郸	3	15	3	1	22
衡水	1	5	3	1	10
张家口	2	19	13	2	36
总计（项）	7	66	25	8	106

　　具体而言，石家庄市 2018—2022 年立法规划项目共 22 项，其中城乡建设与管理 18 项，环境保护 4 项；保定市 2019—2020 年立法规划项目共 16 项，其中地方性立法程序 1 项，城乡建设与管理 9 项，环境保护 2 项，历史文化保护 4 项；邯郸市 2016—2020 年立法规划项目共 22 项，其中地方性立法程序 3 项，城乡建设与管理 15 项，环境保护 3 项，历史文化保护 1 项；衡水市 2017—2021 年立法规划项目共 10 项，其中地方性立法程序 1 项，城乡建设与管理 5 项，环境保护 3 项，历史文化保护 1 项；张家口市 2017—2020 年立法规划项目共 36 项，其中地方立法程序 2 项，城乡建设与管理 19 项，环境保护 13 项，历史文化保护 2 项。以石家庄市和保定市立法规划为例，两市近年立法规划详见表 3 和表 4。

表3 石家庄市人大常委会2018—2022年立法规划

序号	法规名称	立法性质	立法类别	起草部门
1	《石家庄市城市治理综合执法条例》	制定	城市建设与管理	市城市管理委员会
2	《石家庄市人才发展促进条例》	制定	城市建设与管理	市人力资源和社会保障局
3	《石家庄市城乡规划条例》	修订	城市建设与管理	市规划局
4	《石家庄市国家建设项目审计条例》	修订	城市建设与管理	市审计局
5	《石家庄市滹沱河保护条例》	制定	环境保护	市水务局
6	《石家庄市正定古城保护条例》	制定	历史文化保护	正定县政府
7	《石家庄市城市市容和环境卫生管理条例》	修订	城市建设与管理	市城市管理委员会
8	《石家庄市水土保持条例》	修订	环境保护	市水务局
9	《石家庄市城市生活垃圾分类管理条例》	制定	城市建设与管理	市城市管理委员会
10	《石家庄市机动车停放管理条例》	制定	城市建设与管理	市公安局
11	《石家庄市养犬管理条例》	修订	城市建设与管理	市公安局
12	《石家庄市住房公积金管理条例》	制定	城市建设与管理	市住房公积金管理中心

表4 保定市人大常委会2020年立法计划

序号	法规名称	起草部门	初审部门
1	《保定市历史文化名城保护条例》	市自然资源和规划局	市人大常委会城建环保工委
2	《保定市长城保护条例》	市文化广电和旅游局	市人大常委会教科文卫工委
3	《保定市白石山景区保护条例》	市文化广电和旅游局	市人大常委会民宗侨外工委
4	《保定市市区养犬管理条例》	市公安局	市人大常委会监察司法工委
5	《保定市旅游发展促进条例》	市文化广电和旅游局	市人大常委会民宗侨外工委

由上述分析可知，首先，各市近年规划立法数量多，涉及内容广泛，呈现逐年井喷趋势；其次，城乡建设与管理、环境保护占比较大，是立法规划的主要内容，而历史文化保护相关立法占比较小，立法保护不足；再次，部分地市立法过程不完善，相关办法制定较晚，程序制定缺位；最后，立法起草多为政府及其职能部门，人大主导作用发挥不足。

（二）各市近年立法规划与实际立法分析对比

五市近年规划立法数目较多，但经市人大常委会审议通过并被省人大常委会批准的立法数目较少。五市近年立法规划项目共 106 项，有 49 项被批准通过，占比 42.5%，其中有 4 项并未出现在立法规划中，详见表 5。

表 5　五市近年立法规划与实际立法对比

设区的市	立法规划数	审议批准数	未列入规划数
石家庄	22	6	1
保定	16	3	0
邯郸	22	22	0
衡水	10	5	3
张家口	36	13	0
总计	106	49	4

截至 2020 年 12 月，石家庄市 2018—2022 年 22 项立法规划项目，已有 6 项获批准通过，其中 1 项并未出现于立法规划；保定市 2019—2020 年 16 项立法规划项目，已有 3 项获批准通过；邯郸市 2016—2020 年 22 项立法规划项目，已有 22 项获批准通过；衡水市 2017—2021 年 10 项立法规划项目，已有 5 项获批准通过，其中 3 项并未出现于立法规划；张家口市 2017—2020 年 36 项立法规划项目，已有 13 项获批准通过，详见图 6。

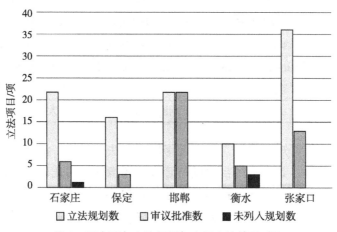

图 6　五市近年立法规划与实际立法情况对比

由上述分析可知，首先，各市立法规划虽数量多，但实际立法数量少，立法比例偏低；其次，部分市立法规划与实际立法需求不契合，存在立法规划之外立法的现象；最后，立法调研项目转立情况较少，多数调研项目多年仍未正式立法，立法调研工作停滞不前。

（三）各市近年城乡建设与管理立法现状分析

城乡建设与管理方面是设区的市立法中的关键环节，也是城市建设法治保障的重要组成部分。五市近年城乡建设与管理方面规划立法项目 66 项，占比 62.3%。实际立法数 31 项，其中石家庄 4 项，保定 1 项，邯郸 15 项，衡水 4 项，张家口 7 项，占比 63.3%。本文以张家口市、邯郸市为例分析研究城乡建设与管理立法现状，详见表 6。

表 6 近年张家口市、邯郸市城乡建设与管理规划立法项目

城乡建设与管理立法规划	张家口市 （2017—2020 年）	邯郸市 （2016—2020 年）
1	《张家口市城市园林绿化条例》	《邯郸市城市绿化条例》
2	《张家口市城市道路交通管理条例》	《邯郸市妇女权益保障条例》
3	《张家口市志愿者服务条例》	《邯郸市居住证条例》
4	《张家口市可再生能源示范区条例》	《邯郸市城市供热条例》
5	《张家口市物业管理条例》	《邯郸市城市供水用水管理条例》
6	《张家口市社会信用信息条例》	《邯郸市城市排水与污水处理条例》
7	《张家口市优化营商环境条例》	《邯郸市燃气管理条例》
8	《张家口市城市环境卫生管理条例》	《邯郸市城市市容和环境卫生条例》
9	《张家口市停车场管理条例》	《邯郸市客运出租汽车管理条例》
10	《张家口市旅游管理条例》	《邯郸市电梯安全管理条例》
11	《张家口市人大常委会关于规范冬奥会志愿服务的决定》	《邯郸市城市公共汽车客运条例》
12	《张家口市农村建筑物管理条例》	《邯郸市村庄建设条例》
13	《张家口市无障碍设施建设与管理条例》	《邯郸市粉煤灰综合利用管理条例》
14	《张家口市食品小作坊小餐饮小摊点管理办法》	《邯郸市建筑垃圾处置条例》
15	《张家口市公共场所控制吸烟条例》	
16	《张家口市烟花爆竹燃放管理条例》	

续表

城乡建设与管理立法规划	张家口市 （2017—2020 年）	邯郸市 （2016—2020 年）
17	《张家口市生活垃圾分类管理条例》	
18	《张家口市动物防疫条例》	
19	《张家口市殡葬管理条例》	

由上述分析可知，首先，立法地方特色不足，立法内容欠缺特殊性和本土性；其次，存在省市之间、各市之间重复立法的问题；最后，部分立法是否属于城乡建设与管理方面存有疑义，立法权限模糊，立法范畴不清。

二、立法制度运行中的困境探析

通过对五市近年来的立法现状深入调研，发现赋权后的立法制度运行过程中存在一些问题，需要进一步思考辨析。

（一）设区的市立法能力亟待提升

1. 立法资源配置仍需优化

立法权行使的基本条件之一便是有业务过硬的立法机构和立法人才。经调研发现，一方面，各市立法机构虽然各司其职，但从立法质量和立法数量来看，其仍不能满足《立法法》要求和实际立法需求。立法机构不健全导致人大工作职能难以发挥，立法力量的分散也使得立法缺乏规范性。另一方面，在立法机构编制上缺少足够的重视与政策倾斜，人员编制相对较少，人才聚集较慢，尤其是既懂法律规范还懂立法技能的人才缺乏，导致法规草案质量难以得到保证。

2. 主导立项能力尚需提高

党的十八届四中全会提出"要健全有立法权的人大主导立法工作的体制机制，发挥人大在立法工作中的主导作用"，但现阶段立法议案大多是由政府及其职能部门提出，这既不符合人大职能定位，也不符合《立法法》实施初衷，人大立法主导能力必须加强。同时，人大科学立项能力也要提高，若项目规划不清晰，极易影响整个立法体系，往往导致规划与实践相脱节，规划项目也难以转化为实际立法。立法调研论证机制不健全，立法规划落实不到位等因素均会造成法规立项工作的偏差，甚至对地方经济发展造成不利影响。

3. 起草评估能力尤显薄弱

法规起草是立法的关键环节，从立法实践中发现，设区的市法规起草工作大多是由政府及其相关职能部门负责，设区的市人大常委会组织起草法规的数量十分有限。一般来说，法规起草遵循着"谁主管、谁负责、谁起草"的工作方式，此种方式虽然发挥了职能部门专业力量充足的优势，但也容易出现保护部门利益的情况，使得法规草案在制定之初就存在不适当扩大部门权力、推诿部门责任等问题。同时，各市立法规范性条例里大多缺乏立法评估环节，导致人大不能及时全面地总结经验、及时准确地发现问题，难以为进一步修改完善立法工作提供借鉴。地方性法规评估制度不完善也导致立法时审议不充分，立法后评估不准确，严重影响地方立法实施过程中对法规草案的修改与完善。

(二) 设区的市立法权限界定不明

设区的市立法权限是其立法权的核心内容，但《立法法》对其规定还存在一些不足之处，使得设区的市的立法权限产生了不少问题，具体而言：

1. 设区的市立法权限规定理解模糊

《立法法》以列举的方式明确了设区的市立法权限范围，但其仍然具有高度概括性和不确定性。首先，"城乡建设与管理"的具体范围不明晰。从语义上讲可以分为"城乡建设与城乡管理"和"城乡建设与城乡建设管理"两种理解，前者范围更广。而从立法实践来看，各市在立法过程中往往将范围划定不清的条例统归为"城乡建设与管理"，所以，若没有全国人大常委会的权威立法解释，设区的市人大必然会做扩大解释，以扩大自身立法权限，这显然与立法原意不符。其次，《立法法》第72条中的"等"字存有理解分歧。从文义解释角度看，有"等内等"与"等外等"之分，如果按照"等内等"来理解，设区的市立法权限范围就仅限于城乡建设与管理等三个方面，这的确可以在一定程度上规避立法权滥用，但也使得设区的市立法工作束手束脚，难以满足日益增长的立法需求；而按照"等外等"来理解，设区的市立法权限范围还可以包括其他方面事项，则易导致扩大解释，使得设区的市人大陷入越权立法的困境。❶

2. 设区的市立法权限横纵界分不清

纵向来看，设区的市与省、自治区立法重叠领域权限划分不清。根据我

---

❶ 伊士国，杨玄宇. 论设区的市立法权限——兼评新《立法法》第72条 [J]. 河北法学，2017，35（11）：78.

国宪法和相关法律，省、自治区的地方立法权比较完整，权限范围较广，与设区的市存在立法重叠领域，即两者都可以对城乡建设等事项进行立法。而《立法法》并未对立法重叠领域的权限划分问题做出明确规定。省级地方立法有利于统筹考虑本省、自治区的整体状况，为工作开展提供统一的法制依据，但若事无巨细制定地方性法规则势必压缩设区的市的立法空间，导致其立法权虚设。设区的市地方立法有利于充分立足本地区实际情况，保证地方立法的针对性和可操作性，但针对同一事项重复立法，也容易造成执法适用上的混乱和立法资源的浪费。横向来看，设区的市与同级政府立法权限划分不明。《立法法》第82条规定，设区的市政府也可在城乡建设等三个方面立法，所以如何合理划分地方性法规和地方性规章制定权限就显得尤为重要。如果不能妥善处理两者的关系，易导致部门利益化倾向严重和立法质量的下降，使得地方性法规实效性变弱。

3. 设区的市与原较大的市立法权限衔接不当

《立法法》赋权后，原较大的市转变为设区的市，其立法权限衔接转化存在困境。具体言之，一是对于原较大的市人大正在审议或已经审议通过而省人大尚未批准的地方性法规中涉及《立法法》规定之外的事项，是否应继续进行相应程序的问题。二是对超出现设区的市立法权限的原较大的市地方立法，由谁进行解释、修改或废止的问题。尽管《立法法》明确规定，超出现设区的市立法权的原较大的市地方立法继续有效，但并没有对其解释、修改或废止问题做出规定，这就导致如由作为原较大的市继任者的现设区的市对其进行解释、修改或废止的话，显然超出了其现有立法权限。但由省、自治区立法主体对其进行解释、修改或废止，显然有违背"谁制定、谁修改、谁废止"之法理。

（三）设区的市审查批准制度存在缺陷

1. 审查标准不明确

《立法法》第72条规定，省、自治区人大常委会要对设区的市的地方性法规进行合法性审查，其审查标准便是"不抵触"，但"不抵触"的审查判断标准尚不明确。

首先，《立法法》的规定过于概括笼统。其规定的相抵触情形有：超越权限的、下位法违反上位法规定的、违背法定程序的，但此规定较为抽象笼统，难以为审查批准工作提供明确的法律标准。其次，重复立法纳入合法性审查范围存疑。《立法法》第72条、第73条规定是为了让省、自治区人大常委会审查批准立法时贯彻落实不抵触原则❶，但重复立法是否属于"相抵触"的情形，立法上并未明确说明，这就导致省、自治区人大常委会审查批准时陷入两难困境，若归为"相抵触"情形则于法无依，若听之任之，则易造成审查虚化，权威丧失。

2. 审查批准程序不健全

首先，关于报请审查批准程序存在以下问题：一是报请审查程序中的报批主体并未明确。是由设区的市人大及其常委会各自报送还是由设区的市人大常委会统一向省、自治区人大常委会报送尚无定论。二是报请审查批准的时限并未确定。《立法法》只规定了省、自治区人大常委会审查批准的时间是四个月，并未规定设区的市人大及其常委会报请审查批准的时间。三是对报请审查批准的材料无确切规范要求，现有法律也未规定除法规草案外是否还需提供其他佐证材料。

其次，关于审查批准程序存在以下问题：一是省、自治区人大常委会开展审查批准工作的具体步骤尚无明确规定。二是省、自治区人大常委会审查批准形式是书面审查还是会议审查存有分歧，是否需要设区的市人大及其常委会派人参会并作必要说明等问题也暂无规定。

3. 审后处理办法规定不细

《立法法》虽然对省、自治区人大常委会审查之后的处理办法作了明确规定，但仍存在一些问题：首先，法律明确规定，只要设区的市地方性法规不存在与上位法相抵触的情形，省、自治区人大常委会就应当作出批准的决定，推之可得，如果设区的市地方性法规与上位法存在相抵触的情形，省、自治区人大常委会便只能作出不批准的决定，这本身就是对省一级立法审批权的不当限缩。其次，《立法法》只规定了如果设区的市地方性法规与本省、自治区政府规章存在相抵触的情形，省、自治区人大常委会"应当作出处理决定"，但是对于处理方式及处理决定在何种条件下适用并无明文规定，易造成立法实践中的混乱。

---

❶ 参见《立法法》第72条、第73条规定：设区的市制定地方性法规要符合以下规定，一要立足于本地方的具体情况和实际需要；二要符合自身的立法权限；三要与法律、行政法规等上位法相一致；四要对上位法已经明确规定的内容，一般不作重复性规定。

三、立法制度运行过程中的建议措施

(一) 着力提升设区的市的立法能力

1. 完善立法机构，优化人才队伍

（1）设区的市人大设置法制委员会

根据《地方组织法》"设区的市人民代表大会根据需要，可以设法制委员会"之规定，应当设立独立、统一的人大法制委员会，为地方立法权的行使提供统筹与调控。法制委员会职能定位为地方法规审议机构，法规在交付常委会会议表决通过前必须经过法制委员会负责统一审议，重点审议法规草案的合法性、合理性、规范性等问题，以发挥其统领作用。并应避免法制委员会和其他专委会合署办公的方式，以分清职责，各自独立行使职权。

（2）完善市人大常委会法制工作委员会

法制工作委员会作为市人大常委会承办立法具体事务的机构，负责综合性的立法工作。因此，必须从地方立法工作实际出发，整合分散的立法资源，以保障立法工作顺畅有序开展。设区的市人大在立法中起主导作用，统筹与协调整个立法过程，政府法制部门负责专项法律法规的起草制定。但在实践中大量法律草案由政府部门牵头起草，存在着一定程度的"强行政、弱人大"现象。因此，在完善机构硬件建设的基础上，要明确不同部门的分工与职责，构建起各个部门之间业务对接和关系协调的有机机制，才能有效避免部门利益法律化，为立法工作奠定组织基础。

（3）抓好人才编制和配备

应加快理念更新，做好人才编制工作。首先，地方人大与政府应当在同级党委支持下，统筹解决人员编制配备情况，详细了解本市立法人才情况，采用新增编制招录或者内部调剂人才的办法，解决地方立法力量薄弱问题，确保地方立法人员编制能满足地方人大行使立法权的需要；其次，根据立法人才知识面要求广泛、复合型能力要求高的特点，除配置法律专业人才以外，还应涵盖城建、社会管理等各领域人才，使得人才结构更能适应现实需求和形势的变化。

（4）抓好人才培养

要根据地方立法需求，探索创新人才培养方法与渠道，形成良性人才培养机制。首先，要建立定期培训机制，根据立法形势变化和工作需要，对立法机构工作人员采取讲座、进修等方式，更新其知识结构，增强其开展立法

工作的实践能力。其次，发挥专家效应，注重以老带新、以外聘专家带领或者指导工作的方式，开阔立法机构工作人员视野，为适应新时期立法工作积蓄实力。最后，要创新和完善立法后备人才培养机制，要加强法学院校和法律实践部门的交流合作，将地方立法人才培养作为高校培养计划，建立联合培育机制，努力培养具有信念坚定、品德优良、知识丰富、本领过硬的立法后备人才队伍。❶

2. 加强人大主导，提高立项能力

（1）设区的市立法权逐渐转向人大主导

要不断强化人大在立法选项、立法起草、立法审议、立法舆论上的主导权，对立法行为起到监督和示范作用。首先要坚持科学立法和民主立法原则。健全立法公开征集制度，汲取多方智慧，注重集中民智，保证立法能代表民意，符合实际；其次要构建起立法过程中的有效联络机制，完善以人大为主导的专家联系机制，依法建立健全专门委员会、工作委员会立法专家顾问制度，充分利用设区的市所属高校、科研机构、律师事务所等立法人才，积极筹备建立地方立法专家咨询库，发挥智囊团的作用，探索和完善具有广泛性、多元式的立法协同机制，对立法工作进行有效的指导和调控。

（2）健全立项调研和论证机制

编制立法规划，是立法的首要程序，而加强立法项目调研和论证，则是提高编制质量的重要基础。一是编制立法规划要积极回应公众关切，加强立法研判。注重从人大常委会执法检查和调研发现的问题中选择立法项目，结合地方立法权限提出立法建议和法规制度设计基本内容，推进针对问题立法、立法解决问题。二是高度重视人大代表提出的立法建议。设区的市人大常委会要及时研究论证人大代表提出的立法项目的必要性和可行性，条件成熟及时进入立法程序。三是要妥善处理数量和质量的关系，切实维护法制的统一。坚持立法质量至上是在编制立法规划和立项过程中一以贯之的原则。在相对有限的地方立法资源下，要充分考虑立法条件、立法能力等因素，重在解决实际问题。

（3）建立立法规划的落实机制

立法规划落实尤为重要。一是要明确立法规划项目进入立法计划的优先性，有序将近年规划筛选入年度计划，并做好有效衔接。二是建立规划实施监督制度，组建工作班子，制订工作计划，按照时间节点倒排工期，高效推

---

❶ 徐凤英. 设区的市地方立法能力建设探究［J］. 政法论丛，2017（4）：115.

进法规起草工作。三是建立规划理由说明制度，严格依照年度立法计划推进法规案审议，若法规案不能按时进入审议程序，要由负责审议的专门委员会向人大常委会报告原因并寻求解决措施。

3. 健全起草机制，强化立法评估

（1）健全立法起草工作机制

地方立法草案起草是地方立法程序中的重要环节。一是建立设区的市人大常委会提前介入机制。在提前介入时要把握好节点，介入过程中应充分参与其调研论证，着力改变过去政府负责法规起草、人大常委会负责审议的分段式工作体制。二是健全法规草案公开征集机制，在法规起草阶段，通过各种形式，广泛听取社会意见，不断完善相关进展情况反馈机制，以提高公众主动性和参与实效，使不同群体权益得到保障。三是对于专业性较强的地方性法规草案，可根据需要吸收相关领域的专家参与起草，或者委托有关教学科研机构、社会组织以及专家、学者起草，他们的中立地位及具有的丰富知识可以提高立法草案的科学性和公正性。

（2）做好评估主体的选择与创新

为维护评估的客观公正性，避免评估工作流于形式，可以尝试评估主体的创新，实行自我评估和第三方评估的有机结合，即法制委员会、有关委员会和政府有关部门一起参加，然后吸收社会组织、社会公众人员参与的模式，扬长补短，增强评估主体的综合能力。

（3）增强立法评估主体专业水平

立法评估是一项专业性非常强的工作，客观准确的评估是立法评估的基本要求，这就要求地方立法评估主体不仅要具备足够的法学功底，熟悉法律文本，掌握相应的立法技术，还要不断地学习立法知识、提升立法技能、总结立法经验，形成敏锐分析认识力和深厚判断力，以保证立法评估结论的准确性、可靠性、客观性。

（二）明晰划分设区的市立法权限

1. 厘定设区的市立法权限规定范围

首先，明确城乡建设与管理之含义有利于市人大更好地行使立法权。关于"城乡建设与城乡管理"还是"城乡建设与城乡建设管理"的理解，笔者倾向于范围宽的前者。因为从立法实践角度考虑，城乡建设与管理的内容会随着社会的发展而拓展，城乡综合管理、运行管理及规划管理等需求应当作为城乡建设与管理内容扩展的恰当解释，即对城乡建设与管理需求在不违背法律保留原则的前提下作广义解释。但为避免地方地方盲目扩展，还要对其范围作明确界定，可借鉴《中华人民共和国立法法修正案（草案）》关于审议结果报告的有关说法❶，城乡建设与管理具体包括城乡规划、房地产开发、征地拆迁补偿、基础设施建设、市政管理等事项。其次，将《立法法》第72条中的"等"字界定为"等内等"更符合《立法法》"赋权"又"限权"的原意精神。反之，如果将"等"字界定为"等外等"，则会使设区的市立法权限范围处于不确定的状态，易导致地方性立法不断膨胀，甚至出现背离上位法的情况，这显然与立法原意不符。此外，《立法法》第72条在列举完设区的市立法权限范围后，又增加了"法律对设区的市制定地方性法规的事项另有规定的，从其规定"的规定，这就为未来设区的市立法权限的扩大预留了立法空间，不会因"等内等"而限制立法的发展。

2. 划清设区的市纵横领域权限边界

为解决各级人大及其常委会、政府之间存在的"职责同构化"现象，应在遵循"不抵触"原则的前提下厘清各机关、各部门权限边界。

纵向来看，设区的市应遵循上位法规定并填补地方立法空白。第一，设区的市应当严格遵循法律保留和央地分离原则，不得染指中央立法事项。面对中央立法留有空隙而属于地方自主管理事务时，可以将其纳入立法权限范围。第二，针对与省级立法权限重叠的问题，设区的市应作细化操作与填补漏洞工作。由于省市两级人大职权具有相似性，区别只在于适用范围、地域和相关程序，故为防止立法抄袭、重复立法造成的损耗，设区的市应在不抵触上位法的前提下，根据地方管理需要进行立法。❷若省级已有立法，根据立法需求选择不重复立法或作细化规定；若省级无立法而本级亟须加强规范管理，则可在立法权限范围内作细化规定以填补法律空白。

横向来看，应清晰划定地方性法规和政府规章的界限。第一，纯行政管理类事项应由地方性规章加以规定。第二，立法条件尚不成熟，不宜制定地方性法规时，可先制定规章，待条件成熟后再制定地方性法规。第三，对无须地方性法规调整的短期性地方公共事务，人大可在自身权限范围内授权政府制定行政规章。

---

❶ 第十二届全国人民代表大会法律委员会关于《中华人民共和国立法法修正案（草案）》审议结果的报告 [EB/OL]. (2015-05-07) [2021-06-07]. http://www.npc.gov.cn/wxzl/gongbao/2015-05/07/content_1939079.htm.

❷ 邓佑文. 论设区的市立法权限实践困境之破解——一个法律解释方法的视角 [J]. 政治与法律，2019（10）：70.

3. 明确设区的市与原较大的市立法权限衔接规范

要想明晰设区的市人大立法权限与原较大的市立法权限衔接规范，应对以上两方面问题区别对待。第一，划定权限边界以实现顺畅衔接。对于原较大的市人大正在审议或已经审议通过省人大尚未批准的地方性法规，如若出现《立法法》规定权限范围之外事项，应停止制定程序，严守权限边界以维护法律权威，实现立法权限统一。但如果上述立法将超出现设区的市立法权限的内容予以修改或删除，则可以继续进行立法程序。第二，建议通过授权立法的方式明确衔接规范。通过全国人大常委会立法授权，授权作为原较大的市转化为设区的市之后，仍可以继续对其之前超出现立法权限的立法进行解释、修改或废止。若由省、自治区进行解释、修改或废止，存在等级不对等的问题，而这些地方立法由原较大的市制定，则可以更好地理解立法的原意，有利于保证相关解释、修改或废止工作的针对性和可操作性。

（三）完善设区的市审查批准制度

笔者认为从尽可能保持立法的稳定性角度出发，不宜轻易修改《立法法》，可以考虑通过立法解释或由各省、自治区人大常委会制定配套性法规的途径予以解决，具体而言：

1. 明确合法性审查标准

为保证省、自治区人大常委会能够有效行使审查批准权，首先需要明确合法性的审查标准，即判断"不抵触"或"抵触"的具体标准。笔者认为，可将其进一步细化为四种情形，包括：宪法、法律、行政法规允许的而地方性立法却作出禁止性规定，或明文禁止的却作出允许性规定；增加、减少或变更了法律责任的种类、幅度、适用范围或适用条件；增加、减少或变更了执法主体、执法主体的执法权限或执法程序；增加、减少或变更了宪法、法律规定的公民、法人或其他组织的权利和义务，或者改变了履行义务、行使权利的原则、条件或程序。[1]

此外，重复立法不应纳入合法性审查范围。从法理角度看，重复立法仅是下位法对上位法的重复规定，本质上并未违反上位法，不属于"抵触"的情形。从立法实践看，若对设区的市地方性法规是否属于重复立法进行审查，则会加大省、自治区人大常委会的工作负担，不利于审查批准工作正常开展。从立法规定看，《立法法》第73条第4款的立法目的就在于解决过去长期存

---

[1] 苗连营. 论地方立法工作中"不抵触"标准的认定 [J]. 法学家，1996（5）：42.

在的重复立法问题，若重复性立法影响立法进程则由其加以规范。

2. 健全审查批准程序

为保证省、自治区人大常委会有效开展审查批准工作，必须要建立健全程序规则，以为其提供程序保障。

首先，要建立完善的报请审查程序。一是由设区的市人大常委会作为报请审查主体统一报批。按照"谁制定、谁报批"的原则，应由设区的市人大及其常委会分别报批，但设区的市人大每年仅召开一次会议，由设区的市人大对其制定的地方性法规进行报批不符合实际，加之设区的市人大制定的地方性法规多是由人大常委会起草完成，对其内容更为熟悉，因此，由人大常委会报批审查更为适合。二是建立预提交制度以节约报请审查时间。考虑到设区的市地方性法规在表决通过后，如若提请审查被省、自治区人大常委会否决，易造成立法资源浪费，因而建议提前将地方性法规草案提交至省、自治区人大常委会法制工作机构审议，及时征询其意见，以避免审议否决或"抵触"条款出台。三是报请审查的材料要详细全面。为提高审议通过率，设区的市报请的审查材料除包括地方性法规草案外，还应包括制定该设区的市地方性法规的详细说明、参考资料、专家意见以及其他相关材料。

其次，要建立完善的审查批准程序。一是明确开展审查批准工作的实施流程。先由省、自治区人大常委会法制工作机构审查，而后向主任会议提交审议情况报告，再由主任会议决定是否列入常委会会议议程，最后由常委会审议后作出是否批准的决定。二是可以通过召开专门审查会议的形式对设区的市地方性法规进行审查批准。考虑到省、自治区人大常委会行使职权的特点及其审查批准工作的重要性，报请审查该设区的市地方性法规的人大常委会负责人在必要时应当到会作出解释说明，回答询问并听取意见、建议。

3. 细化审后处理办法

对于省、自治区人大常委会审查设区的市地方性法规之后的处理办法，应综合考虑各种情况，细化具体规定。

首先，当设区的市地方性法规不存在"抵触"情形时，省、自治区人大常委会应在四个月内作出批准决定。其次，当存在"抵触"情形时，省、自治区人大常委会应作出不批准的决定，并将相关理由告知该设区的市人大常委会。此条款可进一步细化：一是当某些条款存在"抵触"情形且与整部法规不可分割时，省、自治区人大常委会只能作出不批准决定，由设区的市人大及其常委会重新制定或作重大修改后重新报批。二是当某些条款存在"抵触"情形且可与地方性法规分割时，省、自治区人大常委会可建议设区的市人大及其常委会先修改"抵触"条款，再依据修改情况作出批准或不批准的决定。❶ 三是当地方性法规存有与省、自治区政府规章相抵触的情形时，省、自治区人大常委会应当根据不同情况，分别作出相应处理决定：若认为省、自治区政府规章不适当的，省、自治区人大常委会应当批准该设区的市地方性法规，同时视情况撤销省、自治区政府规章或责成省、自治区政府修改该政府规章；若认为设区的市地方性法规不适当但不存在"抵触"情形的，省、自治区人大常委会可在该设区的市人大及其常委会修改后，视情况作出批准或不批准的决定；若认为两者都不适当的，省、自治区人大常委会则可根据上述两者情况分别作出处理决定。

结　语

设区的市立法权作为我国地方立法权的重要组成部分，是我国全面推进依法治国的重要条件，本文以河北省部分设区的市地方性法规立法现状为视角，力求为设区的市立法权运行提供思考。通过分析各市近年来的立法规划、立法规划与实际立法对比情况以及城乡建设管理立法现状，发现存在设区的市立法能力不足、立法权限界定不清和审查批准制度缺陷等问题，并有针对性地提出着力提升立法能力、明晰划分立法权限、健全审查批准制度等建议，希望能为完善设区的市的相关立法工作添砖加瓦。

---

❶ 伊士国，李杰. 论设区的市地方性法规的审查批准制度 [J]. 中州大学学报，2017，34 (3)：61.

论中央与地方立法事权纵向配置的优化

■任广浩

作者简介：任广浩，河北师范大学法政与公共管理学院教授、博士生导师，主要研究领域为法学理论、中国政治制度。

在现代法治国家中，中央与地方权力的界定及其职能划分必须通过立法的形式进行规范，因此立法事权配置是国家权力纵向配置的基础和核心内容，它影响着国家行政、监察、司法等权力纵向配置的走向，进而影响着国家治理结构的基本格局。同时，立法事权配置问题也是事关国家法治统一和全面推进依法治国战略布局能否如期实现的重大理论和实践问题。党的十八大以来，在全面推进依法治国的背景下，我国的立法实践快速发展，2014 年 10月，党的十八届四中全会提出要"明确地方立法的范围"，"依法赋予设区的市地方立法权。"2017 年 10 月，党的十九大提出要"推进科学立法、民主立法、依法立法，以良法促进发展、保障善治"。因此，在新的形势下，应通过完善制度廓清中央与地方各立法主体的权力边界，克服立法事权配置存在的问题，进一步促进立法事权配置的优化。

一、立法事权与中国特色"集分结合"的立法事权配置机制

（一）立法事权的概念界定

立法事权，是指一国立法权力在中央与地方不同层级立法主体间的划定，即哪些立法权能由中央立法机构行使，哪些立法权能由相应的地方立法机构行使，由此产生了中央立法事权与地方立法事权的划分。

中央立法事权即特定中央立法机构所享有的依据法定权限和程序制定、修改和废止相应的规范性文件的权能。对中央立法机构各国有不同的界定，一些国家中央立法机构仅指议会或国会等专门立法机构。在英美法系国家如美国，由于采用判例法，中央立法机构既包括最高立法机关，也包括最高司法机关；大陆法系国家则把司法机关排除在立法权力机构之外。在我国，中央立法主体包括行使国家立法权的全国人民代表大会和全国人大常委会，行使行政法规制定权的国务院和行使部门规章制定权的国务院所属部门四个层次。

地方立法事权是指特定的地方国家机构所享有的依据法定权限和程序制定、修改和废止各种规范性文件的权能。各国对地方立法事权的确定差异较

大，在大部分单一制国家，中央立法处于绝对的主导地位，地方立法事权源自中央的委托和授权，地方立法事权设置的目的是为了落实中央立法或解决纯粹的地方性事务，因此地方立法不得与中央立法相抵触或违背中央立法。在联邦制国家，联邦成员并不隶属于联邦（中央），国家权力依据宪法在联邦与联邦成员间划分，国家的立法权由联邦（中央）立法机构和联邦成员单位（地方）分享，中央与地方立法事权实行法定的分权体制，存在着联邦（中央）与联邦成员（地方）两个相互独立的立法体系，双方所享权力互不逾越，联邦成员（地方）的立法权并不是源于联邦（中央）的授权，因此联邦（中央）无权干预联邦成员（地方）的立法活动。我国的地方立法主体包括省、市、自治区的人大及其常设机构，省会（自治区首府）所在城市的人大及其常设机构以及较大的市、经济特区所在地的市和其他设区的市的人大及其常设机构均可制定地方法规，上述地方政府可以制定地方规章。

（二）中国特色的"集分结合"立法事权纵向配置体制

当代中国的立法事权纵向配置既不同于联邦制国家中央与地方分权的立法体制，也和典型的单一制国家绝对中央集权的立法体制有较大差异，是一种以中央集权为主导，又有相当程度的地方分权的"集分结合"的立法事权纵向配置模式。我国当下的立法事权配置体制可以概括为"一元、两级、多层次、多类别"，这一立法体制既保障了国家立法的统一性又兼顾了地方立法的不同情况，呈现出以下几个方面的特色。

1. 中央集权的"一元"立法事权配置体制

所谓立法事权配置体制的"一元"，是指我国中央和地方各层级的立法权都是以宪法为依据，立法事权的配置统一于宪法的相关规定，地方所享有的立法事权来自中央的授权，不存在地方固有和专属的立法权，各层级、各类别的立法权的大小都取决于国家相关法律规定。地方立法不得违背宪法和相关法律，下一层级的立法机构要向上一层级的立法机构负责并受其监督，所有地方立法机构都必须服从中央的统一领导，中央相关立法机构有权对地方立法进行合宪性、合法性审查，以保证国家法治的统一性。

2. 立法事权配置的"两级、多层次"结构

在我国，立法事权分为中央立法和地方立法两级，中央立法和地方立法又各自存在多个层次的立法权。

中央立法权的内容包括宪法的制定、修改与解释权，法律制定与修改权，行政法规的制定权以及部门规章的制定权；中央立法权的主体包括全国人大

及其常委会、国务院、国务院各部委，还包括行使军事法规立法权的中央军委。

地方立法包括一般地方立法和特殊地方立法，依据 2015 年 3 月 15 日修改的《中华人民共和国立法法》（以下简称《立法法》，下文所及法律均为简称），一般地方立法是指省级人大及其常委会和设区的市人大及其常委会制定地方法规的活动，省级政府、设区的市政府制定地方政府规章的活动；特殊地方立法包括民族自治地方各级（自治区、自治州、自治县）人大制定自治条例和单行条例、经济特区所在省市人大及其常委会制定经济特区法规以及港澳特别行政区立法机关制定法律的活动。

3. 立法事权配置的多类别、差异化

我国的立法事权配置还呈现出多类别的特点，除中央与一般地方的立法事权配置以外，还包括民族自治地方、经济特区以及特别行政区等特别地方立法。中央针对不同地方的地方立法还采取了差异化放权的方式，比如，经济特区的地方立法、特别行政区的地方立法。在我国民族自治区域、特别行政区的立法权限在很大程度上甚至超越了联邦制国家地方所享有的立法权。

二、我国立法事权的具体配置形态

新中国成立 70 多年来，我国的立法事权配置经历了从多元分散到一元高度集中再到集中与分散相结合的演变过程。目前已基本形成中国特色的"集分结合"立法事权纵向配置体制，以宪法为核心、以法律为主干，包括行政法规、地方性法规等规范性文件在内的中国特色社会主义法律体系不断完善。

由于自然地理环境、经济发展状况、民族宗教问题、历史原因等国情因素的影响以及改革开放以来中央实行对地方"因地而宜"的"梯度分权"❶，我国立法事权的纵向配置多层级、多样性和差异性的特点突出。当前我国立法权事权的纵向配置包括中央与一般地方立法，中央立法与民族自治地方的自治立法，中央与经济特区的立法，中央与特别行政区的立法等具体配置形态。

（一）中央与一般地方立法事权配置

一般地方立法是指我国普通行政区域的有关立法机关依法制定和修改效

---

❶ 封丽霞. 中央与地方立法关系法治化研究 [M]. 北京：北京大学出版社，2008：342.

力及于本行政区域的规范性法律文件的活动，是和特殊地方立法相对的概念。在我国，中央与一般地方立法事权配置关系更多体现了单一制国家中央立法的集中统一性，地方立法要接受中央立法的全面统领和监督，一般地方立法具有鲜明的从属性特征，其主要使命是对中央立法的执行和实施。

从类别上说，我国一般地方立法包括一般地方的人大及其常委会的立法和相应的地方政府制定的政府规章；从层次上说，由省、自治区、直辖市和设区的市的立法构成。需要特别注意的是，一般地方立法和特殊地方立法的划分并不能仅凭立法主体和适用地区来判断，就地方立法权而言，一般地方和特殊地方所享有的立法权很多时候是交叉的。在我国，除港澳特别行政区是按照"一国两制"原则享有高度自治的立法权，属于单纯的特殊地方立法外，其他特殊地方立法主体如自治区和自治州在享有自治地方立法权的同时也享有一般地方立法；经济特区地方在享有依全国人大及其常委会授权的经济特区立法权外亦同时具有一般地方立法权。

（二）中央与民族自治地方立法事权配置

民族自治地方立法是指民族自治地方的立法机关依照宪法法律规定并结合本自治区域的实际情况，制定和变动效力可以及于本民族自治地方的自治条例和单行条例的活动。

民族自治地方立法权本身所具有的特殊性，决定了中央与民族自治地方立法事权的配置不同于一般地方立法的特征。第一，特定的立法区域。即依据《宪法》《立法法》和《民族区域自治法》，民族自治地方三级（自治区、自治州和自治县）地方人大均有制定自治条例和单行条例的权力。而一般地方则只有省、直辖市和设区的市人大及其常委会可以制定地方性法规。而自治区域人大除依法享有一般地方立法权外，还享有民族自治立法权。第二，特殊的立法主体。民族自治地方的人大常委会、政府不能进行自治立法，自治立法只限定为民族自治地方人大所进行的立法。第三，特定的立法形式。民族自治地方立法的形式仅限于自治条例和单行条例，一般的地方立法则不具有这种立法形式。

在立法依据、范围、内容等，民族自治地方立法也与一般地方立法有着显著的不同。第一，《宪法》《立法法》《民族区域自治法》等上位法对民族自治地方立法未作不同宪法、法律、法规相抵触的限制，也就是有在不违背宪法法律基本原则、精神的前提下结合本民族区域的实际情况进行立法的权力。第二，从行使立法权的范围来看，民族自治地方立法权有比一般地方立法权更为宽泛的范围，民族自治地方立法可以规定许多一般地方立法不能调整的事项。第三，从内容上来看，民族自治地方立法在遵守法律、行政法规基本原则的前提下，可以结合本地情况对法律和行政法规作出变更执行。这些都反映了民族自治地方立法在从属性和自主性方面与一般地方立法有着迥然不同的特色。

（三）中央与经济特区立法事权配置

我国自实行对外开放政策以来，为发展对外贸易、吸引外资、引进技术、开展对外经济交流，在一些区域实行经济特区制度。自 20 世纪 80 年代以来，基于全国人大和全国人大常委会的专门授权，经济特区所在区域的有关国家机构可以制定在经济特区范围内有效的规范性法律文件，由此产生了我国地方立法的另一种特殊形式即经济特区立法。

中央与经济特区的立法事权配置，同一般地方立法、民族自治地方立法有着显著的区别。第一，立法权的来源不同。经济特区的立法权来源于全国人大或全国人大常委会的专门授权，而一般地方、民族自治地方的立法权来源于《宪法》《地方组织法》《民族区域自治法》和《立法法》的相关规定。第二，经济特区立法和一般地方立法权相比，带有明显的破格性、先行性和一定程度的试行性特征。第三，经济特区立法的立法权限、内容与一般地方立法不同，根据《立法法》第 74 条规定，依据全国人大授权决定，经济特区所在地的省、市权力机关具有制定在经济特区范围内有效施行法规的权力。这一类型的地方立法权在其权限范围上要大于一般地方立法，因为其立法事项原本应属于全国人大制定法律的范围，而在全国人大的授权前提下，经济特区法规可以对法律、行政法规作变通性规定，这是《立法法》赋予经济特区的特殊权力。经济特区根据授权制定的法规其内容被限制在经济领域，不涉及政治制度和司法制度。

（四）中央与特别行政区的立法事权配置

我国中央地方立法权力纵向配置体系中，中央与特别行政区立法事权的配置是最为特殊的一种，与中央与一般地方立法事权配置有显著的差异。

特别行政区是以"一国两制"方针为指导，以宪法为依据，为合理解决香港和澳门问题所设置的直辖于中央人民政府的特别行政区域。在特别行政区实行高度自治，特别行政区立法与其他地方立法相比具有明显的特征。第一，特别行政区的立法机关是立法会，其产生方式、任期、权限等均与一般地方立法机关有着明显的不同。第二，在立法形式方面，特别行政区立法机关有权制定、修改和废止法律，而其他地方立法只能制定或变动法规和规章。第三，特别行政区立法权力的范围非常广泛，除涉及国防、外交和中央与特别行政区关系的事项外，特别行政区立法机关针对特别行政区自治范围内的各种事项，都有权进行立法，其立法范围远远超过一般地方立法。第四，特别行政区的立法权是中央授予的，因此特别行政区立法要接受中央的监督。●

三、立法事权纵向配置实践中的问题检视

新中国成立 70 多年特别是改革开放以来，我国的立法工作在曲折中不断前进，取得了举世瞩目的成就，实现了从"无法可依"到建成中国特色社会主义法律体系的巨变，为中国特色社会主义法治体系的构建奠定了坚实基础。但是，客观地审视我国的立法工作，我们也应清醒地认识到，我国立法工作特别是中央与地方立法事权纵向配置仍存在着诸多尚待解决的问题。

（一）纵向立法主体间的立法事权划分不清晰

《宪法》和《立法法》对我国立法主体和立法形式的划分是相对清晰的，但对各立法主体立法权限的划分还存在着很大的模糊性。

第一，在最高立法层面，全国人大与全国人大常委会的立法权限划分不够清晰。《立法法》相关条款仅规定了两个机构的"共有"立法事项而未对各自立法事项明确作出列举❷，导致全国人大及其常委会之间立法权限的界限模糊，这势必会削弱全国人大行使最高立法权的地位。

第二，中央与地方之间的立法权限划分、省与设区的市之间的立法权限划分仍有进一步优化的空间。《立法法》虽然对此作了规定，但都是初步的、粗线条的，特别是对地方立法权限的规定较为模糊。《立法法》第 73 条对地

● 中央对特别行政区立法的监督主要体现在两个方面，一是《香港特别行政区基本法》第 11 条第 2 款规定香港特别行政区立法机关制定的任何法律，均不得同基本法相抵触。二是第 17 条规定香港特别行政区的立法机关制定的法律须报全国人民代表大会常务委员会备案。备案不影响该法律的生效。全国人民代表大会常务委员会在征询其所属的香港特别行政区基本法委员会后，如认为香港特别行政区立法机关制定的任何法律不符合本法关于中央管理的事务及中央和香港特别行政区的关系的条款，可将有关法律发回，但不作修改。经全国人民代表大会常务委员会发回的法律立即失效。该法律的失效，除香港特别行政区的法律另有规定外，无溯及力。

❷ 我国《立法法》第 7 条第 2 款规定了全国人大的立法权限即"制定和修改刑事、民事、国家机构的和其他的基本法律"；第 3 款规定了全国人大常委会的立法权限，即"制定和修改应当由全国人民代表大会制定的法律以外的其他法律；在全国人民代表大会闭会期间，对全国人民代表大会制定的法律进行部分补充和修改，但是不得同该法律的基本原则相抵触"。而《立法法》第 8 条中仅规定了二者"共有"的 10 项立法事项，并未对二者的权限作具体划分。

方立法事务只作了原则性的规定，而对哪些地方事务可以制定地方法规缺乏具体界定。❶ 在地方立法需要日渐强烈的今天，进一步清晰划分各个立法主体之间的立法权限十分必要，是优化立法权力配置体制的重要环节。

第三，权力机关和行政机关之间的立法权限划分不够清晰。在中央立法中，法律与行政法规、部门规章的界限划分不够清晰；在地方立法中，地方性法规与政府规章的界限不清问题也已经制约了地方立法工作的正常开展。

（二）中央与地方立法同构、重复立法、立法照搬照抄现象突出

首先是立法内容上的重复，许多地方立法照抄照搬上位法，大量重复中央立法和其他上位法的内容。其次是地方立法之间的相互抄袭现象比较突出，例如，设区的市在获得立法权后均匆忙制定地方立法条例类法规，而恰恰是这些立法条例类法规，出现了80%~90%的文本重复。❷ 最后是许多地方立法盲目模仿中央立法模式，认为中央有什么立法地方也要有什么立法，否则就是对上级立法的不尊重，片面追求"立法GDP"，而对法规的内容和质量却不够重视。

（三）地方立法缺乏地方特色

许多地方法规内容与上位法高度重复，法规结构、条文术语、概念、语言表述与上位法高度相似，往往是大而化之的概述性规定，不能与本地经济社会发展实际相结合，可操作性差。在立法工作中受"不求有功，但求无过"思想的支配，缺乏创新精神，往往是"一看中央，二看沿海"，而对本地实际情况与立法结合缺乏深入调查和研究，使得立法难以体现地方特色。

（四）地方立法主体大幅扩容后立法能力不足导致立法质量下降

在2015年《立法法》修改之前，我国的地方立法主体包括34个省级地方立法主体、49个市级地方立法主体（其中包括27个省会城市、18个较大的市和4个经济特区市）。2015年修改后的《立法法》赋予所有设区的市地方立法权，地方立法主体扩增至所有284个设区的市，加上东莞、中山、嘉峪关、三沙4个不设区的市共292个市级立法主体，再加上30个自治州的人

---

❶ 《中华人民共和国立法法》第73条规定："地方性法规可以就下列事项作出规定：（一）为执行法律、行政法规的规定，需要根据本行政区域的实际情况作具体规定的事项；（二）属于地方性事务需要制定地方性法规的事项。"

❷ 付子堂. 中国地方立法报告［M］. 北京：社会科学文献出版社，2018：64.

民代表大会及其常务委员会也可比照设区的市行使立法权，我国市级地方立法主体增加到了 322 个。然而，新赋权的市级立法主体之前没有立法经验，地方立法人才缺乏，立法能力明显不足。加上扩权后地方立法积极性高涨，近年来地方性法规的数量成倍增长，一些地方出现了"立法形象工程""立法政绩观"等倾向，许多立法工作仓促上马，由此导致相当多的地方法规立法质量不高，立法的重复性、特色不足现象普遍存在。

（五）"一国两制"下中央与特别行政区的立法配置关系有待进一步完善

第一，中央对特别行政区全面管治权、监督权的相关立法有待进一步明确和制度化。按照《宪法》《香港特别行政区基本法》的规定，中央拥有对香港特别行政区的全面管治和监督权力，但是从现有立法来看，对特别行政区高度自治权的规定相对明确，而中央对特别行政区的全面管治权、对特别行政区高度自治的监督权具体包括哪些权力，以及这些权力的行使机制等，都有待进一步明确。

第二，按照"一国两制"方针，特别行政区享有高度的立法自治权，全国性法律一般不在特别行政区适用。按照《香港特别行政区基本法》的有关精神，体现和维护国家主权、统一和领土完整的全国性法律应该在特别行政区适用，但是，具体有哪些全国性法律、以什么方式、在什么情况下适用，都缺乏更明确、更具体的制度约束。

第三，《香港特别行政区基本法》明确规定了特别行政区应对叛国、煽动叛乱、分裂国家、颠覆中央政府等行为专门立法进行规制，但香港回归已经24 年，特别行政区仍未完成此项立法。在目前"港独"势力猖獗，不断制造事端甚至挑战国家主权和"一国两制"底线的形势下，这一立法显得尤为重要和迫切。

四、立法事权纵向配置的优化路径

（一）加强党对立法事权纵向配置的全面领导

我国《宪法》明确了中国共产党领导是中国特色社会主义的本质特征，作为执政党，党领导立法工作是党治国理政的应有之义。1991 年，《中共中央关于加强对国家立法工作领导的若干意见》以党的规范性文件的形式明确了党领导立法的方式，对于理顺执政党与全国人大的关系、与立法工作的关系提供了重要指南。党的十八届四中全会进一步明确要"加强党对立法工作的领导。凡立法涉及重大体制和重大政策调整的，必须报党中央讨论决定"❶。中共中央于 2016 年 2 月发布了《中共中央关于加强党领导立法工作的意见》，这是新时期党领导立法工作更加规范、更加具体的一个指导性文件，进一步完善了党领导立法工作的规范体系。

贯彻党对立法工作的领导要着重把握以下几个方面：

第一，党领导立法是党治国理政的重要形式，是实现依法治国基本方略同依法执政基本方式相统一的重要环节。

第二，党领导立法的主体是党中央和有地方立法权的地方党委，包括省、自治区、直辖市党委以及设区的市（自治州）的党委。

第三，党领导立法的基本方式是政治、思想和组织的领导，是立法重大方针政策的确定，包括党领导《宪法》的修改和解释工作；领导确立立法方针战略，审定立法规划计划；提出立法改、废、释的意见建议；领导重要法律、法规、规章制定工作，以及领导政治方面和重大经济社会方面立法；等等。党领导立法不是参与到立法工作的具体事务中。

第四，党对立法工作的领导要依据《宪法》、法律和党内法规进行，要按照党的十八届四中全会提出的"完善党对立法工作中重大问题决策的程序"❷，不断完善党领导立法的相关立法和规范。目前，《中共中央关于加强党领导立法工作的意见》（2016 年）仍属于指导性的规范性文件，还没有上升到党内法规的层次，应适时制定党领导立法工作的专门党内法规。❸

第五，党领导立法不是对人大立法工作的替代，要充分发挥人大及其常委会在立法工作中的主导作用，加强立法工作的组织保障。

（二）清晰、合理地划分中央与地方立法事权

清晰划分中央与地方立法事权是调动中央与地方两个积极性，实现立法事权纵向配置制度化、法治化的前提和基础。

首先，要从制度设计上进一步明晰立法事权纵向配置的体系结构。目前，我国形成了纵向层面上中央、省级、市级三个层级立法主体相互影响与制约的立法结构体系，市级立法主体是新形成且占比最高的主体层次，如何对其

---

❶ 中共中央关于全民推进依法治国若干重大问题的决定 [M] //十八大以来重要文献选编（中）. 北京：中央文献出版社，2016：161.

❷ 中共中央关于全民推进依法治国若干重大问题的决定 [M] //十八大以来重要文献选编（中）. 北京：中央文献出版社，2016：161.

❸ 秦前红. 依规治党视野下党领导立法工作的逻辑与路径 [J]. 中共中央党校学报，2017，21（4）：5-14.

进行角色定位并明晰其立法权限，进而明确中央、省级、市级之间的立法权限划分，是下一步制度设计必须重视的问题。我国《立法法》对于横向层面上立法权限划分有了相对清晰的规范，但对于纵向层面上立法权限划分仍不够清晰，特别是省级、市级两大立法主体的权限划分仍未涉及。应尽快完善立法，解决纵向立法主体之间尤其是省级和市级立法主体之间的权限交叉重叠问题，从而避免立法重复、越权立法等现象的发生。

其次，立法事权纵向划分不仅要清晰具体还要合理，要合理安排中央与地方立法的各自领域，避免片面追求体系完整而产生的重复立法、盲目立法。对于中央与地方立法存在共性的领域应以中央立法为主，地方立法应更突出地方特色，使立法真正发挥解决本区域实际问题的功能。

（三）逐步实现立法事权纵向配置的均衡和公平

改革开放以来，我国立法体制也顺应国家整体改革趋势进行立法权力下放。我国立法权力下放采取了"分殊化"的方式，通过全国人大或全国人大常委会以及国务院的授权，使经济特区和较大的城市获得了地方立法权。2015 年《立法法》修改之前，只有 49 个较大的市有地方立法权。国务院批准的较大的市大部分集中在中东部地区，5 个经济特区分布在东部沿海地区，这就造成了立法权力配置的不平等、不均衡。立法权力不平等、不均衡在一定程度上也是我国经济社会发展不平衡的重要影响因素。实现国家治理体系和治理能力现代化，立法工作是关键，立法是国家治理的基础，国家治理现代化首先要法治化。2015 年《立法法》赋予所有设区的市立法权，使得我国地方立法权力不均衡现象有了初步转变，但仍存在着新增设区的市与原有较大的市立法权力不平等现象，新增设区的市地方立法权被限制在城乡建设与管理等三个领域，这其中虽然有对新增设区的市立法经验、能力不足等因素的考量，但客观上却造成了立法权力配置仍存在不平等的现象。应逐步结束这种"过渡期"，实现立法事权配置的平等和均衡。

（四）完善立法事权纵向配置质量保障机制

2015 年《立法法》修改后，我国立法主体大幅增加，地方立法积极性空前高涨，截至 2017 年 12 月 31 日，设区的市共出台 614 部地方性法规。❶ 立法主体和立法数量的大幅增加，也使得立法质量成为不容忽视的问题，因此，

---

❶ 付子堂. 中国地方立法报告 [M]. 北京：社会科学文献出版社，2018：204.

必须采取措施完善立法质量保障机制。

第一，要完善立法的备案审查机制，强化立法监督。立法合宪性、合法性是现代法治国家的基本要求，党的十八届三中、四中全会都对加强规范性文件备案审查提出了明确的要求，党的十九大进一步提出要推进合宪性审查工作。要完善备案审查工作程序机制，着重从立法主体、立法内容、立法程序等方面进行监督。随着地方立法工作的繁荣发展，防止地方立法中地方保护主义抬头也是立法监督的一项重要职能。

第二，加强立法机构特别是设区的市立法队伍建设。要加强对立法人员立法专业知识、立法技能的培训，增加人大法制委员会和人大常委会办事机构具有立法经验和相关专业背景人员的比重。

第三，完善立法评估机制。党的十八届四中全会明确要求，要建立第三方评估机制，对部门争议较大的重要立法事项进行第三方评估，《立法法》对立法评估制度也做了专门规定。建立健全重要立法事项的第三方评估机制是消除立法部门保护主义、促进立法科学化民主化、提高立法质量的重要保障。要进一步完善立法第三方评估制度设计，建立统一的评估工作规范和评估标准体系，使立法评估在保障立法质量中发挥出更好的效应。

第四，强化立法的公众参与机制。立法的公众参与是确保立法科学化、民主化的重要保障。应进一步加强和完善公众参与立法的机制，通过立法听证、立法公开、立法调研等形式，倾听和吸收公众对立法的意见和需求，将公众的合理期待上升到法律层面，在立法中体现广大人民群众对改革成果的分享，进而有效地促进立法质量的提升。

（五）探索《立法法》等相关法律对区域协同立法的制度设计

近年来，我国区域合作正逐渐成为国家发展的重要战略，国家先后把长三角、珠三角、东北地区等作为区域经济发展的重点地区。党的十八大以来，中央把京津冀协同发展、长江经济带发展和粤港澳大湾区建设等区域发展确定为国家发展的重大战略。地区协同发展不仅是经济发展的协同，也需要立法协同和制度规范作为保障。

2006年11月，辽宁、吉林与黑龙江签订了《东北三省政府立法协作框架协议》，这是我国首个省际立法协作机制；长三角的沪、浙、苏、皖三省一市近年来也在探索针对长江流域环境保护等领域的立法协作；2015年，京津冀三省市人大常委会主任会议审议通过了《关于加强京津冀人大协同立法的若干意见》。2017年3月，依据这个意见制定的《京津冀人大立法项目协同办法》由三地人大常委会主任会议通过并开始实施。

区域协同立法对区域协同发展起到了极大的促进和制度保障作用。但截至目前，我国区域立法都是由地方自发推动的，缺乏明确的法律依据和中央层面的统筹制度设计。我国现行宪法对区域立法没有明确规定，《立法法》对纵向立法的制度设计只包括中央立法和地方立法的两个层面，地方立法的主体限制在省、自治区、直辖市和设区的市两级，而对区域立法的法律地位、权限都没有作出规定，导致在实践中广泛运用的区域联合或协同立法却没有相应的法律依据。

我国区域立法在实践中涉及多种类型地方立法主体的联合或协同，第一种类型是广东省珠三角地区，属于一省内若干设区的市立法联合或协同；第二种类型是省（直辖市）际之间的联合立法或协同立法，如京津冀协同立法；第三种类型是粤港澳大湾区，涉及内地省份与拥有自治立法权的香港和澳门两个特别行政区，因此粤港澳大湾区的协同立法层次更具有复杂性。要贯彻落实习近平总书记提出的"凡属重大改革都要于法有据"的理念，全国人大应从对区域立法的国家顶层设计出发，对《立法法》等相关法律进行修改，或以全国人大常委会决议的形式，对区域立法的主体、权限、程序等进行规范，为促进我国区域协同发展提供立法保障。

（六）完善民族区域自治立法制度

第一，明确民族自治机关作为国家地方政权机关对维护国家统一、保证宪法与法律在本地方遵守和执行所负的责任。对事关国家统一、领土完整和国家整体利益的问题，民族自治地方的自治机关必须向中央政府及时报告，并就有关解决方案进行请示。

第二，明确民族自治地方自治权的内容。《民族区域自治法》在这方面虽有规定，但不够明确。需要明确的是：（1）自治的确切内涵。何为自治，《民族区域自治法》未作界定，这是一个遗憾。自治就是自我管理、自我治理，对有关本地区发展的问题作出自己的决策。这一点应写入有关法律中。（2）自治的程度。法律应有一个明确界定，而且这种界定应是以不影响国家统一与整体利益为前提。（3）自治的内容应进一步明确具体。

第三，加强对《民族区域自治法》实施的监督。有学者建议，可考虑在全国人大常委会设立专门机构如民族区域自治实施监督委员会，或赋予现有机构专门的监督权力❶，该组织的主要任务就是负责监督中央政府部门和地方机关对自治法实施的情况，以保障民族区域自治制度得到全面的贯彻实施。

（七）完善"一国两制"的法律机制

香港、澳门回归以来，"一国两制"科学构想在两地变为实践并不断丰富和发展，推动了香港、澳门特别行政区的经济繁荣与社会发展。在继续推进"一国两制"事业的新征程上，既要坚持全面准确地理解和贯彻"一国两制"方针政策，确保"一国两制"实践沿着正确的轨道前进，又要积极有效应对香港在发展中面临的困难和挑战。面对内外经济环境的深刻调整和变化，香港需要不断提升竞争力；香港长期积累的一些深层次矛盾日益突出，需要社会各界群策群力共同化解；香港与内地交流合作不断深入，需要加强彼此间的沟通协调，妥善处理民众关切。同时，还要始终警惕外部势力利用香港干预中国内政的图谋，防范和遏制极少数人勾结外部势力干扰破坏"一国两制"在香港的实施。研究解决好这些问题，深化"一国两制"在香港特别行政区的实践，必将进一步彰显"一国两制"的强大生命力。

第一，要明确中央全面管治权与特别行政区高度自治权的关系，二者是有机结合、缺一不可的，绝不能只强调特别行政区的高度自治而忽视中央的管制权。国务院新闻办2014年6月发表的《"一国两制"在香港特别行政区的实践》白皮书中明确指出："中央拥有对香港特别行政区的全面管治权，既包括中央直接行使的权力，也包括授权香港特别行政区依法实行高度自治。对于香港特别行政区的高度自治权，中央具有监督权力。"❷ 这使得中央对特别行政区行使管治权的法律内涵进一步明确。中央管制权和特别行政区高度自治权双双得到落实，才能使"一国两制"方针得到真正彻底的贯彻。

第二，要进一步明确全国性法律在特别行政区的适用问题。全国性法律在特别行政区的适用问题，由《香港特别行政区基本法》及其附件三作了规定。近年来，学术界围绕《宪法》在特别行政区的适用问题展开了深入的研究，形成了一系列研究成果，尽管在理论上仍未达成共识，但多数学者都认识到《宪法》适用对维护国家统一和"一国两制"的重要意义。2017年7月1日习近平在庆祝香港回归祖国20周年大会上的讲话中指出："始终依照宪法和基本法办事。中华人民共和国宪法和香港特别行政区基本法共同构成香港

---

❶ 辛向阳. 大国诸侯：中国中央与地方关系之结 [M]. 北京：中国社会出版社，2008：480.
❷ 中华人民共和国国务院新闻办公室. "一国两制"在香港特别行政区的实践 [N]. 人民日报，2014-06-11（13）.

特别行政区的宪制基础。"❶ 要进一步加强《宪法》在特别行政区适用的研究和制度设计，同时应特别注重宪法观念在特别行政区的宣传和培育，让全体港人树立维护《宪法》权威的理念，进而提升港人对国家的认同和忠诚。

第三，通过更好地发挥全国人大常委会主动释法的功能，遏制"港独"势力的发展。2016 年 11 月 7 日，针对香港特别行政区第六届立法会中少数候任议员在宣誓过程中宣扬"港独"、侮辱国家和民族的违法行为，《全国人大常委会关于香港特别行政区基本法第一百零四条的解释》（以下简称《解释》）由十二届全国人大常委会第二十四次会议表决通过，对依法宣誓的含义和具体要求作了进一步明确的界定，特别行政区相关机构依照《解释》依法取消了违法宣誓人员的立法会议员资格。全国人大常委会在香港回归后已先后五次行使对基本法的解释权，有效地遏制了"港独"势力，维护了基本法的权威。

第四，推动《香港特别行政区基本法》第 23 条立法❷的有效落地。《香港特别行政区基本法》第 23 条规定香港应针对叛国、分裂国家、颠覆中央人民政府等行为自行专门立法禁止。香港回归后，曾经启动《香港特别行政区基本法》第 23 条的立法，但由于争议较大，2003 年该立法受阻。迄今为止，这一立法仍处于搁置状态。依照《香港特别行政区基本法》第 23 条的规定，香港"应自行立法"，对此要正确理解，要明确"自行立法"并不等于可立可不立，而是"应当立法、必须立法"。因此，要明确落实《香港特别行政区基本法》第 23 条立法是特区立法机关的宪制责任。❸ 目前形势下，应针对立法过程中存在的问题，拿出有针对性的措施，首先要加大宣传力度，让广大香港市民看清"港独"对香港繁荣稳定和市民福祉的危害性；其次要加强理论研究，解决香港市民存在疑虑的第 23 条立法与维护公民言论自由的界限问题。第 23 条立法是有效遏制"港独"势力、维护国家统一和香港繁荣稳定的重要法律保障，要推动和支持特区立法机关尽快启动立法程序，早日完成这一立法任务。

---

❶ 习近平. 在庆祝香港回归祖国 20 周年大会暨香港特别行政区第五届政府就职典礼上的讲话 [N]. 人民日报，2017-07-02（2）.

❷ 《香港特别行政区基本法》第 23 条规定："香港特别行政区应自行立法禁止任何叛国、分裂国家、煽动叛乱、颠覆中央人民政府及窃取国家机密的行为，禁止外国的政治性组织或团体在香港进行政治活动，禁止香港的政治性组织或团体与外国的政治性组织或团体建立联系。"

❸ 陈毅坚，黄彤. 遏制"港独"之立法构想 [J]. 地方立法研究，2017，2（6）：28-38.

生态环境地方立法中的公众参与法律机制研究

——以河北省为例

▌范海玉*

* 基金项目：河北省社会科学基金项目《河北省公众参与地方政府立法机制研究》（批准号：HB15FX042）

作者简介：范海玉，河北阜平人，河北大学国家治理法治化研究中心研究员、河北大学法学院教授，主要从事宪法与行政法研究。

一、研究缘起

2015 年《中华人民共和国立法法》（以下简称《立法法》，下文所及法律均为简称）修改授予设区的市地方立法权，自此全国 284 个设区的市在"城乡建设与管理、环境保护、历史文化保护等方面的事项"这一法定权限内，均可依法行使立法权。从"较大的市"到"设区的市"这一立法体制的改革，既体现了立法主体的扩围，也意味着立法权限的限缩。❶ 一方面，立法权扩容对于满足地方改革发展和城市建设方面的立法需求，推动地方法治建设具有重要意义，但与此同时也引发了理论和实务界关于设区的市立法能力、立法质量等诸多担忧和质疑。❷ 在全面依法治国背景下，抓住提高立法质量这个关键，对于地方立法而言最重要的途径就是强化公众参与，以民主立法促进科学立法。另一方面，在法定的权限范围内，生态环境保护作为三大事项之一，既是国家战略重点推动的领域，又是与社会公众基本生存和发展权益紧密相关的内容，地方生态环境立法质量的高低，直接影响人民的现实利益和国家的长远发展，必然要求充分保障公众参与权利的行使。在《立法法》通过 20 周年以及设区的市扩容立法 5 周年之际，结合地方立法的新趋势和新特点，进一步探寻地方生态环境立法公众参与法律机制建设这一议题，对于确保立法坚持人民主体地位、反映人民生态环境利益和诉求，切实推进地方环境法治建设十分必要。

近年来，随着京津冀协同发展战略的深入实施，河北省在依靠公众参与开展生态环境领域地方立法和区域协同立法方面取得了显著成果，自 2015 年以来已颁布实施生态环境地方性法规和地方政府规章共 50 件，为区域生态环境治理提供了有力保障。基于此，本文以河北省为例，系统分析生态环境地方立法公众参与的理论基础与规范依据，结合实践现状提出完善公众参与法律机制的具体进路，以期为生态环境地方立法提供有益参考。

---

❶ 伊士国. 论设区的市立法权扩容的风险及其防控 [J]. 政法论丛，2017（4）：103-110.

❷ 地方立法权"扩容"焦点四问 [EB/OL].（2015-03-09）[2021-06-07]. http://www.gov.cn/xinwen/2015-03/09/content_2830852.htm.

二、公众参与生态环境地方立法的理论基础

公众参与生态环境地方立法具有正当性，其理论基础包含事理与法理两个层次，即环境利益的特殊性与环境权利的基础性。完善生态环境地方立法公众参与法律机制必须对事理与法理进行全面分析。

（一）事理基础

公众参与地方生态环境立法是从更宽泛的角度对环境事务参与的一种形式，其目的在于实现环境利益。环境利益是良好自然环境对人的需要的一种满足❶，与其他基于私人物品所享有的利益相比具有特殊性，主要体现在作为环境利益客体的自然环境的公共物品属性、环境行为的外部性两方面。自然环境不同于在占有和使用方面具有排他性特点的私人物品，是一种可以自由、直接、非排他性享用的公众共用物。❷ 这一性质决定了公众对于环境的享用行为具有正的和负的两种外部性。正的外部性是指个体所实施的保护和改善环境的行为，在满足自身享受环境利益需求的同时，使得公众可以在无须支付成本的情形下普遍受益，即环境保护行为的公益性；负的外部性是指个人或企业基于个体利益最大化目标所开展的各种资源环境"取""供""用""排"行为在超越环境资源承载力的情形下导致"公地悲剧"现象的发生，损害公众环境利益，即环境侵害行为的公害性。环境的公共物品属性决定了环境利益是一种整体性利益，个体环境利益存在于整体环境利益之中，个体环境利益的实现无法单纯依靠某个人或某一组织的力量，而必须借助公众的力量。而环境行为的外部性决定了环境保护或侵害行为中成本与收益在主体之间分配的非均衡性，由此在大多数情形下，公众不能自发或自愿地采取保护环境行为，需要借助强制或者激励等外部力量加以推动。

从政府环境管理的角度来看，公众参与是确保政府环境决策科学性和有效性的重要手段。环境管理突出的特点在于其科学技术性和利益冲突性，前者决定了环境行政控制离不开科技专家，后者决定了各种利益的协调必须借助民主理念和公众参与环境行政过程来实现。❸ 公众参与政府环境管理具有多重意义，通过公众参与表达环境利益诉求、传递环境相关信息，既能够确保

---

❶ 刘卫先. 环境法学中的环境利益：识别、本质及其意义 [J]. 法学评论，2016，34（3）：153-162.

❷ 蔡守秋. 环境权实践与理论的新发展 [J]. 学术月刊，2018，50（11）：89-103.

❸ 马彩华，游奎. 环境管理的公众参与：途径与机制保障 [M]. 青岛：中国海洋大学出版社，2008：9.

政府环境决策符合公众利益，又可以减少基于信息不对称产生的政府"失灵"现象，降低环境管理成本。同时，参与行为本身可以促进公众充分理解和预测政府环境管理行为，有利于环境决策实施。公众在实践中通过监督政府和企业的环境行为可以进一步充实环境管理力量，有利于防止政府的环境不作为和企业环境违法行为等现象发生，维护公众环境利益。

（二）法理基础

公众参与地方生态环境立法具有政治权利和环境权的双重法理基础。首先，立法是以政权名义进行的活动。❶ 公众参与立法活动是行使宪法赋予的"管理国家事务、管理经济和文化事务、管理社会事务的权利"的重要表现，从宪政角度来看是一种政治参与行为，体现了民主政治的要求。罗伯特·达尔教授曾将理想的民主程序标准总结为投票中的平等、有效的参与、明智的理解、对议程的最终控制、结论五个方面❷，与之相对应的参与决策、全过程参与、参与机会充分和平等、是否通过民主程序进行决策的权威判定以及公民资格问题对于明确公众参与立法的程序性要求提供了一种学理标准，在公众参与法律机制构建中应当从参与主体、参与内容、参与渠道、参与程度、参与层次等方面充分加以考虑，提高参与的水平和质量。

其次，公众参与环境立法是实现环境权的内在要求。环境权构成了环境法的权利基石，具有丰富和独特的权利内涵。作为一项应然权利，环境权是一项基本人权，公民环境权从理论上讲是由环境使用权、知情权、参与权、请求权等多项子权利组成的权利系统❸，国家的环境立法、行政执法和司法等活动都以环境权实现为最终目的。基于环境权客体的特殊性，各种基于大气、水、土壤的环境资源要素管理职能归属于不同的行政部门管理，这些部门作为国家环境保护义务的直接承担者，在治理环境过程中时常出现利益争夺和权责推诿等倾向，只顾本地区短期经济发展利益而忽视长远环境利益进行决策的现象也时有发生，极大地影响环境治理效能，因此在立法过程中必须引入公众参与机制来制止部门利益的法律化。作为一项法律权利，环境权在《宪法》、环境保护立法以及环境保护相关立法中均有直接或间接规定，环保公众参与权更是在《环境保护法》中进行了明确规定。环保公众参与权相对

---

❶ 周旺生. 立法学教程［M］. 北京：北京大学出版社，2006：58.

❷ 罗伯特·A.达尔. 多元主义民主的困境——自治与控制［M］. 周军华，译. 长春：吉林人民出版社，2006：6.

❸ 吕忠梅. 再论公民环境权［J］. 法学研究，2000（6）：129-139.

于环境权,是一项派生性、辅助性权利❶,从性质上属于程序性环境权,既服务于环境权实施,又具有独立的价值功能,这意味着环保公众参与的权利既应当依法保障实施,又应当构建更为全面的以环境权为指向的参与机制,环境信息、环保参与和监督以及权利救济等都应当涵盖其中。因此,广义上的环保公众参与权是一项复合性权利。

综上所述,从环境利益的整体性与环境行为的外部性角度来看,公众参与地方生态环境立法既有参与主体自身意愿的因素,也有参与行为成本收益对比的影响,同时还受到组织力量和制度环境因素的影响。从公众政治权利与环境权的权利实现目的出发,公众参与地方生态环境立法法律机制的构建应当将参与主体、参与事项、参与行为、参与组织以及与之相关的信息、监督和救济等诸要素全方位进行考虑,确保公众对地方生态环境立法的实质性参与。

三、公众参与生态环境地方立法的规范依据

法律通过对公众环境利益的调整达到公众环保参与法律秩序的目的,罗斯科·庞德认为,法律调整利益的方法主要包括三个层次:承认某些利益、规范利益的限度以及保障确定限度内被承认的利益。❷我国公众参与地方生态环境立法权利的确认和保障,主要来源于立法法律规范和环境法律规范,相关法律机制的构建必须以对这些法律规范的理解和适用为前提。

(一)立法法律规范

《立法法》修改后,全国共有58个地方立法法规相继进行了制定和修订,细化和落实了上位法关于立法工作开展的要求和规定。在公众参与立法方面,《立法法》第5条原则性规定了"坚持立法公开,保障人民通过多种途径参与立法活动"的内容。同时在第36条规定,列入常委会会议议程的法律案,法律委员会、有关的专门委员会和常务委员会工作机构应当听取各方面的意见。听取意见可以采取座谈会、论证会、听证会等多种形式。该条还明确了需要召开论证会、听证会的具体情形。相应地在地方性法规中也对此做出了进一步规定,如《河北省地方立法条例》第4条规定,加强立法工作信息化建设,拓宽公众参与民主立法的有效途径。第36条还进一步规定了有关京津冀协同发展事项的法规案征求京津两地人大常委会有关工作机构的意见的内容。《河

---

❶ 杨朝霞. 论环境权的性质 [J]. 中国法学, 2020 (2):280-303.

❷ 罗斯科·庞德. 通过法律的社会控制 [M]. 沈宗灵,译. 北京:商务印书馆,2019:39.

北省政府规章制定办法》就需要论证咨询的事项（第 22 条）、听证会程序（第 23 条）、征求意见的方法（第 30 条）、立法后评估（第 45、46 条）等内容也做出了详细规定。

通过梳理立法法律规范中有关公众参与的规定，可以发现公众参与立法具有以下特点：一是被动参与。立法公众参与程序的启动权掌握在立法机关手中，公众只有在符合相应条件的情形下方可参与，而关于"专业性较强""需要进行可行性评价""存在重大分歧""涉及重大利益调整"等条件的判断具有较强的主观性，公众在参与立法方面始终处于被动地位。二是事中参与。从参与的时间来看，立法的过程包含提案、起草、审议、表决通过和公布五个环节，公众参与则主要集中于起草阶段，且通常采用立法机关公布法律草案征求公众意见的方式进行，因此主要是事中参与。三是有限参与，除参与阶段的有限性以外，公众参与主体范围、时限、途径方面也受到相应限制。如《河北省人民代表大会常务委员会关于提高地方立法质量的若干规定》第 18 条将立法论证会的与会人员限定为"省人大常委会立法专家顾问、相关领域的专家学者和有实践经验的实务工作者，以及相关单位和部门的人员"。《河北省地方立法条例》第 38 条将向社会公开征求意见的时间限定为"一般不少于三十日"等。四是分散参与。公民、专家和社会组织都属于"公众"，三类主体参与立法的地位平等，方式不同，对立法发挥的作用也存在差别，不同主体参与立法无论是在法律上还是在实践中都处于相互分散的局面。五是弹性参与。处于主导地位的立法机关在需要公众参与立法的事项上具有选择权，如《河北省政府规章制定办法》第 30 条关于司法行政机关"可以"公开征求社会公众的意见的规定，对于不启动公众参与程序的主体责任的缺失同样体现了公众参与立法的弹性化特点。六是单线参与。以向社会公开征求意见为例，公众通过法定途径表达意见，有关单位总结归纳相关意见并依法向决策机关报告意见的研究采纳情况，这种由公众到征求意见的机关再到决策机关的意见，信息传递是一种单线式的参与，缺乏有效的沟通反馈。

（二）环境法律规范

具体到环境立法中的公众参与，《环境保护法》专章规定了"信息公开和公众参与"的内容，第 53 条"公民、法人和其他组织依法享有获取环境信息、参与和监督环境保护的权利"，正式从法律上确认了环保公众参与的权利。《环境保护公众参与办法》第 2 条明确了参与的具体范围，即"参与制定政策法规、实施行政许可或者行政处罚、监督违法行为、开展宣传教育等环境保护公共事务的活动"。《环境影响评价法》第 5 条还规定了公众对于专项规划草案、建设项目环境影响报告书的参与权利。除此之外，上述三部环境立法就政府和企业环境信息公开义务、政府完善程序和提供便利等职责、公众参与的具体方式和途径做出了规定，为环保公众参与权的实施提供了全面的依据。

值得一提的是，河北省于 2014 年制定、2020 年修订的《河北省环境保护公众参与条例》作为全国首部规范环保公众参与的地方性法规，不仅在制定颁布的时间上早于国家《环境保护公众参与办法》，而且无论是在立法活动进行过程中还是在条文设计方面都充分体现了对环保公众参与权的高度关注和切实保障。该法规在立法模式上首创省部联合立法起草模式，立法过程中河北省人大常委会城建环资工委先后组织有关单位和部门人员召开 4 次座谈会就初稿展开集体研究讨论，并结合征集到的社会各方面意见和建议对草案进行了修改和完善。❶ 正是因为立法过程充分发挥了公众参与的作用，使得该法规兼具科学性和可操作性。通过第三方对条例施行情况作出的调查与评估报告显示，条例在环境信息公开工作、环境公众参与平台建设和制度完善、公众社会监督等方面均取得了显著进展❷，在推动河北省生态文明建设和法治建设方面发挥了重要作用。

从内容上看，《河北省环境保护公众参与条例》除细化了上位法关于公众参与的内涵和外延、参与方式和途径等内容外，还进一步强化了政府和企业的环境信息公开责任，如增加政府编制本部门信息公开指南和政府环境信息公开目录的规定（第 10 条）、增加重点排污单位未按规定公开环境信息的按日连续处罚责任（第 40 条）等，同时还规定了一系列促进和保障公众参与的措施，如对环保公众参与工作的财政经费支持（第 35 条）、对机构或者人员环境保护公众参与工作的考核评价（第 36 条）、支持和引导社会组织开展环保公众参与活动（第 38 条）等，为保障公众依法有序参与本省生态环境立法实践提供了充分的法律依据。

四、公众参与地方生态环境立法的实践现状与机制完善

着眼于依靠公众参与提升地方生态环境立法质量、保障公众环境利益这

---

❶ 薛兰英. 依法保障人民群众环境权益——全国首部环境保护公众参与地方法规在冀出台始末[J]. 公民与法治，2015（1）：12-13.

❷ 马丽宽. 人人参与环保共享蓝天白云——全国首部地方性环境保护公众参与法规实施三周年[J]. 公民与法治，2018（1）：15-18.

一目标，除从理论和规范方面明确制度确立的正当性、合法性依据外，还应当加强实施机制建设，推动公众参与法律制度的动态化运行。客观审视地方生态环境立法公众参与法制实践现状，是完善公众参与法律机制的基础。

（一）公众参与地方生态环境立法的成就与不足

以立法法律规范和环境法律规范为依据，河北省在生态环境地方立法中的公众参与法制建设方面取得了积极显著的成就，省级立法及各设区的市立法方面均确立、实施了立法项目征集、立法草案公开、立法专家顾问、立法听证会、立法座谈会、立法论证会、立法基层联系点、立法后评估等公众参与各项制度。❶ 例如，唐山市专门制定了《唐山市地方性法规草案征求意见工作规程》《唐山市人民代表大会常务委员会立法评估工作规定》《唐山市人民代表大会常务委员会关于市委、市人大、市政府立法沟通的工作规程》《唐山市人大常委会立法专家顾问规则》《唐山市人大常委会立法听证工作规则》《唐山市人大常委会立法规划和立法计划编制工作规则》等系列法规文件，形成了体系化、规范化的地方立法公众参与制度。

在生态环境地方立法方面，河北省在立法程序和立法内容上也充分贯彻了公众参与的要求。以《河北省大气污染防治条例》《河北省城乡生活垃圾分类管理条例》两部地方性法规为例。2016 年《河北省大气污染防治条例》的修订在河北省生态环境立法公众参与方面发挥了积极的示范作用，河北省人大常委会在立法过程中开展了广泛、扎实的调研、论证、修改工作，多次通过民主协商、征求人大代表和有关机关意见、拓宽公众参与立法渠道以及联合京津协同立法等方式提高立法质量，通过刊发草案全文、召开专家论证会、创新开展网上与现场立法听证会及多地调研等途径广泛汇集民意。据统计，公开征求意见过程中曾收到意见和建议 1200 余条，立法听证过程中网上听证共有 600 余人开展互动交流，收到意见和建议 289 条，网站点击率达 6.8 万人次。❷ 河北省在立法程序上推进公众参与工作由此可见一斑。2020 年 7 月 30 日河北省第十三届人民代表大会常务委员会第十八次会议通过的《河北省城乡生活垃圾分类管理条例》在内容上重点借鉴了《上海市生活垃圾管理条例》，明确规定遵循全民参与的基本原则，并设专章规定了生活垃圾分类的社

---

❶ 范海玉，刘婷婷. 论设区的市地方立法中的公众参与——以河北省为例 [J]. 人大研究，2020（9）：50-56.

❷ 冯志广，孟庆瑜. 《河北省大气污染防治条例》精释与适用 [M]. 北京：中国民主法制出版社，2017：261.

会参与，通过科学教育、宣传动员、激励指导等措施充分调动公众参与垃圾分类的积极性，还在"保障与服务"一章中规定了公众有权举报生活垃圾分类投放、收集、运输和处置中的违法行为。因垃圾分类与公众生活联系最为紧密，法规实施也最依赖公众参与行为，河北省生活垃圾分类立法在内容上可谓充分体现了公众参与的内容。

与公众参与法制建设取得的成就相比，公众在地方生态环境立法方面的参与度和参与水平方面还存在较大提升空间。根据"京津冀区域生态环境协同治理政策法律问题研究"课题组 2016 年在北京、天津、河北省 11 个设区的市开展问卷调查的数据，84%的受访者表示愿意参加环保活动，46%的受访者表示一直或经常使用环保购物袋，48%的受访者表示偶尔会使用环保购物袋，可见社会民众的环保意识和行为状况基础良好。而在环境保护的立法关注度方面则与之相反，关注国家环境立法的受访者仅占比 37%，还有 14%的受访者表示从未关注，在环境执法效果满意度、政府环境监测数据信任度以及对环境污染行为可采取的有效手段认识等方面，相关的数据同样不甚理想。❶ 基于公众对环境立法的关注度不高、对环境信息数据的信任度不足等因素，其在参与地方生态环境立法以及行使环保公众参与权过程中难免出现积极性不高、参与作用不大等问题。

（二）以法律机制完善提升公众参与地方生态环境立法水平

前文关于公众参与地方生态环境立法事理与法理、规范依据的分析，既表明了公众参与在地方立法中的重要地位，同时也为完善相应法律机制指明了方向。公众的意愿和能力对参与效果和水平具有重要影响，而参与主体的意愿和能力又受到多方面的制约。比如公众对立法者的习惯性依赖心理、对相关部门与立法机关的信任度与期望值，环境立法与公众利益的直接相关性，公众参与立法的成本负担，公众意见采纳与回应的程度等都影响公众参与地方立法的意愿。即便在参与意愿较高的情况下，能否真正参与地方生态环境立法还取决于公众掌握的信息充分性、参与渠道的畅通性以及相关的知识水平等因素。这些因素多数为客观性的外部性因素，有待构建相应的法律机制加以改进，而对于公众自身的心理和文化素质等主观方面的因素同样需要通过法律机制建设实现转变和提升。因此，提升公众参与地方生态环境立法的水平，就需要从上述制约因素入手，着力完善以下五个方面的法律机制。

---

❶ 孟庆瑜，梁枫. 京津冀生态环境协同治理的现实反思与制度完善［J］. 河北法学，2018，36（2）：25-36.

1. 完善全过程、常态化的公众参与机制

公众能否充分参与地方生态环境立法活动取决于立法机关或者有关部门是否启动立法公众参与程序，这种被动参与的模式不利于公众意见的表达。实践中公民参与立法的阶段主要局限于法规起草阶段，立法草案公布后公民对立法所提出的意见只能体现在具体内容上的个别调整，对立法的方向欠缺有效的控制。❶ 加之公众环境知识水平的有限性以及立法草案或立法计划公开征求意见的时限较短，难以保障相关意见的切实反映，因此必须建立全过程常态化的公众参与法律机制。在程序上，从立法项目征集、立法调研、起草、论证、审议、表决通过到立法评估的全部阶段，均应当采用适当的形式吸纳公众参与，尤其是在立法计划项目征集方面，应当常态化开放公众参与通道，并适时就公众提出的意见和反映的问题进行归纳和总结，研究立法项目的可行性问题。同时，加强公众在立法评估方面的参与度，推动立法前评估与立法后评估相结合，启动和实施评估工作应当体现公众的意见和诉求，并将公众参与作为立法评估的重要指标。

2. 健全公众参与的沟通反馈机制

单线式的公众参与既不利于调动公众的积极性，也无法发挥公众参与实效。地方生态环境立法中要形成良性、有序的公众参与制度，有必要进一步加强立法机关及相关职能部门关于背景介绍、内容说明以及意见回应的工作。生态环境立法具有较强的专业性，对相关术语、立法目的以及相关义务性条款的理解都将影响公众的意见和选择，要避免公众参与陷入形式化倾向，必须健全沟通反馈机制。在草案公开、立法说明工作已经相对成熟稳定的情形下，当前需重点加强立法主体积极回应反馈公众意见方面的职责，明确对公众意见研究采纳情况的说明和公开等要求，这既是增强公众主体性意识的要求，也是防止立法腐败❷，形成健康互信的政民关系的有效方式。

3. 推动公众参与的激励补偿机制

改变公众对生态环境地方立法关注度和参与度不高的现状，需要通过激励和补偿等方式强化公众参与的正向引导。从成本收益的角度上讲，公众对生态环境立法的参与度不高，是因为此类立法对公民利益的影响主要是间接性和潜在性的，公民、专家等主体因参加立法调研或立法听证等程序需要自行承担邮寄、交通等费用，甚至可能因参与立法导致误工损失，这些直接显

---

❶ 黎晓武、李政. 论公众对地方立法的全方位参与［J］. 南昌大学学报（人文社会科学版），2010，41（1）：63-68.

❷ 李林. 立法过程中的公共参与［M］. 北京：中国社会科学出版社，2009.

性的成本支出一定程度上影响了公众参与意愿。通过对各类参与主体进行适当的物质奖励和精神奖励，合理补偿因参与立法程序产生的费用支出，引导相关单位为职工参与立法提供便利和支持，能够有效激发公众参与地方生态环境立法的热情，增强公众的参与获得感。

4. 严格考核监督与责任机制

为保障环保公众参与权的实施，需要加强对立法主体或职能部门、企业主体履行信息公开义务情况的监督。对于企业拒不公开相应环境信息的行为严格落实法律责任，强化对立法主体、职能部门的刚性约束，进一步细化公众参与立法的程序性规定和法律责任设定，实行政府信息公开的绩效考核与评价机制，对应当开展公众参与程序而未开展的立法人员及机构，依法追究主体责任。还应当加强对立法主体或职能部门遵守立法公众参与程序的监督。在部门起草阶段立法机关通过提前介入等方式，监督、促进职能部门充分听取社会公众意见，在批准或备案阶段加强上级立法机关对于研究采纳公众意见情况的审查和把关，以权力制衡手段推动立法公众参与。

5. 建立大数据应用法律机制

大数据技术的发展为破解地方生态环境立法中参与主体的分散性、参与途径的有限性以及参与方式的单线性等困局提供了行之有效的解决手段。将大数据应用于地方立法公众参与中，能够发挥其在处理技术、挖掘技术、共享技术以及可视化等方面的优势。❶ 相较于传统问卷调查、现场听证、基层走访等形式，大数据技术能够扩大参与主体的范围、降低参与成本、丰富参与形式，提高参与效果，对于大多数中青年群体而言运用大数据平台征求意见的方式也更为符合其行为习惯。在生态环境立法方面，区域之间因环境的交互影响在立法方面需要充分考虑相邻地区的立法情况和公众的意见，数据共享可为此提供有力支持。因此，地方生态环境立法应当积极推广应用大数据开展公众参与，建立生态环境法律法规数据库、建立环境信息与公众参与共享平台并加强大数据应用相关法律规范建设。

---

❶ 曹瀚予，汪全胜. 大数据在地方立法公众参与中的应用 [J]. 电子政务，2018 (10)：76-86.

第三方参与视域下的地方立法机制完善

■ 刘　丰　高伯阳

作者简介：刘丰，河北邢台人，邢台学院法学讲师，研究
方向为立法法、地方法治建设。

高伯阳，广东深圳人，黑龙江大学硕士研究生，
研究方向为经济法、地方立法。

立法是一项专业性、技术性强，程序要求高且需要多方合作进行的"集体劳动行为"。[1] 地方立法作为我国社会主义法律体系中的重要组成部分，有着其独特的地位和作用。2015 年《中华人民共和国立法法》（以下简称《立法法》）修改后，将立法主体扩大到了"设区的市"，从而实现了地方立法权的扩容，既弥补了地方治理中的立法权缺失，也更好地促进了法治建设与社会发展的融合。

一、地方立法权扩容后存在的主要问题

2015 年《立法法》修改前，我国地方立法机制存在着一些固有问题，诸如立法主体覆盖面较为狭窄，但立法权涉猎领域却较为宽泛；各个地方的立法内容趋同，忽略了地域性差异。各地方立法相较于立法质量，更注重立法数量。为解决以上问题，2015 年《立法法》在地方立法权的设置上，进行了较大的突破和创新，既增大了地方立法权的覆盖面，又明确了地方立法的事项范畴，同时通过管理重心下移，从制度设计上初步实现了地方治理的地域化和特色化，保障了立法质量的提高。然而，囿于下列地方立法中存在的主要问题，地方立法机制的完善仍需继续探索。

（一）起草单位确定机制诱发部门利益化倾向

实践中基于种种原因，地方立法机关往往通过委托或指派的方式，将立法活动的起草单位确定为相关领域的行政部门。这也就变相使得原来的执法者成为法律、法规的制定者，那么披着法治外衣来追求自己部门利益的情况也就无可避免了。[2] 在这种情况下制定出的地方性法规，必然会影响到法律的公正性与严肃性，同时为贪污腐败现象提供了滋长的温床，严重损害党、人

---

[1] 田成有. 地方立法的理论与实践 [M]. 北京：社会科学文献出版社，2004：15-20.
[2] 季秀平. 江苏地方立法的实践经验与完善对策 [J]. 江苏法治建设实践研究，2013（5）：590-596.

大以及政府的形象。❶ 即使在后续立法环节进行了矫正，基于部门起草的立法活动，也难免于"方便执法、有力开展工作"等部门利益化意蕴。

（二）立法成果欠缺地方治理的地域独特性

尽管《立法法》明确了地方立法应当避免重复上位法，然而有的地方性法规为了体现对上位法的尊重，保证与上位法的统一，自觉或不自觉地复制上位法的立法体系、立法内容及相关规范，甚至将国家法律文件中的内容和形式原封不动地照搬照抄或者仅作非实质性的改动后就直接套用到本地的立法之中。有相关数据指出，地方立法与国家立法的重复率高达 70%～90%。❷ 诚然，现阶段地方立法经验不足等原因不可回避，但是结合地方特色、深挖本地区亟待解决的社会治理问题，将法律法规等上位法进行有效的本地化，日益成为立法权扩容背景下各个地方立法主体亟待解决的问题。

（三）立法技术尚不纯熟，规范性欠佳

地方性法规的起草制定上都或多或少地存在着以下几种问题：一是语言表述过于笼统、抽象，原则性规定和所谓的"弹性条款"内容过多，使得法规条文内容过于宽泛，可操作性差。❸ 二是用词模糊不准确，有些地方性法规使用模糊的词语来表达数量和范围，比如一部分、某些地区、正常情况下等。三是语体风格不规范，将本不该出现的政策性和宣示性词语写入地方法规中。四是法律要素缺失，逻辑结构不够严谨，对于处罚依据的来源等不作明示。还有的地方性法规内容前后文不对应，冗杂、模糊甚至发生矛盾。

可见，立法技术尤其是法律语言表述，应当区别于文学用语、科研用语，突出庄重性、严密性特征，做到既简洁又规范。目前我国立法技术规范尚处于初级发展阶段，可用于规范立法技术的仅有全国人大法工委两个通知性文件，难以满足扩容后的大规模立法需求。

（四）地方立法过程公众参与度偏低

地方立法的公众参与是立法民主性和科学性的重要保障，也是防止信息不对称的重要手段，更是保护地方治理公众参与积极性和主动性的关键措施。在立法权扩容背景下，地方立法涉及的范畴，均为本地域内公众生产生活的

---

❶ 吴秋菊. 立法技术探讨 [J]. 时代法学，2004（4）：89-92.

❷ 刘红婴. 立法技术中的几种语言表述问题 [J]. 语言文字应用，2002（3）：60-64.

❸ 汪全胜. 立法后评估研究 [M]. 北京：人民出版社，2012：84-90.

重要领域，因此在地方立法过程中，积极和及时吸纳广大公众的意见和建议，是提升立法品质的重要保证。

（五）工作人员能力不足

立法活动并非一项具体行政工作，而是一项技术性非常强的专业活动，要求立法机构具有一支专业水平、政治素质以及综合协调能力很强的队伍。在地方立法权扩容的情况下，设区的市立法人才储备和立法经验积累的不足渐露端倪。据不完全统计，新赋权的地方立法部门具备法律专业知识的人员占比较低，能力、素质参差不齐，甚至个别情况下将立法工作当作行政工作开展，无形中降低了立法活动的质量。

二、第三方参与地方立法的内涵及现状

（一）地方立法中第三方的定位

第三方这个概念最早是由美国学者莱维特提出的，即第三部门。这些组织不可忽略地承担了相当一部分的社会分工，完成了许多其他组织没办法完成的事情，这就是第三部门，也被称为第三方。[1] 地方立法第三方是指地方立法活动中的"第三部门"，其参与地方立法活动，接受立法主体的委托承担相当一部分立法工作，但不隶属于立法主体，具有立法主体的相对独立性、立法技术的专业性和立法利益的中立性。

（二）第三方参与地方立法的现状

1. 参与案例数量逐步增多

1986 年上海市人大法制委员会首次提出第三方独立参与起草地方性法规草案。参考上海的实践情况和实践经验，广东、重庆等地的委托第三方参与机制愈加健全，委托第三方参与的地方立法模式在全国范围内悄然铺开，委托第三方参与地方立法的案例不断增加，越来越多的地方发现了独立第三方的优势。为进一步完善社会法治建设，党的十八届四中全会明确提出"探索委托第三方起草法律法规草案"。

据不完全统计，1986—2018 年，已有 23 个地方进行了近 70 余例的委托第三方参与立法尝试。尤其是近五年来，此类立法案例激增，第三方参与下的地方立法模式逐步从个案走向普遍（见图 7）。

---

[1] 汤维建. 建立健全第三方立法体制和机制 ［N］. 人民政协报，2015-08-11（12）.

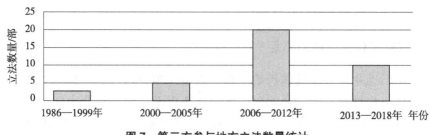

图 7   第三方参与地方立法数量统计

2. 覆盖城市相对集中

据不完全统计，在第三方参与地方立法逐步铺开的背景下，目前省会城市和直辖市调动第三方参与立法的占比较大（84%），设区的市由于尚处于初步发展阶段占比较小（16%）（见图 8），但是后者在短短几年中已经出现相对迅速的增长态势，今后将逐步占据较大比重。

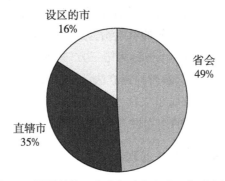

图 8   开展委托第三方参与地方立法工作城市统计

3. 受托第三方来源广泛

根据《立法法》第 53 条规定，第三方可以参与地方立法工作，起草专业性极强的法律草案。但是并未限制性规定第三方的性质和来源。结合目前实践，地方立法主体对于委托第三方参与地方立法的主体选择非常广泛，主要包括高等院校（47%）、律师事务所（13%）、专门科研机构（21%）以及社会团体，个别情况下会委托专家团队（3%）（见图 9）。其中，较为常见的是引入专业素养高、团队配合好的高校和科研机构（68%）。

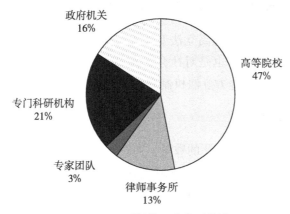

图 9 受托第三方类别统计

4. 参与阶段覆盖面宽

就目前阶段而言，第三方参与的立法阶段，基本覆盖了前中后三个阶段，即立法前的调研论证阶段（占比 19%）、立法中的起草修改完善阶段（占比 65%）、立法后评估以及法规清理阶段（占比 16%）（见图 10）。以邢台市地方立法为例，邢台市人大常委会在立法中创新工作机制，引入邢台学院地方法治建设研究团队作为第三方，参与立法前调研论证、立法中起草修改完善以及立法后评估及法规清理各个阶段。从立法实效看，这大大提高了本地地方立法成果的品质，在 2018 年度河北省十大法治成果评选中，《邢台市城乡生活垃圾处理一体化管理条例》位列第三，取得了良好的法治效果和社会效果。

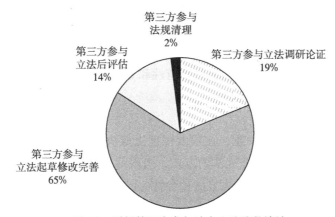

图 10 受托第三方参与地方立法阶段统计

三、第三方参与对地方立法机制完善的价值

第三方参与地方立法在提高立法专业性、维护法律中立性、彰显立法民主性等方面大有裨益，同时也是对社会力量参与地方立法的探索。引入第三方参与地方立法，在促进地方立法机制完善中，具有不可替代的价值与意义。

（一）促进立法精细化

法律的作用不在于制定法律的数量，而在于追求立法的科学化与精细化。波塔拉斯曾说过："不可去制定那些无用的法律，因为它们会损害那些真正有用的法律。"第三方作为独立的机构存在于社会中的不同行业或领域，相较于立法主体而言，更加清楚、熟悉行业规则和惯例，能够切身体会和了解行业的利益诉求，并为之做出相对公允的判断。因此扩大第三方参与地方立法的途径，更广泛地吸收第三方参与地方立法，可以有效地提高立法的效率和质量，增强地方性法规的针对性和可操作性。

（二）维护立法中立性

立法中立是立法科学的前提性保障。[1] 作为独立于立法主体之外的第三方，在地方立法工作中能够有效且最大限度地规避地方立法中部门起草机制导致的弊病。引入社会力量立法，可以充分发挥社会智力资源，拓宽立法思路，保障立法中立性，打破部门利益化倾向。

（三）强化立法专业性

地方立法权扩容后，立法人才储备和立法经验积累上的不足，可以通过引入第三方参与，得到较为及时和妥善的解决。不仅可以使各项立法指标与专业人员达到快速准确匹配，还可以发挥相关专业人员的优势，最大限度地整合立法技术资源，提升立法成果的规范性和专业性，提高地方立法的品质。

（四）彰显立法民主性

法律能否有效地体现民意，在很大程度上取决于人民参与立法程序的程度。[2] 拓宽社会力量参与地方立法的方式，引入第三方参与地方立法，广泛整合社会智库资源，是进一步扩大立法社会性与民主性的体现。

---

[1] 黄文艺，杨亚非. 立法学 [M]. 长春：吉林大学出版社，2004：54-56.
[2] 科恩. 论民主 [M]. 聂崇信，朱秀贤，译. 北京：商务印书馆，1988：10.

民主是一种社会管理体制，在该体制中社会成员可直接或间接参与影响全体成员的决策。❶ 第三方相对独立于立法主体，依托协议或有关规定进行地方立法项目的调研、起草、评估等活动，不仅能够把社会力量吸引到地方立法工作中来，还可以拓展参与立法活动主体的社会代表性，拓宽地方立法的社会基础，提升所立之法的社会认可度。

（五）保障立法科学性

科学立法是地方立法工作的基本要求，而专业的第三方则通过加强利益各方协调，解决利益各方冲突，平衡利益各方需要来保障地方立法的科学性。如果一项法律在立法时就出了问题，那么这项法律从制定出来之时就踏上了不被执行的命运之途。❷ 第三方参与地方立法可以及时有效地纠正地方立法活动中存在的问题，保障地方立法活动科学、顺利进行。第三方可以来源于不同行业或领域，通过第三方的参与可以最大限度地协调各方利益诉求，并将其精准地反映到规范性法律文件中，以保障地方立法的科学性。第三方则正是扮演了这种利益协调者来保障地方立法的科学性。

---

❶ 科恩. 论民主 [M]. 聂崇信, 朱秀贤, 译. 北京：商务印书馆, 1988：10.
❷ 李思娴. 昆明探索委托第三方立法机制 [N]. 昆明日报, 2015-03-17 (001).

论设区的市地方立法队伍建设

■张兆平 张 琛

作者简介：张兆平，河北临城人，河北师范大学历史学硕士。河北省法学会立法学研究会理事，邢台市人民政府法制专家咨询委员会专家、邢台市人民政府法律顾问，邢台学院法律服务研究中心成员。主要研究领域为宪法学、立法法学。

张琛，中国传媒大学，文化产业管理学院法律系2018级硕士研究生。

2015 年 3 月，新修订的《中华人民共和国立法法》（以下简称《立法法》）颁布，其中规定设区的市享有地方立法权。经过几年的运行，大部分设区的市逐渐落实了这一规定，纷纷开展了富有地方特色的立法活动。这些地方法规对规范当地社会经济发展、提高社会治理水平、增进市民法律素养都起到了积极作用，但是也应该看到，由于地方立法活动刚刚起步，地方立法队伍的立法水平有待提升，致使很多地方立法活动没有达到《立法法》赋权的初衷。新时代、新形势的发展迫切需要更多高素质、专业化的立法人才。

一、地方立法队伍解析

地方立法队伍如何构成、具体有哪些人员，学界和实务界并没有一个十分明确的标准，大家众说纷纭。我们比较认同中南财经政法大学胡弘弘教授的观点，参与到地方立法活动中的人员大致可以分为三类：立法者、立法工作人员、第三方参与主体。

（一）立法者

我们认为，立法者是指依照宪法和法律规定，国家权力机关中直接参与行使立法权的人员。地方立法者包括地方人大常委会委员、地方人大专门委员会委员以及地方人大代表等地方国家权力机关的组成人员。❶ 他们的主要职责就是依照宪法和法律的规定，行使地方立法权，审议、通过地方性法规。

（二）立法工作人员

立法工作人员是指不具有法定立法职权，但参与立法活动、辅助立法过程的国家公职人员，主要包括地方政府法制机构及其工作人员。他们是地方法规的主要起草者和审议者，也是地方性法规草案的提案者。❷

---

❶ 胡弘弘，白永峰. 地方人大立法人才培养机制研究 [J]. 中州学刊，2015（8）：60-64.
❷ 胡弘弘，白永峰. 地方人大立法人才培养机制研究 [J]. 中州学刊，2015（8）：60-64.

（三）第三方参与主体

第三方参与主体是指参与地方性法规的起草活动，对立法活动进行调研、评估、监督的专业科研机构和专业人士，可以称为地方立法工作的智囊库。

第三方参与主体可以分为两类，一类是常态的第三方参与主体，即地方人大的立法顾问、地方政府的法制专家、法律顾问等，他们在实践中已经积累了丰富的立法经验。另一类是动态的第三方参与主体，即随机邀请的专业咨询机构、科研机构、律师事务所等组织或高校的专家学者等。

二、地方立法队伍建设的意义

（一）推进地方立法队伍建设更好地实现治理能力的现代化

党的十八届三中全会提出全面深化改革的总目标是实现是国家治理体系和治理能力现代化。国家和社会治理者运用法治思维和法律制度治理国家，亦即国家、社会治理的法治化，是国家治理体系和治理能力现代化的显著标志。法治具有权威性、强制性、统一性、稳定性的特点，对于整个社会的稳定、和谐发展有着强大的规范作用。全面实现依法治国，真正做到严格执法、公正司法、全民守法，前提就是有法可依，就是科学立法。而这些是需要由人来完成的，是需要由高素质的立法者来完成的。因此，提升社会治理能力，实现社会治理的现代化需要一支高素质的立法队伍。地方立法队伍的思想政治素质、职业道德、业务能力的高低，直接影响着当地社会治理的法治化水平和现代化进程。

（二）推进地方立法队伍建设更好地实现良法善治

实现依法治国、推进法治国家建设，就是要坚持依照法律治理国家，就是依照良法治理国家。党的十九大报告强调，"以良法促进发展、保障善治"。良法是善治的前提，党的十八届四中全会要求"重大改革都要于法有据"。良法不是凭空产生的，有赖于科学立法。习近平总书记高度重视立法工作，强调"国无常强，无常弱。奉法者强则国强，奉法者弱则国弱"。科学立法，保证立法质量，必须要有一支高素质的具有过硬的思想政治觉悟、高水平的职业道德、强大的业务能力的立法队伍。推进地方立法队伍建设，才能根据地方经济社会发展的需要，遵循法律自有的规律，坚持科学性、适用性，不断创造出引领社会发展的地方性法规，更好地实现良法善治，保证整个国家和社会的可持续发展。

三、设区的市地方立法中存在的问题

（一）地方立法同质化严重

立法是一种以精确的方法和技巧来准确表述客观规律的科学活动和技术活动。❶ 但是，由于设区的市刚刚获得立法权，机构不健全、人员缺乏，法律素养达不到足够水平，加之立法经验的缺失，立法质量不高。相关部门在起草法规草案时，基本上是抄搬上位法，改个地名、行政层级就成了自己的法规草案，缺乏自己的特色，也少有立足当地的实际。或者是将他市的法规、规章抄搬过来，简单模仿他人的做法，没有自己的主意和观点，法规草案质量不高，重复、雷同现象严重。还有就是地方立法过程中随意性较大，甚至存在按照上级机关、行政领导的意见和命令立法的现象，调研不充分、没有坚持问题导向，没有从实际出发。

（二）立法技术不规范

各地设区的市获得立法权只有短短的两三年时间，立法经验十分缺乏，这种状况严重影响着立法活动的开展，影响着立法队伍立法技术的运用能力。同时，导致各部门起草的法规、规章中法律概念、法律责任混乱不清，体例、框架结构不够严谨，权利义务、问题措施不够清晰，语言逻辑性不强等问题。立法技术不规范，使得地方性法规、规章被大量炮制出来，只求地方特色而忽视法制体系的统一，只求完成任务、急功近利而忽视法规、规章的长期性、稳定性、权威性，只求数量而忽视质量。这就必然会损害法律的权威，影响法律体系的统一，破坏法治国家建设，阻碍依法治国的进程。

（三）部门主义思想严重

《立法法》赋予设区的市以地方立法权，地方性法规的针对性和地方特色大大增强，有利于当地经济社会发展。与此相伴的是地方保护主义逐渐抬头，与法治国家建设的方略相违背，势必会破坏市场经济的运行，损害群众利益。就像苏州大学副教授庞凌指出的那样，"地方立法俨然成为捍卫政府意志和部门利益的工具，进而以地方立法的名义和地方民意的表象为行政专断进行背书"❷。同时，在地方立法权行使过程中，具有"特定要求和主张的利益集

---

❶ 崔卓兰，孙波. 地方立法质量提高的分析和探讨 [J]. 行政法学研究，2006 (3)：58-63.
❷ 肖向前. 赋予设区的市地方立法权问题研究 [J]. 法制与社会，2018 (4)：137-139.

团，开始谋求公共政策乃至法律制度来固化和绑定自身利益"。例如，邢台市在起草《停车场管理办法》时，在无上位法和人大授权的情况下，多处强化城管的执法权。河道管理部门在起草《河道采砂管理条例》时，不断扩大自己的管理权限。

四、设区的市地方立法问题原因分析

政策、法规都是由人来制定的，设区的市在制定地方性法规的过程中出现的诸多问题，归根结底是地方立法队伍水平不高造成的。

（一）立法队伍素质不高

设区的市获得立法授权、行使地方立法权，是从 2015 年 3 月十二届全国人大三次会议通过修订的《立法法》开始的，至今只有短短几年时间。而设区的市完成机构设置、正式行使该项权力的时间更短。在这有限的时间内，立法队伍大多是由应急抽调的人员组成的，或者只有一个机构架子，甚或是从法学会、律师事务所等机构临时借调，严重缺乏专业的立法技术人员。立法活动是一项专业化非常强而又影响重大的活动，这些刚刚组建或者应急成立的机构、匆忙组织起来的立法队伍都要从头开始熟悉立法工作，而队伍的成熟需要一个较长的时期，需要经过系统的专业学习和经验的积累。因此，大部分设区的市的立法队伍中专业立法人才、具有法学专业知识的人员较为缺乏；即便是律师或法官受过系统法学教育，但也欠缺专业的立法知识。所以，总体来看，地方立法队伍的整体素质不高，还需要下大力气提高立法素质，提升立法技巧。

（二）立法程序不够健全

各设区的市刚刚取得立法权，机构、人员有待健全完善，立法者比较缺乏，在开展地方立法的活动中，更多的是进行审议，未有余力参与到立法活动中进行沟通、指导，导致行政机关、立法工作者提出的议案不能顺利通过。

立法工作者大多是地方政府法制机构及其工作人员，他们是地方性法规的主要起草者。由于利益关系的存在，立法工作者自觉不自觉地站在部门、地方利益的立场上，从自身的角度而非全局的角度考虑问题，没有或者不愿意去广泛征求群众、专家的意见，有导致地方立法部门的利益化。同时，领导意志对立法工作的影响也使不容小觑。一些部门领导习惯于行政命令，从部门、地方利益出发，强势影响立法活动。

而作为第三方参与主体的专业科研机构、专业人士，不能及时知悉地方立法规划，不了解地方立法计划，不知道立法的进程，空有一身才能、满腔热情却得不到施展，也使立法活动的调研、评估、监督不能有效实现。

五、设区的市地方立法中的立法队伍建设措施

立法队伍的专业知识、技术水平，严重影响着地方立法的水平和当地法治建设进程。如何建设高水平的地方立法队伍，是突出地方立法特色，提高地方立法水平，推进法治国家建设的首要任务。

（一）强化党的领导

《中共中央关于全面推进依法治国若干重大问题的决定》明确指出，坚持党的领导，是社会主义法治的根本要求，是党和国家的根本所在、命脉所在，是全国各族人民的利益所系、幸福所系，是全面推进依法治国的题中应有之义。因此，在地方立法过程中，必须强化党的领导。

1. 地方立法队伍要强化党的领导的意识。立法工作是一项政治性、政策性非常强的工作，立法过程中必须坚持党的领导，这是我国良法善治的政治基础。地方立法工作"必须认真贯彻落实党的十九大精神，高举中国特色社会主义伟大旗帜，以马克思列宁主义、毛泽东思想、邓小平理论、'三个代表'重要思想、科学发展观为指导"❶，深入贯彻习近平新时代中国特色社会主义思想，这样才能保障地方立法的正确政治方向。

2. 地方立法要在当地党委的领导下开展工作。地方立法要在当地党委的领导下，以党在新时代的新要求、新任务为指导，坚持统筹兼顾，坚决将人民群众的切身利益放在首位来编制立法规划，并在全社会公布，争取最大多数人参与其中，从而保证地方性法规的适宜性、有效性，促进社会稳定、和谐发展。在当地党委的领导下，不断提升各类立法参与者的工作格局，充分发挥各部门、各类主体的积极性和他们的聪明才智，以保障地方性法规的质量。

（二）提高立法人员素质

立法者、立法工作者等立法人员大多是从其他部门抽调的，立法学知识和立法技术、能力不足，影响地方性法规的质量。提高立法人员的素质可以

---

❶ 成都市人大常委会法工委. 立足实际，坚持党对地方立法工作的领导，中国人大网［EB/OL］.（2016-09-18）［2021-06-07］. http://www.npc.gov.cn/npc/lfzt/rlyw/2016-09/18/content_1997556.html.

统筹考虑，多管齐下、多方入手。

1. 培训

在当地党委领导下，由人大专门组织地方立法人员的业务培训，提高立法技术水平。一是组织短期专题培训班，就《立法法》、立法学专业知识、立法程序、立法技术等方面举行短期或定期学习班，增强专门、单项知识。二是邀请上级机关的相关专家、省级人大乃至全国人大的专家学者、高校和研究机构的专家学者进行讲学，让他们讲解知识、传授经验，增进参训人员的间接经验，所谓"他山之石，可以攻玉"。三是有条件时将立法人员送到高校或研究所进行系统的理论学习，可以分期分批、量力而行，从整体性、系统性、全民性上提高地方立法人员的立法学知识。

2. 聘用

虽然设区的市获得地方立法权的时间不长，但是省会城市、计划单列市、较大的市等进行地方立法的实践经验较为丰富，拥有大量成熟的立法人才。当地人大、政府法制办、法院、律师事务所等经常性从事法律工作的人也不在少数。因此，可以从各个行业聘用一批具有立法经验的准专业人士，像律师、法官、高校和研究所的专家学者。他们常年从事法律工作，对法律实施中存在的问题、容易让人产生误解和歧义的方面十分清楚，当他们参与制定法规草案时，他们会尽量避免法规实施中容易出现的问题，精益求精，从而提高地方性法规的质量。

3. 招聘

全国每年毕业的法学本科生数量庞大，硕士研究生、博士研究生也不在少数，他们虽然实践经验不足，但是接受过系统的法学教育，基础知识扎实，只要给他们机会并进行指导，一定会迅速成长起来的。可以从应届毕业生中招聘一些人员，充实到基层立法队伍中，提高立法队伍的素质。当然，他们可能短期内不能成为技艺高超的立法者，但是假以时日肯定会成为立法队伍的骨干力量。

(三) 加强立法监督

党的十八大提出了"科学立法、严格执法、公正司法、全民守法"的新十六字方针，其中科学立法是依法治国的前提和基础。为了保证立法的科学性，防止立法中简单掺入领导的命令，或者是将"红头文件"转变成地方性法规，出现立法部门利益化现象，就要加强立法监督。一是事前监督，就是地方人大要及时公布立法规划，使整个社会都能预知立法工作，知晓立法进程，便于进行监督。二是事中监督，就是地方性法规在起草阶段，立法工作人员要主动征求社会意见，接受人大代表、政协委员、法律顾问、专家学者以及社会各界人士的监督，集思广益，减少错误、少走弯路。三是事后监督，就是地方性法规草案完成提交到人大后，人大代表、法律专家等要强化责任意识，认真审议法规草案，保证地方性法规的立法质量。

（四）建立第三方评估机制

地方性法规难免会出现一些偏差，导致法规、规章的质量不高。为了避免这种局面的出现，就要拓宽公众参与的渠道，建立健全第三方评估机制。公众参与特别是专业团队的提前介入，可以从第三方的角度对地方性法规更好地进行评估。高校、律师事务所、地方法学会等单位和机构都是具有较强理论知识的专业团队，可以作为地方立法的"智库"，这些第三方"在立法过程中能够保持相对中立的地位，具有较高的职业操守和职业道德，兼具深厚的法律功底，也更能保证立法的公平性和科学性"❶。

人大审议法规时，可以邀请第三方参与草案审查，听取第三方的评估意见。除此之外，地方人大还可以委托第三方独立开展立法调研，其调研成果由人大作为评估政府法规草案的基础。

---

❶ 姚澍峥. 地方立法主体扩容问题研究［D］. 山东大学法学院，2017：30.

如何增强新时代下设区的市地方立法的特色

■柯阳友　易仁杰

作者简介：柯阳友，河北大学法学院教授，研究方向为民事诉讼法学、行政法与行政诉讼法学。

易仁杰，河北大学法学院 2020 级法律法学硕士。

　　五年多来，新赋予地方立法权的设区的市立法架构组建、人员配备等法定性、基础性任务全面完成，立法条例、实体法等立法实践蹄疾步稳，立法程序、立法规范等法治运行逐步完善。但由于设区的市地方立法工作起步晚、任务重、要求高，依然面临认识不统一、制度不健全、进展不均衡、能力不匹配等问题。中国特色社会主义已进入新时代，尤其是习近平法治思想的确立，如何在新时代背景下，将习近平法治思想与设区的市立法工作紧密衔接，提高地方立法质量，完善地方法治治理工作，是值得我们思考的重要问题。而具有地方特色始终是地方立法保持活力的要素，是衡量地方立法质量的重要标尺。在当前设区的市地方立法规范相对完善的状态下，我们更要在立法特色上予以突破，精耕立法。即设区的市地方立法要能够呼应本地区经济社会发展需求、提升本地区城乡建设与管理法制化水平、推动本地区环境保护事业发展、加强本地区历史文化传承。

一、设区的市地方立法凸显特色是新时代应有之义

　　《中华人民共和国立法法》（以下简称《立法法》）修改前，地方立法主体除各省、自治区、直辖市外，仅包括省会、国务院批准的较大市等在内的49 个市，加强地方立法特色只是理论宣言。随着新修改的《立法法》赋予设区的市一定的立法权，立法主体扩容也对立法质量带来新挑战。修订后的《立法法》在坚持地方立法"不抵触"原则的同时，首次以法律形式提出了"一般不作重复性规定"的要求，地方特色开始引起学界关注。2017 年 10 月，党的十九大报告确立了"建设中国特色社会主义法治体系"的目标。2018 年 2 月，党的十九届三中全会公报指出，"地方在保证党中央令行禁止前提下管理好本地区事务，赋予省级及以下机构更多自主权"。2019 年 3 月，国务院政府工作报告提出"为地方大胆探索提供激励、留足空间"。同年 9 月，全国人大常委会委员长栗战书在立法工作座谈会上指出，新时代立法工作应

"突出地方特色"。❶ 这都体现了地方立法在维护法制统一的前提下，要因地制宜，制定适合本地区经济社会发展的良法的法治理念。因此，我们要更加注重打造地方立法特色的亮点，这是时代前进的必然结果，也是完善中国特色社会主义法治体系的关键之举。增强设区的市地方立法的特色必然会为健全中国特色社会主义法治体系增添动力，能够以完备的法律规范破解新时代改革发展中的难题。

基于我国地区经济发展程度存在差异，立法需要兼顾不同地区差异的特殊性。增强设区的市立法的特色，能够做到共性与个性的统一。增强设区的市立法的特色也是提高立法质量的客观需求。要完成新时代"推进科学立法、民主立法、依法立法，以良法促进发展、保障善治"的新使命，就要求设区的市的立法工作要由"数量规模型"向"质量效益型"转变，回应现实需求。增强设区的市地方立法的特色有助于强化立法针对性，能够充分体现地方具体情况与发展，避免照抄照搬粗放式立法。增强设区的市立法的特色更是提高地方法治治理水平的关键。国家治理体系和治理能力现代化离不开地方法治治理水平的支撑。不同的地区面临的难题与形势各不相同，矛盾多、涉及面广。地方立法必须联系群众，回应人民群众的期盼。地方立法在坚持国家法制统一的前提下，要突出地方特色。地方特色越突出，针对性越强，越能解决本地的实际问题，法规的实施效果会越好。❷

总之，中国特色社会主义新时代也体现在法治领域要具有新气象。要想走好中国特色社会主义法治道路，必须推动地方法治治理工作齐发力，而彰显地方立法特色则要摆在关键位置，这也是贯彻习近平法治思想的重要体现。

二、设区的市地方立法特色理论阐述

（一）设区的市地方立法特色的释义

立法要彰显特色已经逐步上升到《立法法》的基本原则之一。全国人大常委会在早期工作报告中明确指出，地方立法特色就是"从本地的具体情况和实际需要出发，需要什么就规定什么，使地方性法规具有针对性和可操作性，真正对地方的改革、发展、稳定工作起到促进和保障作用"。从这个角度

---

❶ 与时代同步伐·与改革同频率·与实践同发展——地方人大设立常委会 40 年展现人民代表大会制度优越性［EB/OL］．（2019-07-19）［2021-06-09］．http://www.npc.gov.cn/npc/c30834/201907/26651a6c900c402986faff65be689de6.shtml.

❷ 王兆国．加强地方立法工作 提高地方立法质量——王兆国副委员长在内蒙古召开的第十次全国地方立法研讨会上的讲话（摘要）［J］．中国人大，2004（16）：10.

理解，对地方特色的彰显具有指导意义，具体可以从形式与实质两个方面，按照"操作性强一点，重复性少一点；特色多一点，条文少一点"的思路来认识、理解立法特色的准确内涵。❶

（二）设区的市地方立法释义延伸

虽然学界对于立法特色的概念有不同具体认识，但结合立法实践和理论研究，也有达成共识之处。首先，设区的市立法特色应当维护法制统一，下位法不得同上位法基本内容和原则相抵触。具体到设区的市的立法，它既不能与中央立法相抵触，也不能和上级地方立法相抵触。一般认为，地方立法的基本原则包括坚持党的领导原则、依法立法原则、科学立法原则、民主立法原则和立足地方实际原则。❷维护法治统一是地方立法首要坚持的原则和方向，否则构成违宪，需要接受违宪性审查。在与上位法不相抵触情况下，再进行针对性立法。其次，设区的市立法特色应当注重调整对象的特殊性，而不是粗放立法，平平无奇。要充分体现本地经济、文化、风俗、习惯等情况和社会关系调整的实际需求，把握适度，尽可能避免走上猎奇的平庸之路。还要尽可能体现时代特色，做到前瞻性立法。最后，要注意立法特色内容的可操作性。一般而言，地方立法特色通常调整的是上位法无法调整的疑难或者个性问题，对于立法技术和内容有较高要求。我们不能为追求创新而忽视实效性。要在坚守可操作性的前提下，在立法体例、法规结构、制度设计等方面扎根本土，作出相应的调整、细化或者补充等。同时，要坚守"可操作"原则，实现精耕立法，处理好条文"粗"与"细"的平衡。❸

三、设区的市地方立法特色基本维度

在中国特色社会主义新时代背景下，如何在地方立法中彰显立法特色，我们可以从时代、空间和制度三个维度展开考量。把握好立法特色的时代、空间和制度问题，是建构立法特色内容的基础。三者共同构成地方立法的基石，推动地方立法技术和水平稳中提高。

（一）设区的市地方立法时代维度

时代维度即把握时代脉搏，要把国家发展方向同地方治理问题紧密结合。

---

❶ 张忠. 论地方法中"地方特色"之界限 [J]. 福建警察学院学报，2021，35（2）：7-8.
❷ 黄龙云，肖志恒. 广东地方立法实践与探索 [M]. 广州：广东人民出版社：26-34.
❸ 李高协. 再议地方立法的不抵触、有特色、可操作原则 [J]. 人大研究，2015（9）：4.

地方立法要具有开放精神，做到与时俱进。不同的时代有不同的使命和追求，社会发展矛盾也会转移。各地党委和政府都要强调经济社会发展的时代感，要发挥自己的相对优势，形成区别于其他地方的特色。❶ 地方立法不仅要巩固改革和发展的成果，更要通过立法凝聚共识，探索新路子。既要保持法律的稳定性，也要破除一些不合时宜的弊端。地方立法要着眼于大局，紧跟国家发展战略布局，回应时代需求，从根本上说也是回应人民群众的需求。我们党高瞻远瞩，意识到生态文明的重要性。党的十八大提出"要把生态文明建设放在突出地位"，党的十九大强调"建设美丽中国，为人民创造良好生产生活环境"，党的十九届五中全会又强调"推动绿色发展，促进人与自然和谐共生"。为践行"绿水青山就是金山银山"的绿色理念，河北省地方相继在清洁生产、水文保护、太行山燕山绿化、湿地保护等方面出台法律法规。这是深入贯彻习近平生态文明思想，坚定绿水青山就是金山银山理念的生动实践。❷

（二）设区的市地方立法空间维度

地方立法权限空间的有限性与分散性特征更加明显。其形式不再以面的形式出现，越来越多是以点的形式出现。❸ 空间维度可以从范围和地域两个方面进行把握，《立法法》第72条规定，设区的市可以对城乡建设与管理、环境保护、历史文化保护等方面的事项制定地方性法规。从立法原意讲，应该是等内，不宜做更宽泛解释。对于这三个事项，地方应该说可以大有作为，要从宏观上推进精细立法。设区的市立法应当改变注重完整性或体系性的立法思维，把对单一和具体问题的立法作为着力点，集中于对单一客体的规范，尽可能做到"一事一法""有几条搞几条，需要几条规定几条"，以确保制定出来的法规能够有效解决本地的实际问题。设区的市的地方立法以地域性为主要特征，更是凸显特色这一着力点。同一具体事项，在不同的地区面临的成因和冲突都会不同，这时就需要考虑到不同地区的风土人情、人文历史面貌进行针对性立法，充分挖掘立法资源，才能弥补上立法的不足。例如，河北省结合地方实际，为北京冬季奥运会、学校安全管理、城乡燃气统筹、地下水水源涵养保护制定专门法律法规。佛山作为制造业大市，在立法方面准确把握了制造业城市的特点，坚持以问题为导向，积极开展民主立法。从禁

---

❶ 郑清贤. 反思与突围：设区的市地方立法特色探寻——以福建省7个设区的市立法为分析样本 [J]. 福建行政学院学报，2017（5）：2.

❷ 孙阁. 河北省立法加强太行山燕山绿化 [J]. 国土绿化，2019（12）：1.

❸ 吴天昊. 社会主义法律体系形成后的地方立法创新 [J]. 中国人大，2012（2）：1-2.

烟、养犬、垃圾处理、内河污染整治等方面着手，提升城市管理水平。❶ 相继出台了《佛山市机动车和非道路移动机械排气污染防治条例》《佛山市制定地方性法规条例》等。

(三) 设区的市地方立法制度维度

中国特色社会主义法律体系形成之后，立法工作的主要任务是根据我国经济、政治、文化、社会等发展变化的需要，不断完善这一体系，同时积极促进和保障宪法和法律的有效实施。❷ 将制度与法律规范予以结合，将能产生更好的法律效果。各地自然资源禀赋不同、经济社会发展水平不一、民俗风情千差万别，由此，在确保国家法制统一的前提下，依据本地实际进行多元化的制度设计成为地方的普遍需求。相应地，地方立法必须回应本地的这种内在需求，在有限立法范围内有意识地挖掘制度创新的空间，并通过地方法规这一载体进行表现，使这些客观存在的非均衡性和非同构性问题得到有效解决。通过制度创新形成制度特色，也是设区的市立法的特色。强调设制度特色是要做到"人无我有，人有我优"，以高质量、有特色的制度设计使设区的市的立法"管用好用"。以河流保护立法为例，河流保护是各地的共性问题，在制度上各地却可予以创新。在河长制制度下，邯郸市率先出台县级河长河流垃圾清理以奖代补方案，用于河渠垃圾清理以奖代补。与时代和地域维度相比，制度设计属于地方立法特色中更为微观的内容。

四、增强设区的市地方立法特色的具体措施

赋予设区的市立法权五年以来，地方法治治理水平呈现快车道发展，但设区的市地方立法还存在诸多不足，立法特色不够鲜明，例如，立法质量不高，缺乏精细度，追求短平快，缺乏深入研究，与上位法有重复；立法体例追求完整性，未做具体规定。失去特色意味立法即失去生命线。从广义上理解，地方立法特色包括理念创新、内容创新、立法技术创新、立法制度创新等。❸ 基于立法特色的三个维度，我们可以从以下具体措施挖掘设区的市地方立法的特色。

(一) 以问题为导向，着眼全局

法国哲学家霍尔巴赫曾指出："立法如果能够考虑并抓住下述因素的一切联

---

❶ 洪普清. 法治下的改革 佛山大有可为 [N]. 佛山日报，2014-12-08 (2).

❷ 周旺生. 立法学 [M]. 北京：法律出版社，2000：376.

❸ 张牟生. 人大制度建设论 [M]. 北京：中国民主法制出版社，2004：89.

系及其相互关系，就能达到完善的地步。这些因素就是国家的地理位置，领土面积，土壤，气候，居民的气质、天赋、性格和信仰。"❶ 法律规范并非凭空捏造的，而是对具体社会关系的调整，并能为人们所遵守，否则将是一纸空谈。赋予设区的市立法权原意即是考虑到地区发展不平衡，避免一刀切。充分调动地方积极性，以问题为导向，分别解决各自的问题。因此，地方立法必须充分体现本地经济水平、地理资源、历史传统、人文背景等状况，通过立法的形式来解决当地经济社会发展中存在的突出问题，支持和推动地方特色产业发展，促进地方经济社会稳步推进。发现问题，能够解决实际问题，才是良法，善治之法。遵循上位法基本原则和规定，真正为设区的市的城乡建设和管理、环境保护、历史文化保护提供法制依据，改善这些领域发展困境。对上位法抽象原则规定还可以进一步细化法律关系，明确适用内容和情形，避免发生歧义。此外在发现问题同时，更要从实际出发，如实上升到立法高度化解难题。一方面，我们要深入开展调查研究，熟悉把握本地区社会发展状况，实现本地区立法同本地区发展规划相衔接。另一方面，要如实反馈本地区现实需求，如工业化程度、人口数量、失业率等、听取多方意见。立法不能追求大而美，而应做到有的放矢，精准解决问题。最后要有适度的前瞻性。法规应当具有相对稳定性，不可朝令夕改。

（二）重视民间法，推动民间法和地方法融合

风俗习惯是一种生活方式，是一定时空内社会认可并反复实践的结果。而无论何种立法，其目标也是为了确立一种秩序，而且最好是社会可以接受的秩序，无论是人为的还是自发的。❷ 民间法具有地域性、分散性、差异性。"十里不同风，百里不同俗"的谚语就是民间法这一属性的反映。这些都是打造地方立法特色的亮点。民间法与国家法的关系一直是学界探讨的难题。国家法并不能解决所有社会问题。民俗学者李自然先生通过大量的实证研究，发现"影响民族风俗习惯形成与发展的核心要素，是不可能超出三者之外的，即生态环境、社会和文化个体，任何一种民俗所展示的情节都是三者互动的结果"❸。所以，国家法应当为民间法保留生存空间，我们应当看到民间法在地方治理中发挥出的积极作用。作为民间法基本原则之一的公序良俗就是指民法对全社会普遍公认的道德标准和风俗习惯的尊重。要推动民间法和地方

---

❶ 霍尔巴赫. 自然政治论［M］. 陈太先，睦茂，译. 北京：商务印书馆，1994：287.

❷ 刘巍. 地方立法与风俗习惯［J］. 甘肃政法学院学报，2008（5）：1.

❸ 李自然. 试论影响民族风俗形成与发展的诸要素［J］. 内蒙古工业大学学报，2002（1）：5.

法融合。一是设区的市的立法对民间规范的转化。即在开展设区的市立法的过程中，将有关民间规范纳入立法的考虑范围。实现设区的市的立法对民间规范转化的一般方式是经由地方立法程序使有关民间规范以具体立法规范的形式显现出来。而设区的市的立法对民间规范的转化并不都会显示在立法文本中，它也可能融入立法程序中。二是设区的市的立法对民间规范的认可，这是比前者更为直接的方式。它主要是指设区的市的立法对特定领域存在的民间规范予以肯定，并通过指引性规范对这些民间规范的适用条件作出明确规定。如 2019 年出台的《唐山市全域旅游促进条例》第五十二条要求旅游经营者按照约定或者惯例提供等价的产品和服务。总体上看，目前设区的市的立法对民间规范的认可主要局限于商事惯例、婚姻家庭继承习惯等"习惯"范畴。但实际上，还可以将更多种形式民间规范类型纳入认可的考量范围，如可以参考行业惯例、村规民约、社区公约和公序良俗等，引导当事人达成调解协议。从而通过对民间规范的合理吸收有效凸显自身特点。

（三）完善立法机制，引进第三方参与

从实证角度来看，要凸显地方立法特色，首先要高度重视立法立项机制。设区的市立法立项不仅为未来立法内容制定方向，也对拟定立法项目中的主要制度和措施具有直接影响，关系到立法成果的好坏。因而一部立法是否能够具有地方特色，从立法立项开始即需予以关注。尤其在征集立法项目建议阶段，要进行充分调研，整理实证材料，对可能纳入立项范围的事项进行充分论证。广泛听取公众提出的需要立法予以解决的问题，做到全面筹划，挖掘能彰显立法特色的潜在资源，才能保证立法项目能够兼顾多方利益。此外，立法质量不高与立法参与主体有密切联系，立法过程中需要兼顾多方利益，看到问题的本质。需要保证参与主体具有代表性和专业性，避免不公正弊端，避免领导拍脑门决策。这就对立法人员的素质提出较高要求。引进第三方参与立法已经成为多数机关立法的重要方式。早在 1998 年，重庆市人大就进行了全国首例委托第三方参与立法的实践，其委托西南政法大学承担《重庆市司法鉴定条例》的法规起草工作，并在逐渐探索创新中初步建立了配套机制。地方立法工作中可将专业性较强、难度较大或涉及部门利害关系明显的法规交由如高等院校、科研组织等专业机构起草，专业主体具备的法律素养使地方立法体现"地方特色"更为可能。另外，对于重要立法事项也可引入第三方评估。开展立法的第三方评估，有助于保持结果的合理，有助于地方立法接地气、暖民心。最后，在坚持公众参与制度的基础上，仍要继续扩公众主体的参与，可通过座谈会、茶话

会、网络问卷多形式让更多公民参与其中。立法解决的问题通常与群众利益密切相关，所以无论何时，都应该听取群众意见。

（四）以绣花精神精细立法，兼具人文情怀

《中共中央关于全面推进依法治国若干重大问题的决定》明确提出推进立法精细化。推进精细立法就应当有绣花精神，从立法体例、立法技术、立法概念都要仔细推敲。做到立一个就要解决一个。避免立法重复和立法抄袭。❶因此，设区的市在立法中应：一要精选立法项目。设区的市应当围绕本行政区域内立法要解决什么问题这一核心，突出地方特色，着重从城乡建设和社会治理、生态文明促进等改革发展的重点特色领域选题立项。法规要"小而精""精而准"，能够见微知著，以小见大。二要精设法规内容。设区的市的立法应当在条文中写清楚各方面的权力与责任、权利与义务，最大限度地缩小自由裁量空间。尤其是对涉及公民、法人和其他组织的权利义务的规定，应当既有实体内容，还要有程序性规范，确保公民需要解决的问题在立法文本上有明确指引。当前正处于改革的攻坚期，地方社会矛盾复杂且频发，制定法律规范不能一律以罚代管，而要在立法理念中融入人文情怀。中国特色社会主义进入新时代，也是法治文明的新时代。要借鉴其他地区的经验和做法，及时修订完善法律规范。地方立法者也要具备同理心，坚持以人为本。应该思量怎么立法会更好，而不是立了就万事大吉。要根据当地实际情况，矛盾尖锐度，以及立法所保护对象的层次，制定相应法律规范。立法措施和内容体现深刻的人文关怀，能取得更好的社会效果，为一方百姓所拥护。这既是设区的市地方立法特色的亮点，更是对立法水平深层次的考验。

推动设区的市的地方立法凸显特色，既是全面依法治国应有之义，也是检验地方立法水平的试金石和生命线。既要挖掘特色，也要打磨特色。以问题为导向，与时代同行。积极吸收地方民间法有益因素，合理转化新成果。引进第三方参与机制，推动立法科学化。以特色促发展，推动设区的市的地方治理水平朝着更高水平发展。

---

❶ 孙波. 和谐视角下的地方立法抄袭之弊害与成因分析［G］//金国华. 和谐社会与制度构建：2007年上海政法学院学术论坛. 上海：上海社会科学院出版社，2007：54-61.

论设区的市的立法权限

——兼评《立法法》第72条第2款

■ 田丽艳

作者简介：田丽艳，河北大学法学院博士研究生，研究方向为民商法。

一、设区的市立法权限的历史沿革

"立法"一词在我国几千年前的商朝便早有记载,《商君·修权》中提及了"立法明分"的字眼。如今经过国内外法学家的探究、争论,"立法"一词的含义,普遍认定为"是由特定的主体,依据一定职权和程序,运用一定技术,制定、认可和变动法这种特定社会规范的活动"❶。而我国现行的立法体制是独具中国特色的,不同于单一立法体制,也不是两个以上国家机关共同行使的复合立法体制,更不是建立在立法、司法、行政三权基础上的制衡立法体制。它是一种中央统一领导和一定程度分权的,多级并存、多类结合的立法权限划分体制。❷ 多级并存也就是多层次的立法权均存在,主要是全国人大及其常委会、国务院及其所属部门,以及各级地方。其中,全国人大及其常委会和国务院及其所属部门的立法权限变化甚微,各级地方的变化比较大。故按照不同时期的地方立法权限变化,将我国立法过程分为四个时期。

第一个时期为1949年新中国成立到1954年我国第一部宪法颁布,即地方立法权的全面赋予阶段。从纵向来看,此一时期上自国务院、省级政府,下到县级政府,均享有立法权限。1950年通过的《市人民政府组织通则》第4条规定:"市人民政府委员会在其上级政府领导之下行使左列职权:……(三)拟定与市政有关的暂行法令条例,报告上级人民政府批准施行。"❸ 当然,设区的市作为市人民政府,按照该组织通则的要求,在报告上级政府批准后,即可行使立法权。

第二个时期为1954年宪法颁布后到1979年的《中华人民共和国地方各级人民代表大会和地方各级人民政府组织法》(以下简称《地方组织法》,下文所及法律均为简称)颁布,即地方立法权被完全取消阶段。1954年宪法颁

---

❶ 张文显. 法理学 [M]. 北京:北京大学出版社,2011:189.
❷ 张文显. 法理学 [M]. 北京:北京大学出版社,2011:193.
❸ 中央人民政府法制委员会编. 中央人民政府法令汇编(1949—1950)[G]. 北京:人民出版社,1952:124.

布后，我国的立法权主体仅为全国人大，原地方各级立法机关失去立法权，甚至连全国人大常委会都没有立法权，仅具有法律解释权。该时期我国吸取了全面赋予立法权的教训，全面取消地方立法权，是与我国当时的经济体制密切相关的。我国在此阶段实行计划经济，中央对经济集中管理，经济基础决定了上层建筑，立法权限作为上层建筑的一部分，也实行了中央集中行使立法权的立法体制。因此，在此阶段设区的市并没有立法权限。

第三个时期为 1979 年《地方组织法》颁布后到 2015 年《立法法》修改，即赋予部分地方立法权限阶段。1979 年颁布的《地方组织法》打破了前一阶段完全取消地方立法权的立法体制，赋予省、自治区人民政府立法权。1982 年我国《地方组织法》修正案通过，规定省级人民政府所在地的市和经国务院批准的较大的市的人大常委会可以拟订地方性法规草案。虽然程序上要求地方性法规草案需要提请省级人大常委会审议制定，但是这一修正案肯定了省政府所在市和较大的市拟订立法草案的可能性。1986 年第二次修改将这种草案的"拟订权"改为"制定权"，进一步扩大了地方的立法权限。2000 年《立法法》颁布，又将 4 个经济特区列为"较大的市"，至此我国"较大的市"的数量为 49 个。改革开放后，一味地完全取消地方立法权限不符合我国的国情，在社会实践过程中出现诸多问题，继而我国地方立法权得以扩大，这种扩大一方面是立法权限的扩大，即从一种"拟订—提请审批"到直接制定；另一方面是立法主体的扩大，从仅仅省级人民政府享有立法权，衍生到部分市也具有立法权。此时，并没有使用"设区的市"这一词来进行立法权限的划分，但是根据 1982 年修订的《地方组织法》的规定，省政府所在地的市和"较大的市"通常情况下也设区，是一种特殊的通过审批的设区的市。

第四个时期为 2015 年《立法法》修改至今，即全面赋予设区的市的立法权限阶段。第十二届全国人民代表大会第三次会议对 2000 年《立法法》进行了修订，其表决通过的决定中删除了"较大的市"的条款，2015 年《立法法》第 72 条第 2 款❶赋予所有"设区的市"立法权限，并对其在立法范围上进行限缩，限制其只能在"城乡建设与管理、环境保护、历史文化保护等方面的事项"行使立法权限。2015 年《立法法》的修改，最为直观地将拥有地

❶ 《立法法》第 72 条第 2 款："设区的市的人民代表大会及其常务委员会根据本市的具体情况和实际需要，在不同宪法、法律、行政法规和本省、自治区的地方性法规相抵触的前提下，可以对城乡建设与管理、环境保护、历史文化保护等方面的事项制定地方性法规，法律对设区的市制定地方性法规的事项另有规定的，从其规定。设区的市的地方性法规须报省、自治区的人民代表大会常务委员会批准后施行。省、自治区的人民代表大会常务委员会对报请批准的地方性法规，应当对其合法性进行审查，同宪法、法律、行政法规和本省、自治区的地方性法规不抵触的，应当在四个月内予以批准。"

方立法权的市的数量从 49 个扩大到 284 个，全面扩大了立法主体的范畴，又限制了立法内容，这一松一紧体现了立法者对于地方立法权限的智慧。

二、设区的市立法权限的必然性

（一）设区的市立法权限的法理基础

马克思主义法学家认为，法是统治阶级意志的体现，而法的本质是以特定的物质生活条件为基础的，其反映的是社会关系和社会秩序。法如此，立法亦如此。立法权和当时的政治、经济、文学、艺术、宗教等因素息息相关，归根结底与不同时代的物质条件呈密切的正相关。本文开篇探究的"设区的市立法权限的历史沿革"，也能够为设区的市立法权限的规定奠定法理基础。

在改革开放后，我国放弃计划经济体制的低效率生产，实行市场经济，全国经济水平不断提高。在这种物质生活条件下，各级地方的经济水平也得到大幅度提高，与此同时也带来了地方性的管理难题，全国人大单一立法的体制不能够满足此时的需求，因此 1979 年将立法权扩大到省级政府。随着我国人民物质生活条件的变化，出现了很多经济发达的市，例如，深圳一年的人均 GDP 相当于西部落后地区几年的 GDP。经济发展的同时也使得人口激增，城市管理、环境保护、文化发展等都成了立法者应当考虑的范畴，因此 2000 年将立法权扩大到 49 个市。

然而这 49 个市却成为法学家长期诟病之处。立法者考量的物质生活条件差距目前在城市之间逐步缩小，出现了像温州这种经济、人口都远超于"较大的市"但没有立法权的城市。2015 年，立法者充分考量各个地区之间的物质生活条件的差异，全面放开地赋予"设区的市"的立法权限，是对法的本质的尊重，彻底地避免了温州这种特例的出现。

与此同时，设区的市的立法权限解决了社会矛盾。法律天然地具有调整社会关系的属性，它以自己特有的规范作用来实现其社会作用。设区的市通过立法的方式发挥了人大及其常委会的职权，可以因地制宜，在城乡建设与管理、环境保护、历史文化保护等事项具体而微地实现其社会属性。例如，近年来雾霾严重，不同设区的市可以制定本地区的环保相关立法，对症下药，使得法律更好地为保护环境服务。

（二）设区的市立法权限的合宪性分析

我国的立法体制在上文中已经进行详细阐述，这种立法体制与我们国家的国家体制密不可分。不同于美国的联邦制，我国实行单一制的国家体制。

联邦制与单一制不同的是，联邦制国家的地方具有较大的立法权，例如，美国的个别州仍然保留死刑，只不过在司法实践中很少适用死刑而已。单一制的国家体制下，地方立法权相对较小。纵观世界上的单一制国家，其他国家也并不是完全取消地方立法权，一般也实行普惠制的立法权，例如，法国、日本、韩国等都赋予地方一定的立法权。❶ 其中法国赋予市镇议会一定的自主立法权，因此赋予设区的市的立法权限是一种立法趋势。

笔者在行文时，反复斟酌使用"立法权"还是"立法权限"。"立法权"一词，从文义解释而言，该主体享有完全享有立法的资格。而"立法权限"则是一种比较间接的用语，该主体是否完全享有立法权是有待考察的。在区分两者的含义后，笔者采用了"立法权限"一词来阐释设区的市，《立法法》第 72 条第 2 款也常常被称为"半个立法权"或"不完整的立法权"❷。

关于设区的市的立法权限是否违宪，专家学者也都各执一词。笔者认为《立法法》第 72 条第 2 款不违反《宪法》第 100 条的规定。《宪法》规定地方立法主体中只有省级人大及其常委会享有立法权，因此很多学者质疑《立法法》第 72 条第 2 款是不是突破了宪法的规定。恰恰相反，设区的市的立法权限是在宪法的框架下进行的。设区的市并没有具备省级人大及其常委会这种完整的立法权，根据《立法法》第 72 条第 2 款的规定，第一，设区的市的立法权限需要报省级人大常委会批准才能施行，在其没有批准之前，其"立法权"并没有法律效力。第二，设区的市的立法权限内容范围非常小，完全不同于省级立法权的多领域多事务的立法范围，主要限制为城乡建设与管理、环境保护、历史文化保护三大方面。❸ 所以，本文将设区的市的立法权称为"立法权限"，其合乎宪法的规定，是一种"不完整的立法权"。

（三）设区的市立法权限的经济法原理

经济法以社会整体效益的实现为其价值取向，因此在经济法的制定与实施过程中必须坚持经济效率原则，才能真正达到保护整体经济效益的最终目的。❹ 效率原则是经济法制定、实施等过程所遵循的重要原则。

设区的市的立法权限是中央和地方立法权限的划分，从单纯的中央集中

---

❶ 王春业. 论赋予设区市的地方立法权 [J]. 北京行政学院学报，2015（3）：112.

❷ 王林. 谈地方立法批准权性质 [J]. 法学杂志，1994（5）：2；敖俊德. 地方立法批准权是地方立法权的组成部分 [J]. 人大工作通讯，1995（8）：34-35.

❸ 伊士国，杨玄宇. 论设区的市立法权限——兼评新《立法法》第 72 条 [J]. 河北法学，2017（11）：79.

❹ 魏建中，万婷玉. 论经济法效率优先、兼顾公平原则 [J]. 职工法律天地，2016（4）：194.

的立法体制到这种多级多层次的转变，是追求效率原则的体现。我国国土面积大，幅员辽阔，各地区、民族的经济发展水平不一、地理条件不同、人民生活习惯各异，中央立法适用所有地区的可能性受限，但要求中央对各地方进行立法解释，也使得中央立法工作量剧增，不具备现实可能性。因此，在《立法法》中规定设区的市的立法权限，方便各地区灵活地适用法律，具体问题具体分析，高效率地解决立法工作的难题，进而有助于守法、执法、司法工作的开展。

但是经济法并不是一味地追求效率，公平是法律的生命。2015 年之前，我国 49 个市享有立法权限，但很多本应符合"较大的市"的条件的市却没有立法权。这种立法看似考虑了各地差异，实则丧失公平。而 2015 年《立法法》的修改，使得 200 多个设区的市均享有立法权限，不仅实现了形式公平，也体现了实质公平的理念。

三、设区的市立法权限的现存问题

（一）设区的市立法权限界定模糊

第一，《立法法》第 72 条提及的"城乡管理"范围模糊。在《立法法》修订稿一稿中，立法内容范围为"城市建设、市容卫生、环境保护等城市管理方面的事项制定地方性法规"，二稿改为"城市建设、城市管理、环境保护等方面的事项"，最终修订表决稿为"城乡建设与管理、环境保护、历史文化保护等方面的事项"。那"城乡管理"到底是广义的还是狭义的呢？

一稿中城市管理是广义的，包含了城市建设，是城市建设的上位概念，此时的城市管理和城市建设并不像现在《立法法》规定的并列关系，而是一种包含与被包含的关系。二稿中城市建设和城市管理便是并列关系，是一种狭义上的城市管理。最终修订表决稿在一、二稿的基础上，增加了"乡"的管理和建设，这是出于设区的市在很大程度上要管理、建设县乡，缩小城乡各方差距。但是《立法法》第 72 条第 2 款并没有解释清楚城乡管理的范围，学者们对其是广义还是狭义的各执一词。

第二，《立法法》第 72 条提及的"环境保护"与环境保护法范围的相异。第十二届全国人大法律委员会在《关于〈中华人民共和国立法法修正案（草案）〉审议结果的报告》中做了解释说明，即"从环境保护看，按照环境保护法的规定，范围包括大气、水、海洋、土地、矿藏、森林、草原、湿地、野生生物、自然遗迹、人文遗迹等"。而 2014 年修订的《环境保护法》第 2 条规定："本法所称环境，是指影响人类生存和发展的各种天然的和经过人工改造的自然因素的总体，包括大气、水、海洋、土地、矿藏、森林、草原、湿地、野生生物、自然遗迹、人文遗迹、自然保护区、风景名胜区、城市和乡村等。"❶《立法法》缺少了"自然保护区、风景名胜区、城市和乡村等"内容，是一种不完全的列举（注意《环境保护法》的城市和乡村是一种狭义概念）。

第三，《立法法》第72条关于历史文化保护的范围空白。历史文化保护是修订最终稿中增设的，在一、二稿中并没有出现，《立法法》没有对其进行解释，上文的审议报告也没有对其进行解释，因此目前历史文化保护的归属范围是立法空白。

第四，《立法法》第72条"等"的界定不明。法律上的"等"主要有两种方式，一种是"等内等"，将立法严格地限制于罗列的内容当中，例如，新修订的《著作权法》第18条"工程设计图、产品设计图、地图、示意图、计算机软件等职务作品"，这个"等"为"等内等"，特殊职务作品需要严格限定于罗列的5种形式内。另一种是"等外等"，是一种不完全的罗列，例如，《公司法》第9条"公司章程、股东之间的协议等实质性剥夺股东……"，这个等就是"等外等"，其他实质剥夺股东权利的行为也受到公司法的保护，不仅局限于以上法条的内容。《立法法》第72条第2款的"等"属于哪一种，是否包含其他事项的立法保护，在法条中和审议决定中都没有解释清楚。

（二）与较大的市立法权限横向划分不明

地方是法制建设的真正舞台❷，地方立法权从"较大的市"扩大到"设区的市"是我国社会发展的必然趋势。如今有200多个市享有立法权限，从横向上看，新增的市此前没有立法权，便不存在与之前制定立法之间的转换。但是之前49个"较大的市"已经存在相关立法，便存在这种新法与旧法的转换。

根据法的效力理论，新法优于旧法，当设区的市（指那些原已获得立法授权的较大的市）出现与之前相类的法律时，自然按照新法的规定。但是由于《立法法》第72条第2款对其加以效力范围加以限制，在此之前制定的"城乡建设与管理、环境保护、历史文化保护"之外的法律是否还具有法律效力？是直接被默认废止，还是需要司法解释？因此这种类型的法律效力陷入"两难"的境地，不知何去何从。

---

❶ 易有禄. 设区的市立法权的权限解析 [J]. 政法论丛，2016（2）：75.

❷ 葛洪义. 我国地方法制研究中的若干问题 [J]. 中国检察官，2011，（9）：78.

（三） 与省级立法权纵向划分不清

省级立法权是省、自治区人大及其常委会的立法权，从内向看，设区的市的立法权与省级立法权存在划分不清的问题。对于"城乡建设与管理、环境保护、历史文化保护等事项"，设区的市自然享有立法权限。然而省级权力机关也对其享有立法权，这就导致了省级立法权和设区的市立法权限的重叠，也称之为"职责同构化"。

职责同构是指不同层级的政府在纵向间职能、职责和机构设置上的高度统一、一致。通俗讲就是指，中国的每一级政府都管理大体相同的事情，相应地，在机构设置上表现为"上下对口，左右对齐"。❶ 在立法权限方面，设区的市和省级立法权限"同构化"不能简单地遵循上位法优先于下位法原则，亦不能简单地按照特别法优于普通法的原则，应当寻找其自己的路径解决，单纯地适用效力冲突原则不能很好地解决实践中的问题。

四、设区的市立法权限的解决路径

（一） 明确设区的市立法权限的界定

明确设区的市立法权限的界定，应对《立法法》第 72 条第 2 款展开一定的探讨。

第一，城乡管理是一种狭义的概念。不同学者对城市管理一词的认定不一，笔者认为，认定城市管理的概念主要以立法过程、立法目的为出发点和落脚点。从文义解释的角度看，"城乡建设和管理"是"城乡建设"和"城乡管理"的并列关系，基本沿用了二审稿的表述，不同于一审稿的上位概念，是一种狭义的表述。从目的解释的角度看，城乡管理等内容是对设区的市立法权限的一种限缩，故扩大解释有违其立法的目的和宗旨。综上，城乡管理是一种狭义的概念。

第二，补充环境保护的内容。法律解释是一种体系化的，《立法法》关于环境保护的范围，如没有其他特殊理由，应当与《环境保护法》相一致。因此，应当将环境保护解释为"大气、水、海洋、土地、矿藏、森林、草原、湿地、野生生物、自然遗迹、人文遗迹、自然保护区、风景名胜区、城市和乡村等"。

第三，弥补历史文化保护的空白。虽然立法法没有对历史文化保护进行

---

❶ 张志红. 当代中国政府间纵向关系研究［M］. 天津：天津人民出版社，2005：270.

解释，但是可以借鉴《文物法》与《非物质文化遗产保护法》的内容。《文物保护法》第2条列举了受国家保护的文物，《非物质文化遗产保护法》第2条列举了受保护的非物质文化遗产，通过文物法和非物质文化遗产保护法便可以罗列出历史文化保护的范畴，解决目前立法空白的问题。

第四，《立法法》第72条第2款的"等"是一种"等内等"。关于这个"等"，有的专家学者认为是一种"等外等"❶，认为如果具体立法项目无法把握，可以与省（自治区）人大常委会法工委与全国人大常委会法工委沟通，是一种不完全的列举。笔者认为这种理解是不透彻的，立法范围模糊，必然存在各级机关的沟通，这是无可厚非的。但是这种沟通并不是一种不完全的列举，是以上三个方面内的沟通，如果涉及其他方面的问题，根据对设区的市不完全放开立法范围的精神，必然会在"城乡建设与管理、环境保护、历史文化保护"的范畴内，因此属于"等内等"。

（二）形成与较大的市立法权限的有效过渡

目前我国省级行政区内制定了地方性法规600余件，其中"较大的市"人大及其常委会制定的法规200余件，占全年立法总数的34.3%。❷ 在这么庞大的立法数量下，必然存在立法范围是否合法的问题。对于一些立法范围有问题的立法的处理，笔者建议如下：

第一，已经提交尚未获得批准的立法。"较大的市"同样没有完整的立法权，需要省级机关对其进行批准，在该立法没有经过批准时，省级机关发回原机关进行重新提交，可以在程序上避免违反《立法法》第72条情况的出现。自然，没有提交的立法也要遵循相应程序。

第二，已经批准通过的立法。已经批准的"较大的市"的立法，如果没有超出三个方面的立法范围，可以直接加以沿用。但是超过立法范围的立法，必须加以解释、修改或废止，解释、修改或废止的主体是"设区的市"的继任者。这是考虑到继任者更了解当时的立法宗旨，也承继了该地的立法内容，因此其解释、修改或废止更具有合理性。❸

---

❶ 苗连营，张砥. 设区的市立法权限的规范分析与逻辑求证 [J]. 地方立法研究，2017（1）：19.

❷ 崔卓兰，赵静波. 中央与地方立法权力关系的变迁 [J]. 吉林大学社会科学学报，2007（2）：67-68.

❸ 伊士国，杨玄宇. 论设区的市立法权限——兼评新《立法法》第72条 [J]. 河北法学，2017（11）：81-82.

（三）通过辅助原则明确与省级立法权限的区分

辅助原则起源于 19 世纪，初期是国家干预合理性的体现，但是辅助原则不是强调一味地干预，而是对国家干预也进行限缩。发展至今，辅助性原则强调事务应当优先由能够圆满完成目标的最低层级的单位来处理，个人能予以解决的问题，就由个人来解决；社会能予以解决的问题，就由社会来解决，而不应由国家来解决；地方能予以解决的问题，就由地方来予以解决，而不应由中央来解决。❶

笔者建议可以将辅助原则运用到我国《立法法》当中，其与设区的市的立法权限的方向相同，立法精神相似。因此，能够由设区的市解决的问题，对其合法性进行审查，同宪法、法律、行政法规和本省、自治区的地方性法规不抵触的，都在设区的市的立法权限范围内，除此之外由上级机关负责。

具体而言，在省级立法权和设区的市的立法权限发生纵向重合时，由较低层级的设区的市来行使，在设区的市能够较好地进行规制时，省级立法主体不应行使立法权；只有在设区的市依靠自身能力无法解决的情况下，才应由省级立法主体行使立法权。❷

除此之外，很多专家学者在划分时，提及设区的市的立法权限与同级规章、上级规章发生冲突时的路径选择问题。❸ 笔者认为可以通过行政法的法律位阶选择等进行解决，这里不再进行赘述。

如苏力老师所言，"中国的立法体制应当在统一性和多样性这两个同样值得追求的极端之间保持一种必要的张力，寻找黄金分割点"❹。设区的市的立法权限正是这样一种寻找的过程，在中国这样统一的中央领导下，保持地方多层次的立法权限，为市级统一和多样性的立法提供了一种很好的思路，但其仍存在界定模糊、横向划分不明、纵向划分不清的问题。笔者对此提供了一定的解决路径。

---

❶ 程庆栋. 论设区的市的立法权：权限范围与权力行使 [J]. 政治与法律，2015（8）：59.
❷ 程庆栋. 论设区的市的立法权：权限范围与权力行使 [J]. 政治与法律，2015（8）：60.
❸ 易有禄. 设区的市立法权的权限解析 [J]. 政法论丛，2016（2）：73-79；陈国刚. 论设区的市地方立法权限基于《立法法》的梳理与解读 [J]. 学习与探索，2016（7）：78.
❹ 苏力. 当代中国的中央与地方分权——重读毛泽东《论十大关系》第五节 [J]. 中国社会科学，2004（2）：50.

精细化立法的概念界定和实现路径

■江 东

作者简介：江东，河北世纪联合律师事务所律师。

一、精细化立法的概念

"精细"是一个形容词，在现代汉语中有精致、细密之意，在文言文中有精明能干、细心仔细的意思。"精细化"一词最早产生于19世纪西方工业化时期，在管理学领域出现了这一概念。精细化管理是一种管理流程，它最早起源于西方国家，后来成为一种企业管理理念，以工业化时期的日本为代表。它是社会分工的精细化和服务质量的精细化，是现代企业科学管理的发展趋势，是建立在常规管理的基础之上，并且将常规管理逐步深化的管理模式，是一种以降低管理成本和极度减少管理资源为主要手段的新的管理方式。现代管理学普遍认为，科学化管理具有三个层次，分别为规范化、精细化和个性化。立法精细化所体现的对立法活动精细化管理、规制和要求的法理和技术理念，与管理学精细化概念有颇多相似之处，对其可以进行理论上的借鉴。通过对管理学上精细化概念的把握，可以更好地理解、归纳和总结精细化立法的概念。

"为了克服地方立法所存在的'多而不精，粗而不细，梳而难用'的难题，我国地方立法机关将在立法实践中所总结的针对此问题的方法称为精细化立法。"❶ 精细化立法表现为"少而精、有特色、可操作"。在精细化立法中，精细化的要求是贯穿于立法全过程的，不仅要求体现在立法草拟过程中，还要体现在立法前评估和立法后评估过程中。立法精细化就是指在立法前、立法中、立法后整个立法过程中对立法规模、立法体例、立法程序、立法内容和立法技术各方面作出明确要求，实现精细化目标。对立法规模、立法体例、立法程序和立法技术的要求属于外在的形式追求，通过控制立法规模、精简立法体例、完善立法程序和提高立法技术从而促进立法内容的实质改善，提高立法质量。精细化立法不仅是一种形式追求，更是一种实质的价值追求。

---

❶ 郭跃. 论立法精细化的标准和实现路径 [J]. 学术界，2016（2）：165.

二、精细化立法与其他类型立法的区别

(一) 精细化立法与粗放型立法

精细化立法不同于之前的粗放型立法。粗放型立法在立法中主要表现为体例大而全、条款粗而空，并且主要问题还在于可操作性差，导致难以找到固定标准把控。与此对应，精细化立法突出在体例方面进行精简，在内容条目上更加精准翔实，在操作性上提供具体标准使其易于把控。"急用先立和宜粗不宜细"这种思想对我国的立法工作具有深刻的影响，由于当时的社会条件、立法技术以及立法思想不够成熟，导致通过的法律存在很多问题，随着社会发展便出现了法律调控的缺失和空白之处。问题得不到解决必然影响法律价值的发挥和法律权威的树立。高位阶法律的粗放导致下一位阶必然产生大量授权性法规和一系列执行性政策，地方利益、部门利益渗入法律法规。

(二) 精细化立法与功利性立法

精细化立法不同于以往的功利性立法。功利主义法学派代表人物边沁认为立法的目的在于"实现最大多数人的最大幸福"❶，这种将立法目的作为立法第一要务的观点本身就是值得商榷的。我国的功利性立法主要存在四种形态，第一种主要为填补立法空白，试图构建完整立法体系，忽略不同法律之间的衔接与协调问题。在我国的初期立法阶段，法律存在大量空白之处，法律空白的填补又急不可耐，导致大量的快速立法出现。此类立法往往操之过急，在立法论证阶段缺乏科学论证，法律出台后在运用法律过程中必然出现法律存在漏洞的弊端。第二种是仅仅单纯立一部法律，此种立法大多是为了配套其他法律法规的实施或者只是为了完成上级交代的任务，并不考虑制定出的法律法规的实施效果。此种规范性法律文件多见于有立法权限的各级地方人大和地方政府制定的法规、规章文件中。第三种是纯粹移植他国立法，主要就是照搬或者照抄他国已有立法，直接将他国法律规范写进立法之中，填补本国立法空白，很少考虑法律在移植过程中的本土化适应情况，导致移植过来的法律不适应本国具体环境，难以起到应有的规范作用。最终只能是水土不服，被废除或者重新修改。第四种是地方政府为了政绩需要而立法，此种立法仅仅是当政者为了突出其政绩，只考虑立法活动、立法事件对自身

---

❶ 李青. 论"功利主义"概念内涵在中国语境中的变迁——兼论 utilitarianism 汉语译词的变化及厘定 [J]. 同济大学学报 (社会科学版)，2018，29 (1)：99-102.

所带来的正面影响，而忽视此类立法是否确切需要解决现实中的实际问题以及此立法文件在整个立法体系与社会发展中的适应关系。上述所有的功利性立法都是来源于立法者以及立法者背后的政治力量推动下制定的不切合实际的规范性法律文件，违背了立法的初衷，在此种情境下，制定出的法律必然是草率的、粗糙的、经不起推敲的和违背科学原则的。

（三）精细化立法与低效性立法

精细化立法也并不等同于低效性立法。"法律经济学认为，任何规则或者制度在制定和践行过程中都会带来利益或成本，法律也不例外。"❶ 一些理论认为精细化立法耗时长，前期调研费用高，法律草案需要多次论证，表决程序也不同一般，因此认定整个立法过程是高成本、低效率的活动，得出精细化立法是低效性立法的结论。上述观点其实是经不起仔细推敲的，立法效率与立法质量在根本上属于正相关的关系，精细化立法不仅关注立法质量，而且关注立法效率，立法质量的提高必然会从正向影响立法效率。人力资源成本、经济投入成本和时间成本只是众多立法效率构成要素中的其中一方面，这些都是立法成本要素。从短期来看，精细化立法必然导致立法成本的增长，立法效益和立法质量也会有相应的提升。但是从长远来看，立法效益和立法质量的提升是有助于降低立法成本的，立法成本会随着精细化立法的逐步发展呈现出降低的趋势。

三、实现精细化立法的路径

（一）控制立法规模

1. 遵循立法规律

控制立法规模的要点在于能合理把控立法数量和质量，而前提是要遵循立法规律，遵循立法规律是基础。中央多次会议提到良法是善治的前提，应该说良法是立法过程中的永恒追求，立良法就是要坚持科学原则、民主原则、法治原则，所立之良法要反映客观规律，正如马克思曾经所指出："立法者不是在制造法律，不是在发明法律，而仅仅是在表述法律，他把精神关系的内在规律表现在有意识的现行法律之中。"❷ 良法就是精细化立法所要达至的目

---

❶ 罗伯特·考特，托马斯·尤伦. 法和经济学 [M]. 史晋川，等，译. 上海：上海三联书店，1991：2.

❷ 马克思. 马克思恩格斯全集第1卷 [M]. 中共中央马克思、恩格斯、列宁、斯大林著作编译局编译. 北京：人民出版社，1979：185.

的，而遵循立法规律是精细化立法工作当中必须严守的方法。

顺应历史发展、服从立法规律是立法工作者应当秉承的思想，以河北省邯郸市人大为例，其遵循立法工作的客观规律，深入推进民主、科学立法，在法律性文件的针对性、可执行性和实效性上下足功夫，有效地提高了立法质量。❶ 主要从以下三方面入手，第一是找准地方立法需要解决的具体问题，努力提高地方立法的针对性。在选项上，抓住本市特色问题、特有问题和重大问题，确定立法项目，引导、推动改革发展在重点领域和关键环节取得突破，解决带有全局性、基础性的重大问题。在制度设计上，十分注重法规内容的针对性，力求在法制轨道上推动各项工作、凝聚共识、协调利益。第二是实现"可操作"向"易操作"转变，努力提高地方立法的可执行性。主要表现为语言表述精细化，调整事项具体化，框架结构多样化。第三是建立法规集中清理工作长效机制，努力提高地方立法的实效性。近年来，邯郸市人大常委会扎实开展地方性法规清理工作，共开展了五次大规模的法规清理工作，切实维护国家法制统一。

只有切实遵循立法规律，立法工作才能走上正路。在如今全面深化改革中把握立法发展规律，把遵循立法规律作为立法工作的自觉，对于违反规律者也要加大惩戒力度，杜绝立法干预，推动精细化立法常态发展。

2. 把控立法数量和质量

"数量多、分量重、节奏快"，这是十二届全国人大以来中国立法工作的特点。着眼于立法主动适应社会改革和经济社会发展需要，通过设立基层立法联系点等科学、民主立法的新型尝试，中国立法的进步是卓越的，立法速度是当今全球难得一见的。如果说改革开放初期，立法工作者在立法过程中解决的主要矛盾是"无法可依"的问题，那么现阶段主要解决的是法律"好不好、管不管用"的问题。虽然中国特色社会主义法律体系已经形成，但是使法律法规适应改革开放、适应经济社会发展而不断完善的任务仍然很重。"因此数量比较多，分量比较重，节奏比较快是本届立法工作的最大特点，立法工作一直在路上。"❷ 虽然立法数量一直保持着高速增长，但是立法质量的提升也是立法工作一直关注的重点，精细化立法旨在实现立法数量和质量的双增长。

---

❶ 邯郸市人大常委会. 遵循立法规律提高立法质量［EB/OL］.（2017-09-13）［2021-06-07］. http://www.npc.gov.cn/zgrdw/npc/lfzt/rlyw/2017-09/13/content_2028881.htm.

❷ 数量多、分量重、节奏快，中国立法跑出"加速度"［EB/OL］. 新浪司法网站，2017-07-20［2021-06-07］. http://news.sina.com.cn/sf/news/flfg/2017-07-20/doc-ifyihrit0922653.shtml.

从改革开放以来，河北省各地立法工作一直维持着高涨的热情，统计资料显示，从 2013 年至 2017 年的 5 年时间里，全国 31 个省级人大制定和修改的法规数量平均达到 50 多件（每年平均达到 10 多件）。在这其中，海南、河北、贵州、上海、广西五省市制定和修改的法规数量分别达到 126 件、120 件、108 件、104 件和 103 件，年均立法数量甚至达到 20 件以上。❶ 在地方性立法中，立法数量一直是地方政府注重的法律建设衡量指标，而精细化立法所要求的并不是一味地追求立法数量，恰当地把控合理的立法数量是今后立法工作所要注重的要点，使立法数量同立法资源、立法能力以及立法需求相协调是立法工作的方向之一。立法规划规模过小容易造成立法人力资源浪费，难以做到人尽其用，而且法律法规不能满足司法实践的需求；规模过大又容易造成立法人员不足的情况，影响立法质量，制定的法律法规过于粗糙不够精细。要将立法计划控制在适当的规模，注重立法数量与质量的统一，注重重点立法与一般立法的兼顾，逐步从"大造法"时代转移到立法步骤和节奏平稳的精细化立法轨道上。

（二）精简立法体例

1. 摆脱形式主义

精细化立法过程中对于立法体例的要求也要进行精简，杜绝形式主义做法。形式主义在立法工作中不仅指代思想作风和思想方法，也体现为立法工作人员的具体实践行为，其在立法工作过程中并非出于制定一部良法的目的，把大量立法资源消耗在并无太大用处的法律外在形象和形式之上，使立法工作脱离了实际内容、流于形式。立法工作人员形式主义的动机和目的有很多，主要表现为以下几种：第一种表现为仅仅是效仿其他地方部门，认为其他地方有此种法规文件，自己本地方也应该制定；第二种表现为立法工作人员迫于上级压力，为了显示和突出地方立法政绩，完成上级交代的任务；第三种是立法工作人员为了迎合上级指示，为自身谋求政治利益；第四种是立法工作人员纯粹为了应付上级检查，使得立法工作成果在验收中取得好成绩；最后一种是以上各种因素的综合表现。总而言之，立法工作中的形式主义就是通过大量形式化的立法工作内容来达到应付、瞒哄等目的。

到目前为止，某些省市的地方立法工作仍然将立法规模和立法体量作为工作重点，追求"体例的大而全"，不能做到"体例为内容服务"。地方立法

---

❶ 孙述洲. 控制立法数量 提高立法质量 [J]. 上海人大，2018（8）：50.

实践往往过于追求体例的庞大，导致制定的立法文件章、节、条、款全部涵盖，总则、分则、附则一个不落，规定烦琐多余，文字数量惊人，重复条款很多，使得真正起作用的"关键几条"被淹没难以发现。以我国某地级市出台的城市管理条例为例，共发布七章88条内容，条例冗长，内容繁多。其中第7条规定："人民政府及相关工作部门应当加强对城市管理工作的宣传教育，引导公民自觉遵守城市管理规定。机关、团体、企事业单位和村（居）民委员会应当对本单位职工、村（居）民进行城市管理法治宣传教育。"这一条文中规定的一些社会团体、企业单位以及各类学校加强对城市管理法律法规的宣传教育过于形式化，其实出现在条例文件中没有任何实际作用，只是为了凑齐一些条文，也不是强制性规定，只能是一项倡导式建议。还有，此条例第30条规定："城市道路两侧门店、住宅区、广场、公园、娱乐经营等场所，使用音响或者其他可能产生环境噪声污染的设备、设施时，应当控制音量或者采取其他有效降噪措施。"此条文对于应当细化的部分却没有做出说明，条文中只要求相关主体控制噪声污染，却没有对相关主体什么时间、什么距离以及什么音量等具体细节做出明确的限制要求。如果国家在相关方面尚未制定法律法规，那么地方制定一部条例对于保护城市环境、促进城市管理将具有深刻的积极影响，但是如果国家在已经出台相关法律法规的情况下地方还要进行重复立法，难免就是为了立法而立法，其立法质量必定不高，只是走形式流程。

2. 推进简易体例

精细化立法要求立法体例的精简，可以尝试改变思路，不再是以往的系统性立法和体系性立法为主导模式，而是以问题模式为主导，系统性和体系性为辅，通过制定立法解决实际问题。"有几条立几条"和"管用几条制定几条"将作为常规立法模式取代之前追求结构完整的完整体例立法模式。在中国特色社会主义法律体系形成之前，学界和实务界还有过关于简易体例与完整体例比较的讨论，但是在中国特色社会主义法律体系形成之后这种讨论便逐渐平息，大家也逐渐达成一个共识，即可以有效解决实际问题的简易体例获得了集体的认同。简易体例获得认可主要有以下几点原因：第一是刻意追求立法数量的时期成为过去，精细化立法追求的是立法质量而不是体例"大而全"，需要的是在某些关键条款上的细致和突出实现精细化立法；第二是立法工作者的思想开始转变，需要用条款的"关键几条"来解决具体问题，需要对立法体例进行精简；第三是随着社会经济发展，立法工作者需要将法律法规在对社会的适应过程中进行修改和废止，简易体例更加易于此项工作的进行；第四是在"良法善治"的法治思想背景下，立法工作者需要进行立法体例改革，通过立法体例的精简来提升立法质量。

采取简易体例后不会像以往"大而全"的立法体例使得"关键几条"被淹没掉，关键条款也会便于识别。以上海市为例，改革开放以来上海市一直积极探索简易立法模式。统计数据显示，上海市共有24部地方性法规、法律性决定或法规解释采取了简易体例的形式，法规数量大约能够占到全部法规的百分之十六。❶ 在 1978 年以后的改革开放初期，上海市人大对于立法的态度是积极的，同时对于一些发展不够充分的领域也是足够谨慎的，这样一来，在某些法律文件的体例上就比较精简。"从 1985 年起，平均每项立法文件的条数从二十几条，逐步增加到三十、四十几条。但上海也没有放弃对简易体例立法的追求，如《上海市拆除违法建筑若干规定》（10 条）、《上海市街道办事处条例》（18 条）等就于此时制定。"❷

简易体例不刻意追求立法体例的大而全，不盲目追求体系的完美，而是采取"一事一法"，秉承"成熟几条规定几条"的原则，突出条文中的"关键条款"，结合具体情形，重在解决实际问题，真正做到"有几条立几条""管用几条制定几条"，坚持实事求是思想路线，实现良法善治。

（三）完善立法程序

1. 立法准备程序精细化

立法准备程序主要是立法提案前的立法准备工作，立法预测工作就是其中之一。所谓立法预测，周旺生教授在其《立法学》一书中谈道，立法预测是"运用一定的方法和手段，考察和测算立法的发展趋势和未来状况，这就是立法预测。立法预测是立法准备阶段的一项重要内容，是新兴学科理论运用于立法实践的产物"❸。立法预测旨在获得立法相关的信息和资料，目的是使立法工作者的立法活动能够有科学的依据，让立法能够真正实现社会作用。具体表现在四个方面：第一是探寻立法规律，使得立法活动可以遵循立法规律；第二是推测社会发展对于立法的需求，探知需要哪些法律、不需要哪些法律，使立法与社会发展相适应；第三是调研现行立法的社会适应度，推测出下一阶段立法工作的行动方向，即法律的立、改、废问题；第四是推测社会发展推动法学进步的趋势，使立法工作者能及时学习，跟上法学学科发展

---

❶ 郭树勇. 推进简易体例 深入精细立法 [N]. 解放日报，2012-04-06 (011).

❷ 郭树勇. 推进简易体例 深入精细立法 [N]. 解放日报，2012-04-06 (011).

❸ 周旺生. 立法学 [M]. 北京：法律出版社，2009：416.

的节奏。立法预测的应用是精细化立法过程中必不可少的一环，对于立法工作的帮助和立法质量的提升有着前提性的影响，缺少这一环节精细化立法则难以实现。

关于将"立法前评估"作为正式的立法程序问题，一直以来就有很大的争论，支持将"立法前评估"认定为立法程序的一方认为立法前评估是对于立法需求性和可行性的评估，属于立法程序的一部分。立法前评估具备四个方面基本特征：第一是立法前评估属于行使立法权的活动，以立法机关的名义进行；第二是立法前评估属于立法程序的环节之一，一般情况下，一部法律法规需要经过草案提出、草案审议、草案表决、结果公布四个阶段，然而在立法实践中草案提出之前的考察、调研、规划也是重要的立法环节；第三是立法前评估在技术要求上十分严苛，立法前的评估工作直接决定了后续工作可以取得什么样的实际效果，所以就要求立法工作者运用立法技术，合理立法行动；第四是立法前评估有助于促进科学立法，实际践行科学立法原则，推进立法决策的正确性，对立法活动进行精准分析，帮助立法工作者进行科学合理的安排。

将立法预测和立法前评估都归属于立法准备程序是符合精细化立法理念的，精细化立法需要立法前的各种准备工作来保障立法的精确性和合目的性，为立法的发展和质量的提升提供正确的方向。

2. 立法提案程序精细化

立法准备工作结束之后，立法活动进入提出法案的阶段。提出法案是由拥有立法提案权的机关、组织或者立法工作人员，按照法定程序提出关于制定、认可、修改、补充和废止规范性法律文件提议交由有权立法的机关的专门活动。这是从法案到法的步骤得以进行的前提性和基础性程序。[1]

精细化立法对于立法提案程序的规制体现在法案提出的全过程，包括提案的范围、提案的对象、提案的人数、提案的形式和方式。关于提案的范围，许多国家都对此做出了明确规定，比如意大利就规定省议会有权就本地区内的事务向意大利的国家议会提出法律草案。《中华人民共和国立法法》并没有对提案的范围作出明确规定，在实践中各级人大及其常委会均可行使提案权力。我国也没有规定行使立法提案权的主体必须提出与自身有关的法案。精细化立法应该着力解决提案范围问题，梳理出提案范围的确定性，使得提案更加专业和有效。关于提案的对象，有提案权的主体应当向自己可以提出法

---

❶ 周旺生. 立法学［M］. 北京：法律出版社，2009：223.

案的机关提出法案。精细化立法过程中应该保障有提案权的立法主体权力的实现。关于提案的人数，有提案权的人员需要达到法定的人数才能提出法案。在我国，全国人大代表满 30 人有权向全国人大提出法律草案，全国人大常委会组成人员满 10 人可以向常委会提出法律草案，地方立法中人大及其常委会关于提案人数的限制应当参照国家立法做出适当规定。在地方立法中提案人数不明确的地方，立法工作者可以根据本地的实际情况确定合适人数，这就是体现精细化立法的方式，能够做到分情况区别对待。关于提案的形式和方式，多数国家规定提案应当采取书面形式，口头形式比较少见，提案的方式需要在规定的期限内通过一定的机关提出，提案时需要进行正式登记而且附有动议声明。由于我国并没有在立法制度中予以成文规定，精细化立法过程中要根据我国以往惯例结合具体情形实施。我国目前人大代表和立法机关工作人员在立法提案时起到的作用有限，一般都是由部门提出立法草案，精细化立法需要解决这个问题，促进立法的实际参与范围，这对于法治进程的推动起着积极的作用。

3. 立法审议程序精细化

立法法案提出之后便进入法案审议的阶段，法案审议阶段是"法案能否和以怎样的面貌变成法律的关键阶段"❶，是人大代表行使审议权，充分发表意见，决定法案是否需要修改以及对其进行修改的活动。立法草案审议程序由正式审议方式和非正式审议方式组成，正式审议方式是指有立法审议权的人大代表进行的全体审议、分组审议、联组审议等审议方式，非正式审议方式是以没有审议权的人员为主进行听证会、座谈会以及其他途径的征求意见等。

正式会议中全体会议为最基本形式，我国目前多是采取代表团会议的方式，导致全体审议人员难以形成全方位的有效交流，不同意见也无法进行交换。期待精细化立法解决这一现状，真正使交流渠道畅通，意见得以辩论，代表之间可以互相沟通。人大常委会审议多是采取分组会议的方式，联组会议则是类似于分组会议，只是在分组的基础上再集中进行审议讨论法案，分组会议和联组会议相结合的方式有助于明确讨论重点，便于深入交换意见。非正式审议中立法听证会是指由草案的起草单位主持会议，代表不同利益的各方人员参加会议，对立法草案内容的多种可能性进行讨论、商议，起草单位根据商讨结果来确定草案最终的内容。听证会也是面向社会公开举行的。座谈会则是针对专门问题组织专家、学者以及与问题相关的专业技术人员进

---

❶ 黎晓武. 论加强全国人大常委会委员的立法作用 [J]. 法律科学（西北政法学院学报），1999（2）：23.

行的研讨会议。征求意见是通过多渠道发布公告来征集社会意见的，可以是官方网站发布、地区权威报刊发布、实地深入发布调查问卷，也可以是向定点单位、科研机构、高校寻求专业人员意见。所有这些形式都是精细化立法过程中必不可少的环节，精细化立法对于审议程序的根本要求就是沟通有效、交流透彻、辩论充分、取得实效。

关于提高人大代表的审议能力也是精细化立法的一项要求，人大代表审议能力的提升往往决定了后续大会审议质量的高低。

4. 立法表决程序精细化

"通常狭义的立法程序是指从法案到法的过程，包括法案的提出、审议、表决通过以及公布四个环节。法案表决程序是其中重要的环节。"❶ 法案审议程序结束后便进入了表决程序，表决法案的方式包括公开表决和秘密表决两种。公开表决有举手表决、起立表决、口头表决、记名投票表决、记牌表决、使用电子仪器表决等多种形式，这种表决方式便捷、高效，为许多国家采用。秘密表决主要是采取无记名投票的方式进行，这种表决方式更加有利于投票人员表达内心真实意思，使得表决结果的民主性和真实性大大增强。除去基本表决方式的公开表决和秘密表决，表决方式也可以分为整体表决和逐步表决。整体表决是表决人员对于整个法案表示赞成、弃权或者反对意见。逐步表决则是表决人员对审议法案逐章、逐节或逐条表示赞成、弃权或者反对意见。我国主要采取整体表决方式，但在一些地方逐步表决制度也逐渐被采用，例如上海市在进行两次审议后，对于争议部分的问题可以由法制委员会进行研讨，然后进行第三次审议，这就是在立法水平逐渐提升过程中地方立法所探寻的新路径。而精细化立法过程中在立法表决程序中最为瞩目的还要属"重要条款单独表决"。

重要条款单独表决是对立法草案中的重要条款先予进行表决，如果表决通过，再表决法案其余部分；如果表决没有通过，可以剔除重要条款然后对新的立法草案进行表决。这就同我国一般立法审议程序工作中的整体表决形成了对比，在通常的立法实践中，一部法律法规立法草案往往是在总体上达到满意，却会在个别条款上出现较大争议，甚至会在一些条款上形成完全对立的意见，这必然会拖延立法进程，降低立法效率，导致法律法规久久不能出台。而"重要条款单独表决"则可以很好地解决这个问题，不因争议条款而将立法工作人员对于整个法律法规草案的工作成果付之东流，也不需要因

---

❶ 汪全胜. 重要条款单独表决的操作机制析论——基于修正后《立法法》第 41 条的考察 [J]. 学习与探索，2018（12）：96.

为急迫立法需求而将可能不是良法的条款写进成文立法，提高了立法效率和质量。例如，在2015年1月13日广东省第十二届人民代表大会常务委员会第十三次会议修订《广东省环境保护条例》时就对第19条"设立跨行政区划环境资源审判机构，审理跨行政区划环境污染案件"中的"跨行政区划环境资源审判机构"❶设置问题进行了单独表决。地方立法中，设立"重要条款单独表决"条款已逐渐成为一种趋势，2016年1月15日成都市第十六届人民代表大会通过的《成都市地方立法条例》在第四十八条规定："法规草案表决稿交付常务委员会会议表决前，主任会议根据常务委员会会议审议的情况，可以决定将个别意见分歧较大的重要条款提请常务委员会会议单独表决。"❷这也表示了地方立法工作者对于改进立法工作、提升法治水平所做的努力，也是精细化立法过程中的集中展示。

立法表决程序精细化是精细化立法的关键一环，立法表决关系到一部法律法规能否被颁布，在这一环节上的精细化是对立法质量严格要求的体现，也是对立法工作者工作成果的严格把关。立法表决程序的不断进步与革新，对于精细化立法发展起到了积极的推动作用。

（四）规范立法内容

1. 明确立法定位

要规范立法内容首先要明确立法定位，立法定位受法律位阶的影响，决定着立法框架，同时还决定着每一条文的制定，影响着立法的全过程。一部法律法规的制定，要考虑其在整个法律体系中所处的位置及其制定后的预期效果，立法工作者需要根据其立法地位和预期效果来对法律草案进行制定、整理，明确的立法定位是制定一部法律法规的基础。以与环境保护相关的法律法规为例，全国人大、国务院、省级人大和政府、设区的市人大和政府在指定相关规范性文件时都会因为位阶不同、目的不同而侧重点会有不一样。比如全国人民代表大会常务委员会制定的《中华人民共和国环境保护法》定位是全国范围内有关环境保护的基础性法律，立法目的是为保护和改善生活环境与生态环境，保障人体健康，促进社会主义现代化建设的发展，更多的是着眼于顶层设计。省一级的人大和政府制定的环境保护条例和规章则是限

---

❶ 设立跨行政区划专门审判机构，具有重大的现实意义，能打破地方保护主义，为受困于地方保护主义的环境诉讼实质性松绑，对广东省的环境保护工作和司法体制改革都有促进意义。这也意味着，为促进和保障环境资源法律的全面正确施行，统一司法裁判尺度，广东将有望设立专门的环境资源审判机构。

❷ 成都市人大. 成都市地方立法条例 [N]. 成都日报，2016-06-13 (003).

于本省区域，考虑本省内的自然地理环境、社会发展状况、经济发展水平等因素，结合本地实际在上层立法的框架内细化本级立法，体现立法精细化。设区的市人大或政府所制定的规范性文件基本在法律责任这一章规定更加细致，对于违法种类、触犯标准、惩罚幅度、权利义务等进行了更加明确的细分，更加方便执法人员进行操作，提高了法律的实施效率，从基层上有效促进了依法治国的进程。不同位阶的法律需要明确自身的地位、调整对象、调整范围。不同领域的法律也要找准自身的定位。

以《乡村振兴促进法》为例，2018 年 7 月全国人大常委会启动了《乡村振兴促进法》的立法工作，该法于 2021 年 6 月 1 日起施行，这样一部法律自然就是聚焦三农问题，促进乡村经济发展。《乡村振兴促进法》的定位首先在于为乡村发展提供法律保障；其次，《乡村振兴促进法》旨在促进乡村发展，同时也要加强城乡一体化建设；最后，《乡村振兴促进法》是优先促进农村、农业发展的法律。之前国家出台的各种惠农措施并没有单独的一部法律作出规定，大多散见于各种政府文件之中，而《乡村振兴促进法》是在精细化立法中细分立法项目，精确立法定位，真切为了农村发展助力。一部法律的制定只有明确了立法定位才能找到立法工作的落脚点。

2. 平衡各方利益

精细化立法要求科学立法，而科学立法又要求立法者能够平衡各方利益，这就包括权力和权力的关系即不同权力机关之间的权力制约与平衡，还有权力与权利、义务的关系即权力机关和普通民众之间的关系，以及不同权利之间的关系即普通民众之间的利益平衡。

目前，我国很多法律法规的起草往往由多部门联合完成，而这种情况就会面临一个问题，每一个部门作为起草单位都会站在自己部门的角度，考虑的更多的是自己部门的利益情况，希望为自己部门争取更多日后成文法律条文中的利益保障。在我国很多的法律法规草案中都可以看到部门立法的痕迹，部门之间的争权夺利很大程度上制约着立法的发展，对于立法准备工作形成了极大阻碍，降低了立法效率。精细化立法希望解决部门之间的利益纠葛问题，加强部门之间的沟通协调，在立法草案制定中介入其他力量，落实人民代表大会的主导地位，实现对于彼此权力的制约与平衡。关于权力行使者对于普通民众之间的权利义务的架设，某些立法机关往往在制定草案之时希望加大附着于普通民众身上的义务，从而便于司法机构、执法机构的活动，简化社会管理的复杂程度。而普通民众希冀的是更多的权利和更少的义务，加强自身权利保障，降低公权力对于个人生活的干预。精细化立法在处理这个对立问题时就是要在法律法规论证起草阶段，在立法前评估之时就引入民众的参与，广泛深入民众调研，聆听公众对于起草文件的意见、建议，加强沟通商谈。关于不同权利主体之间的利益冲突，精细化立法也要协调他们之间的关系，保证利益均衡，避免冲突发生。不同权利主体对于同一部立法的诉求是不一样甚至截然相反的，如果立法机关在草案初定时就没有理顺不同主体的关系，那么法律文件颁布之后可能反而会激化群体矛盾，精细化立法在前期调研、立法论证阶段就要预见这种状况，加强对话协商，平衡利益关系。

3. 体现地方特色

立法需要尊重客观规律，精细化立法需要遵从现实发展，从实际出发。随着中国特色社会主义法律体系的建成，立法面对的现实问题是对于现今法律体系的完善，精细化立法就是要对目前法律体系进行进一步查漏补缺，促进其全方位质量升级。

国家层面的精细化立法需要结合实际，从实际出发，而地方的精细化立法更多的是结合地方实际，突出地方特色。立足地方发展现实，就要准确把握地方自然地理环境，孟德斯鸠也做出过如下论述："法律应该和国家的自然状态有关系；和寒、热、温的气候有关系；和农、猎、牧各种人民的生活方式有关系；和居民的宗教、性癖、财富、人口、贸易、风俗、习惯相适应。"❶ 我国国土面积辽阔、经纬度跨度巨大，使得每个地方都具有自身的不同优劣势，立法工作者在立法之时就要充分考虑地区地理环境现状，不可盲目搬照其他地区的立法。地方立法也必须深入考察当地的文化与风俗，立法要与之相结合。制定法虽然在现代社会占据着主体地位，但是地方立法不能忽视民间规范、风俗习惯等非正式的法律渊源。地方的精细化立法还必须遵从当地社会经济发展状况，满足当地人民的立法需求，热切回应人民关心的问题，找出意见集中的问题通过立法予以解决，有针对性地进行法规整合，促进经济发展，协调社会矛盾，合理分配利益。以《吉林省黑土地保护条例》为例，2018 年 3 月 30 日吉林省第十三届人民代表大会常务委员会第二次会议审议通过此保护条例，条例第一条说明了修例目的，是"为了保护黑土地资源，维护生态系统平衡，结合本省实际，制定条例"。当地立法工作者调研了目前黑土地的利用现状，对于破坏和污染黑土地的情况进行分析，在条例中明确了黑土地的概念，对黑土地的监督保护做出了明确规定，对违法责任作出了明确划定，依据本地区土壤特性制定了符合本地区发展的土地保护法律文件。这种做法就体现了精细化立法要遵从地方实

---

❶ 孟德斯鸠. 论法的精神 [M]. 张雁深，译. 北京：商务印书馆，1996：7.

际、突出地方特色。以《广东省荔枝产业保护条例》为例，党的十八届五中全会以来，党中央越发重视农业的现代化发展，农业发展也需要转型升级，要充分发展各地特色农业，广东作为全国荔枝种植大省，2017 年 1 月 13 日广东省第十二届人民代表大会常务委员会第三十一次会议通过此条例，条例第一条说明了修例目的，是"为了规范荔枝产业发展的相关活动，提升荔枝产品质量和品牌特色，结合本省实际，制定本条例"。此条例全方位鼓励农户、合作社发展荔枝种植，保障全产业链服务指导，在种植、贮藏、运输、加工各环节制定补贴政策，促进荔枝产业发展。

在精细化立法过程中，地方立法大有作为。目前地方立法的水平仍然有待提高，尤其在《立法法》修改后，所有的设区的市也拥有了一定的立法权，这些地方的立法热情也很高涨，立法工作人员需要以精细化立法理念为指导，遵从地方发展现实，结合地方现状，推进地方法治进程。

（五）提高立法技术

"立法技术是立法活动中所遵循的用以促使立法臻于科学化的方法和操作技巧的总称。"❶ 立法技术首先是一种方法和操作技巧，其作用主要表现在保障科学立法，保证立法质量，使法律可以准确地反映出立法者的目的，满足国家、社会、人民群众对于法律制度的需求。而无论立法技术的内涵如何定义，立法的结构营造技术在立法体系中的地位都是至关重要的。周旺生教授认为立法的结构技术主要是立法法案起草技术，通常包括立法的总体框架设计、立法的基本品格设定、立法的名称构造技术、立法的规范构造技术、非规范性内容安排技术、具体结构技术、法的语言表述技术、有关常用字词的使用技术八种。❷ 笔者认为立法的语言技术应当是和立法的结构技术并列的，立法的语言表述技术和有关常用字词的使用技术属于立法的语言技术。

1. 结构精简客观

立法的总体框架一般包括总则、分则和附则，目前我国立法安排大多是第一章为总则，最后一章为附则，中间章节具体为权利义务、法律责任等的规定。以《中华人民共和国森林法实施条例》（2018 年修正本）为例，条例共七章，第一章为总则，第二章为森林经营管理，第三章为森林保护，第四章为植树造林，第五章为森林采伐，第六章为法律责任，第七章为附则。立

---

❶ 魏海军. 立法概述［M］. 沈阳：东北大学出版社，2014：434.
❷ 参见周旺生《立法学》一书第十六章"立法技术总论"关于阐述法的结构营造技术的内容。周旺生. 立法学［M］. 北京：法律出版社，2009：384.

法的基本品格主要是体现法的原则和法的精神。法的原则决定着法律的内容、价值和性质，是法的精神最集中的体现，保障着一部法律内部的和谐统一，法的原则也行使着填补法律漏洞的功能，把握着自由裁量权的合理范围和限度。不同法律的名称是有一定的规范的，如宪法、法律名称，法律、规章名称，一般法名称，特殊法名称。全国人大及其常委会通过的法律一般表述为某某法，如《民法》《立法法》；地方性法规一般表述为某某条例，如《河北省地方金融监督管理条例》《北京市森林资源保护管理条例》；地方性规章一般表述为某某（管理）办法或某某规定，如《北京市利用文物保护单位拍摄电影、电视管理暂行办法》（2018 年修正本）、《上海市取水许可和水资源费征收管理实施办法》（2017 年修正本）、《北京市禁止露天烧烤食品的规定》（2018 年修正本）。法的规范主要有授权性规范、命令性规范、禁止性规范、义务性规范、确定性规范、委任性规范、准用性规范、强行性规范、任意性规范、奖励性规范、处罚性规范。非规范性内容安排主要有立法主体、立法时间、效力等级、时间效力、空间效力，以《中华人民共和国森林法实施条例》（2018 年修正本）为例，其立法主体为国务院，立法时间为 2018 年 3 月19 日，因为属于行政法规，其效力低于宪法、法律而高于地方性法规、规章，时间效力为自 2018 年 3 月 19 日起实施，空间效力为中华人民共和国领域内。具体结构技术主要有目录编制、标题设定、序言表达、卷的编排、编的编排、章的编排、节的编排、条的编排、款的编排、项的编排、段落设置、附录设置、附件设置、附表设置、附图设置。一般的立法并不是上述内容都要包括，很多立法也不需要有序言，包括附表、附图大多数立法也无须具备，没有设置必要。具体结构的设置一般是根据现实需求。

全国人大常委会法工委制定的《立法技术规范（试行）（一）》也对法律结构规范作出了规定，主要是四个条文：第一条是规定了目录，第二条是规定了定义条款，第三条是规定了过渡性条款，第四条是规定了法律关系适用条款。这些条款为立法工作者提供了技术指导，为精细化立法工作提高了确切依据。精细化立法在立法结构营造上追求总体框架的合理、规范，基本品格要突出社会主义民主精神和立法原则，立法的名称要符合通常规范，规范构造技术要得当，非规范性内容安排要合理，具体结构安排要严格。精细化立法要保证科学性，立法草案的篇、章、节、条、款、项、目的设置要符合《立法技术规范》，"法律的精细化是立法技术成熟的标志，也是立法应该追求的目标"❶。

---

❶ 邢会强. 从简略式立法到精细化立法——以《公司法》和《证券法》为例［J］. 证券法苑，2011（5）：64.

目前，由于对立法技术的忽视，大量地方性法规在内容和逻辑结构上都存在严重缺失，难以达到规范行为、调节社会关系的目的。地方立法要注意避免立法草案直接抄袭上位法，加强对立法结构的调整，重视立法技术的运用，提高立法工作人员的技术水平。

2. 语言精准规范

成文法最显著的特征之一在于它是由文字构成，一部法律法规的成功固然与其立法条件，立法工作者的思想、知识水平以及其对社会的了解有密切关系，但是立法工作者的语言文字水平如何也直接决定着法律文件的质量优劣。立法语言技术一般包括文体的使用、词汇的使用、语态的表达、直接表达、间接表达、括号的使用、标点的使用、数字的使用、数量的表达、质量的表达、人的表达、物的表达、事的表达、行为的表达、有关名词的规范含义，等等。

精细化立法要求立法语言不仅要精确，还要简练，力求达到表词达意的规范性和简洁性。全国人大常委会法工委制定的《立法技术规范（试行）（一）》《立法技术规范（试行）（二）》规定了一些法律条文表述规范和法律常用词语规范，目前这些技术规范也针对立法工作者在工作过程中普遍遇到的问题进行了规定，从两个试行文件也可以看出精细化立法工作的紧迫性。随着立法工作者立法水平的不断提升，立法技术规范的不断全面出台，精细化立法也会逐步向好发展。例如，2013 年 4 月杭州市第十二届人民代表大会常务委员会第八次会议通过的《杭州市地方立法技术规范（草案）》，其在"地方立法语言"一章分六节分别做出了规定，第一节是基本要求，第二节是句式的使用，第三节是法律、法规和项的使用，第四节是词语的使用，第五节是数量词的使用，第六节是标点符号的使用。其中第六十九条规定："语言应当准确、简明，避免同义反复，不用生僻词，不使用比喻、夸张等修辞手法。"❶ 这些立法语言的规定为杭州地方立法提供了精确的立法行为规范指南，也为其他地方制定立法技术规范提供了借鉴和学习之处。云南省人大常委会在 2014 年修订的《云南省人民代表大会常务委员会立法技术规范》中关于"法规的专门用语"进行了规范要求，规定"法规用语应当科学规范、准确严谨、通俗朴实、简洁精练"❷，其中详细注明了数字的用法、工作时间的表述、

---

❶ 杭州市地方立法技术规范（草案）［EB/OL］. 杭州人大网，2013-04-27［2021-06-07］. http://www.hzrd.gov.cn/zxzx/rdxw/201304/t20130427_383550.html.

❷ 云南省人民代表大会常务委员会立法技术规范［EB/OL］. 云南人大网，2014-06-13［2021-06-07］. http://www.srd.yn.gov.cn/lfgz/lfdt/201406/t20140613_379854.html.

行为规范的表述、词语的选用。也对"专业名词术语的解释"作出规定："用语应当通俗、简洁、明确，不得有歧义，表述方式参照基本概念的表述方式。法规中出现的专业名词、术语，与日常生活用语表述相同但有不同含义的，应当在附则中对其内涵、外延作出界定。"❶ 2015 年 4 月 16 日邯郸市第十四届人民代表大会常务委员会第十四次会议通过的《邯郸市新型墙体材料与建筑保温材料促进条例》也在立法语言的使用上力行精细化立法策略，这部条例在运用立法语言上就深刻考虑到语言的精准使用，在拟订其中第十五条条文时，立法工作者考虑到违法使用实心黏土砖的行为跨度太大，设定行政处罚时如采用"数量较多""数量巨大"等语言表述，法律工作者在实践运用条例中不容易操作，就征求有关部门意见，让有关部门进行换算，规定"设计使用实心黏土砖或者以黏土为原料的墙体材料折合标准砖 50 万块以上的，市、县（区）人民政府建设行政主管部门还应当向颁发资质证书的部门建议责令其停业整顿，减低资质等级或吊销资质证书"❷。此外，有关常用字、词的使用技术也应当属于立法语言范畴，诸如"可以""应该""和""等""其他""超过"这些字、词的使用也是精细化立法过程中必须强调的重点。

目前，立法语言需要解决的问题还包括要平衡立法语言的精简性和专业性。精简性是要求语言文字简洁明了、通俗易懂，而某些立法工作者认为通俗易懂的语言文字会使得立法条文过于肤浅，表达过于白话形式进而影响法律条文的质量，会有损立法工作的专业性。这种将专业性与精简性对立起来的思想其实是有失偏颇的。精简性的语言并不是没有专业性的语言，而是将专业性词语、句子通过精简性的形式表达出来，更好地解释专业性的内涵。还有一个问题是立法语言需要平衡不同群体之间的理解能力，一部法律规范性文件具有语言的交际功能，它是立法者设立一种行为规范，传达给特定区域的人们，期待人们了解规范的内容并且遵守规范。人们需要掌握和理解立法语言这一有效沟通媒介，精细化立法的语言是可以使人们顺利通过法律进行沟通的。

---

❶ 云南省人民代表大会常务委员会立法技术规范［EB/OL］．云南人大网，2014-06-13［2021-06-07］．http://www.srd.yn.gov.cn/lfgz/lfdt/201406/t20140613_379854.html．

❷ 邯郸市人大．邯郸市新型墙体材料与建筑保温材料促进条例［N］．邯郸日报，2015-08-06（003）．

论我国地方立法后评估的困境及其完善

■ 王　梦

作者简介：王梦，河北大学法学理论 2017 级硕士研究生，
研究方向为立法学。

立法质量是立法工作的生命线。法律法规的质量则直接关系到其适用情况，关系到其是否经受得住实践的检验。2015 年修订的《中华人民共和国立法法》（以下简称《立法法》）以及 2018 年的《宪法修正案》扩大地方立法权后，地方立法数量迅速增长。地方立法的质量对我国法治建设的整体水平有重要影响。地方立法后评估作为提高立法质量的有效途径，应当充分发挥其作用。

一、地方立法后评估释义

立法后评估的最初形式是美国的"日落条款"，即一部法律在施行前就已明确其运行周期，政府部门在其实施一定期限后，从社会实施效果、社会成本、效率等方面来评价该法律实施后的效果，此种做法被称为立法后评估。❶起初，此种模式主要运用在工程项目、政策评估领域，随着社会的发展、公众需求的增加，立法后评估模式被广泛运用到立法领域。

党的十八大以来，为坚持和发展中国特色社会主义，实现国家治理体系和治理能力的现代化，习近平总书记多次强调要全面依法治国，号召推进科学立法、民主立法、依法立法。对于法律质量的要求变得愈发严格。因此，开展立法后评估工作是顺应立法工作发展需要的。我国立法后评估活动从地方兴起，以地方为试点逐渐推广，发展到国家层面。在我国，地方立法后评估的最初形式是"立法回头看""立法跟踪评估""立法效果评估""地方性法规实施效果反馈"等。继而随着地方立法后评估实践活动的广泛开展，理论界对于其研究也不断深入，地方立法后评估这一概念被广泛运用。但是理论界对于其概念至今没有统一的界定，以下为一些代表性学者对其概念的界定：

史建三认为，"地方立法后评估是指地方法规、部门规章实施后，根据社会经济的发展状况，按照一定的原则、标准和程序，运用科学的评估方法，

---

❶　汪全胜. 立法后评估研究 ［M］. 北京：人民出版社，2012：15.

对地方立法的整体或部分条文的制度设计、实施绩效、存在问题及其影响等因素进行跟踪调查和综合评价，并提出评估意见的活动"❶。

刘作翔和冉井富在《立法后评估的理论与实践》一书中收录的《地方立法后评估制度的构建研究》中对地方立法后评估进行了如下界定，地方立法后评估是评估责任主体（即地方法规、规章的制定主体）或由责任主体委托的评估实施主体，通过调查问卷、实证调查、召开座谈会、听证会、专家论证会等程序，运用评估指标对地方立法进行评估，形成立法后评估报告的立法活动。❷

姜述弢认为，"地方立法后评估是独立的第三方评估机构，以合法性、合理性、实效性、立法技术性、必要性、实施状况等评估指标为基础进行地方立法评价，最终得出评估结论并形成评估报告的立法活动"❸。

综上所述，笔者认为，地方立法后评估既然属于立法活动，是地方立法的延伸，那么地方立法后评估不能够由第三方评估机构完全独立地完成，需有地方权力机关或行政机关的授权或委托。据此，地方立法后评估是评估组织主体（即地方法规、规章的制定者）联合或者委托评估实施主体，通过问卷调查、召开座谈会、听证会、专家论证会、网络征求意见等实证方法收集评估信息，运用合法性、实效性、立法技术性、可操作性、地方特色性等评估指标，从而得出评估结论，形成评估报告，并将评估报告上交或抄送到相关部门，由相关部门对此做出回应的立法活动。

二、开展地方立法后评估的必要性

（一）检验和提升地方立法质量

新中国成立以来，成文法就成为我国主要的法律渊源。随着社会经济的深入发展，社会关系的日益复杂化，成文法的缺陷和不足逐渐显现出来。正如萨维尼所说，"法律自制定公布之时起，即逐渐与时代脱节"。成文法律规范一般都具有高度概括性和普遍的指导意义，而正是成文法的稳定性衍生出了其僵化的惰性和滞后的本性，使其对发展变化的客观物质世界的反映显得迟钝和滞后，使得社会需求无法及时通过立法来满足，反而受到其严重制约。但是相对于中央立法而言，地方立法更微观具体，可操作性大，具有较高的

❶ 史建三. 地方立法后评估的理论与实践［M］. 北京：法律出版社，2012：5.
❷ 刘作翔，冉井富. 立法后评估的理论与实践［M］. 北京：社会科学文献出版社，2013：89-115.
❸ 姜述弢. 地方立法后评估制度的法治化及对策［J］. 法学研究，2016（4）：94.

灵活性，据此，地方立法更需要具有"回应性法"的特征，建立一种"新陈代谢"的机制。❶

近年来，共享单车、共享出行、共享汽车、共享充电宝等共享生活方式兴起，并大面积覆盖到社会生活领域。以共享单车为例，2015 年共享单车就已在高校附近进行投放，极大地方便了公众的出行，但是押金退还问题、单车随意停放问题引起了消费者协会、交通运输部等相关部门的重视，并对共享单车负责人进行约谈，督促其承担起社会责任。正是由于法律的滞后性，法律无法在社会出现新的经济成分之后，及时采取相应的解决措施来回应社会需要。通过"北大法宝"搜索"共享单车"的相关法律法规，其中只有 10 篇地方规范性法律文件，国家层面并未做出立法反应，而且"共享单车"地方立法规范最早实施时间是 2017 年，距离共享单车在社会实践中出现的时间晚了两年左右。

由此可见，成文法的滞后性导致新兴事物出现时，法律不能及时对其产生的社会效应做出反应，只有在其运行一段时间之后，法律才能对其产生的社会效益和负面效果进行立法规范。因此，通过地方立法后评估，可以推动地方立法克服成文法所带来的先天缺陷和后天迟滞，及时发现既有立法是否满足社会经济发展的实际需要，通过修订法律从而克服成文法带来的僵化和迟滞，帮助地方立法在变化与稳定之间找寻到应有的位置，充分发挥地方立法的积极作用，彰显地方立法的魅力。❷

（二）提高地方立法的时效性

提及法律实效，我们首先要区分法律实效与法律效力两个概念，两者很容易被混淆成一个概念，但是实际上，法律实效是"实然"的，法律效力是"应然"的。法律效力即法被制定者通过法定程序公布实施之日起，即具有了普遍约束力和强制性，它是法律对社会发挥作用的内在属性。法律实效即是法律发挥作用的外在属性，是立法机关、执法机关通过各种方式和渠道，使应然的法在实践中外化为实然的法。

法的实效是指具有法律效力的规范性法律文件在社会生活中被人们执行、适用、遵守的程度和状态，以及人们对该规范性法律文件的认可程度和影响评价的总和。法律就像是一项社会工程，衡量其优劣的标准即是实施效果，而如何认定现行的法规是否达到了预期的社会效果，则要看立法是否符合立

---

❶ 刘作翔，冉井富. 立法后评估的理论与实践［M］. 北京：社会科学文献出版社，2013：78.
❷ 刘作翔，冉井富. 立法后评估的理论与实践［M］. 北京：社会科学文献出版社，2013：78.

法目的。那么又如何将此种抽象化的价值取向转化成具象化的标准？地方立法后评估即是有效的转化途径。评估主体通过特定的评估程序，运用科学性的评估方法和评估指标对地方立法的实施情况进行具体化的评估，从而将其社会效果和社会效益汇总到评估报告，并通过评估报告呈现出的内容判断出某法规、规章的社会实施效果是否达到了立法目的。

地方立法作为国家法律体系的重要组成部分，要遵循科学立法、依法立法、民主立法，使所立之法符合社会经济发展规律、顺应时代呼声与需求，使所立之法具有现实可行性。

三、我国地方立法后评估存在的问题

（一）省级层面缺乏统一立法

如果没有法定化的制度形态，而仅存在意定化的制度形态，则可以确切地说，相关制度几乎没有法定的立法内容可言。我国地方立法后评估活动在各地如火如荼地进行着，各地都存在着立法后评估规则，但是运行制度的规则不统一，多表现为部门规章、规范性文件，尚未上升到省级和国家立法层面。

党的十八大以来，党中央高度重视立法工作，我国立法工作的重点已由"数量型、粗放型立法"转变为"质量型、精细型立法"，提高立法质量，遵循立法规律已成为立法工作之重，而立法后评估是检验立法质量的有效途径。从目前地方立法情况来看，地方法规规章数量增多，但是地方立法质量亟待提高，十二届全国人大三次会议提出，"要多管齐下全面提升立法质量，增强法律的针对性和可执行性，保障良法善治，建立立法评估机制❶"。2016年全国人大常务委员会的立法工作计划指出，"发挥立法机关在表达、平衡、调整社会利益方面的重要作用，健全立法论证、听证机制，继续做好法律案通过前评估和立法后评估工作要抓住提高立法质量这个关键。"2018年全国人大常委会首次发布立法工作规范——《关于立法中涉及的重大利益调整论证咨询的工作规范》《关于争议较大的重要立法事项引入第三方评估的工作规范》，就相关立法后评估工作进行规范管理。但是以上两个工作规范目前仅针对国

---

❶ 张德江在第十二届全国人大常委会第二次会议上的讲话［EB/OL］. 中国人大网，2013-04-25［2021-06-07］. http://www.npc.gov.cn/wxzl/gongbao/2013-07/18content_1810976.htm.

家法律，暂未涉及行政法规和地方性法规，工作层面暂不涉及地方立法机关。❶ 为了进一步规范立法后评估的开展，虽然全国人大常委会一直都在强调提高立法质量，加强立法（后）评估机制，并发布了相关工作规范，却始终未将其体现在立法上，国家层面对于地方立法后评估尚未作统一规定。

通过"北大法宝"搜索"立法后评估"，关于立法后评估的地方法规规章及文件总共71篇。其中，只有2篇地方性法规——广州市和兰州市人大常委会制定了地方立法后评估办法，8篇地方政府规章——其中只有广东省制定了省级层面规章，42篇地方规范性文件，19篇地方工作文件。迄今，省级层面的地方立法后评估法规尚未制定，加上缺乏国家层面的法律规定，导致各地方和部门的立法后评估工作的实践各不相同，评估程序存在差异，各地立法后评估工作发展进程不平衡，使得我国地方立法后评估难以形成统一的、规范化的制度。

（二）评估启动程序随意性强

立法后评估是立法活动的延伸，应具有严谨性和科学性。目前各地立法后评估缺乏统一的标准，评估程序的启动也不尽相同，导致部分地方的立法后评估工作无章可循，缺乏统一的规范，评估工作流于形式，评估启动的随意性较大。主要表现如下：

第一，地方立法后评估启动程序的随意性强。部分地方立法机关或政府部门为了迎合上级政策或上级检查，临时开展立法后评估活动，或者由领导决定，对某部法规或规章进行突击式立法后评估。这种临时安排或突击行动式的地方立法后评估启动方式只是一种形式主义，相关部门在没有充分准备的情况下就组织立法后评估，评估主体、评估对象、评估信息等评估要素的选择都存在着不合理、不科学之处，那么得出的评估结果的实质性意义就会遭到质疑，此种形式的地方立法后评估不只是浪费了社会立法资源，还对法律的权威造成了负面影响。

第二，评估程序的启动时间缺乏科学性。从部分省市的立法后评估周期来看，各地方对于立法后评估启动不仅仅是选取的时间有所差异，启动评估程序也尚未有统一的标准规定，缺乏科学性。例如，2005年上海市人大常委会联合有关部门对已实施两年的《上海市历史文化风貌区和优秀历史建筑保

---

❶ 朱宁宁. 全国人大常委会首次发布立法工作规范——《涉重大利益调整将论证咨询》《争议较大将引入第三方评估》［EB/OL］.（2018-01-09）［2021-06-07］. http: www. legaldaily. com. cn/lo-cality/content/2018-01/09/content_7443679. htm.

护条例》进行了立法后评估；辽宁省人大常委会于 2006 年对已实施 3 年的《辽宁省海洋渔业安全管理条例》进行了立法后评估；2013 年苏州市人大常委会决定对实施 10 年的《苏州市城市排水管理条例》进行立法后评估，又在 2019 年立法工作计划中决定对 2013 年施行的《苏州市道路交通安全条例》进行立法后评估；等等。综上所述，各地立法后评估的启动周期标准不统一，不同地区选取的时间不同，同一地区选取评估方法的实施周期也不相同，没有规律性，缺乏科学性，此种做法极可能影响到立法的预测功能，是对立法资源的一种浪费。

（三）评估指标泛化

地方立法后评估指标体系，是评估主体运用科学、合理的评估指标对评估对象进行系统评估的标准，能够帮助评估主体客观评判一部法规或规章的实际运行状况。评估指标的本质是一种价值判断，为了确保评估结果的客观公正性，则需要确立科学的评估指标。对同一评估对象，采用的评估标准不同，那么获得的评估结果甚至会截然不同。因此，评估指标决定着地方立法后评估工作的质量。

由于地方立法后评估的实践各异，各地的评估指标也存在着区别。理论界对于评估指标进行了深入的研究，但是学者们所持的观点也各不相同。李锦在《地方立法后评估的理论与实践——以省级地方性法规的立法后评估为例》一书中总结了 300 多项地方立法后评估报告，其中的评估指标基本相同，主要是衡量地方立法的合法性、合理性、可操作性、实效性、立法技术性，评估指标的设计偏宏观、抽象，缺乏针对性。然而，我国除了省市划分，还有直辖市、民族自治区、特别行政区，每个地区的经济发展水平差异很大、地区特色也各不相同，而运用这种泛化的评估指标无法准确地评价地方立法的缺陷，使评估结论的客观性、可信任度大打折扣。同时，这种大而全的评估指标严重增加了地方人大及评估主体的工作负担，导致地方开展立法后评估的工作效率不高。我国地方立法后评估的评估对象一般是现行有效的地方性法规和政府规章，每个地区运行着的法规和规章的数量都不在少数，倘若需要评估的法规、规章都运用此种宏观化的评估指标，评估指标之间没有先后顺序，没有层次性，缺乏针对性，会导致地方立法后评估工作越发复杂。每项法规或规章的立法后评估都运用上述泛化的评估指标，不同类型的法规也运用相同的评估指标，则无法体现出评估对象的特殊性，得出的评估结论也会缺乏科学性。

（四）评估主体单一

无论是评估组织者、评估实施者，还是评估参与者，它们的组成主要是以立法机关、行政机关或者执法部门为主的内部评估主体，虽然评估主体模式逐渐呈现多元化发展趋势，但是内部评估主体仍然占据主导，评估主体其实较为单一，主要表现在以下三个方面。

1. 社会公众参与程度低

理论上，评估信息的收集方式是问卷调查、座谈会、听证会、网上意见征集等多种方式共用，从而确保收集到的评估信息是全面、客观的。在实践中，社会公众的参与方式主要是通过网络发表意见，评估组织者通过在官网上开辟专栏从而收集网民的建议。以《河北省无障碍环境建设管理办法》和《河北省治理货运车辆超限超载规定》的立法后评估报告为例，两者主要采用调查问卷和召开座谈会的方式。调查问卷的发放对象主要是立法机关、执法机关及相关部门的工作人员，发放问卷的数量都为 100 份左右，而收回的调查问卷中还存在着少量无效的问卷。座谈会的参加人员也主要是立法机关、行政机关下属部门和执法机关派出的代表人员，部分地区还会邀请一到两名群众代表到场参与。而在实践中召开听证会的地方很少，即使召开了听证会，社会公众参与的概率也很小，一定程度上降低了公众参与度。地方立法后评估主要是内部评估，参与主体主要是地方权力机关和行政机关。评估实施阶段的调查方式多为调查问卷和座谈会的方式，评估信息收集形式比较单一，公众在评估过程中的参与程度略显不足。

2. 第三方评估机制缺乏独立性

理想中的第三方评估应该是由委托方委托与其无隶属关系或无利益关系的专业评估机构，遵循一定的评估标准、评估程序，对所要评估的对象进行综合评价的立法后评估活动。实践中，一般被委托的第三方主要是高等院校、科研机构或律师事务所；而立法研究机构、专业的评估机构以及其他具备评估资格的社会机构很少被委托参与评估。科研院校、研究机构在实际评估工作中需要接受上级行政机关的领导和指示，在一定程度上依附于立法机关。此外，第三方评估资金依赖于行政财政拨款，这在评估活动中不可避免地影响到其独立性。而且，评估信息主要由权力机关和执行机关提供，掌握在地方国家机关内部，虽然许多评估主体逐渐多元化，吸收了其他社会主体参与，但是由于地方立法机关、政府部门垄断了大量的信息资源，信息公开程度并不高，第三方评估机构和社会公众难以获取所需要的评估数据信息，在此种情况下，第三方评估主体获取的评估信息是不充分、不对等的，评估工作难以有效开展，会降低其他主体参与地方立法后评估活动的有效性，容易导致第三方评估流于形式。

我国地方立法后评估起步晚，在借鉴吸收西方立法后评估的基础上，我国地方立法后评估的主体逐渐呈现出多元化的发展趋势，但是第三方评估机构、社会公众等尚未成为稳定的评估主体，仍主要以立法机关为主导❶，目前尚处于探索阶段，第三方评估机构尚未成熟，在一定程度上依附于立法机关，评估的独立性受到影响，导致其很容易在评估过程中沦为形式性评估主体。

3. 评估结论缺乏有效回应

地方立法后评估的回应，是相关的国家机构对评估报告中提出的具体问题和有效的建议，给予积极的回复。❷ 地方立法后评估应分为四个阶段：评估的启动和准备、评估的实施、对采集数据的分析整理、评估结果的处理与回应。在实践中，前三个阶段一般都是基本的流程，评估结果的回应往往很容易被忽视。❸ 很多人认为评估报告的完成就意味着整个评估程序的结束，这种看法是完全错误的。评估结果的回应是整个评估程序的价值追求，评估报告起着检验法规、规章运行状况和法律文本质量的作用，为法规规章中存在的问题提出具体化的建议，为地方立法的进一步修改或者废止提供重要的参考。如果缺少此环节，地方立法后评估就不是完整的评估过程，评估将很难达到预期效果。

（1）评估报告内容与形式不合理

地方立法后评估报告的内容与形式存在问题，会直接影响立法机关或政府部门的回应。一份可靠、有效的评估报告，不仅要求评估主体获取全面客观的评估信息，还需要其选取科学合理的评估指标和评估方法，以公正严谨的客观态度对地方性法规规章进行评估，从而做出令人信服的评估报告。随着开展立法后评估省市数量的增加，评估报告的数量也随之增多，评估报告所呈现内容的方式也愈发丰富，例如，2017 年的《〈河北省无障碍环境建设管理办法〉立法后评估报告》字数达 21,690 字；2018 年的《〈河北省治理货运车辆超限超载规定〉立法后评估报告》字数约为 23,567 字，长达 41页；2019 年的《〈上海市轨道交通运营安全管理办法〉立法后评估报告》页数约为 40 页，并且三份评估报告中附有一定数量的图表和数据，增加了阅读

---

❶ 庄国波，时新. 大数据时代政府绩效评估的新领域与新方法［J］. 理论探讨，2019（3）：166.
❷ 夏正林，王胜坤，林木明，等. 地方立法评估制度研究［M］. 北京：法律出版社，2017：184.
❸ 汪全胜，陈光. 立法后评估的回应阻滞析论［J］. 理论与改革，2010（5）：122.

难度。这不仅要求撰写人员具备专业的水平，评估主体具备一定的耐心和相应专业的素质水平，还要求阅读者要有综合能力与一定程度的知识储备，才能够全面理解评估主体做出的评估报告。但在实践中，评估报告过长很可能使得阅读者失去耐心而忽略其中部分重要细节，加上部分相关人员业务素质欠缺，从而使得评估结果的反馈有障碍。

（2）评估回应缺乏监督机制

评估回应缺乏监督机制，导致回应主体不作为，回应机关不重视。评估报告公布之后，立法机关、执法机关等相关机关并没有对其提及的问题及时作出反应。进行地方立法后评估主要是为了检验法规的实施状况，查漏补缺，对存在不足的地方立法提出合理化修改意见，同时，为地方执法、司法工作提供经验和改进策略。倘若评估报告做出之后，只是将其公布于地方人大或政府官网上，供各方利益主体和社会公众进行查阅，然后便无人问津，相关部门并不对其中的问题进行深思，不给予反馈，那么所进行的地方立法后评估就只是在浪费社会资源，使立法后评估沦为"形式工程"。

四、我国地方立法后评估的完善建议

（一）制定省级层面的地方立法后评估规则

山东省于 2000 年首次开展了地方立法后评估，20 年来，地方立法后评估活动在全省各地络绎不绝地进行着，各地运行的规则主要表现为部门规章、规范性文件，虽然名称大部分为"立法后评估办法"，但是各自的侧重点不同，规定的具体内容也存在差异。

以《兰州市人大常务委员会立法后评估办法》和《广州市人大常务委员会立法后评估办法》为例，两者都规定，评估主体运用实地调研、座谈会、专家论证会等评估方法，结合评估标准，对地方法规进行评估，评估报告提交市人大常务委员会审议，并印送相关工作部门，主要目的都是为了提升地方立法质量。但是两者也存在着一定的差别：第一，评估主体不同。兰州市采取自主评估或委托第三方评估机构的评估方式；而广州市要求成立评估组和专家组，主要以内部评估为主。第二，评估对象有差异。兰州市对实施三年后符合特别情况的地方法规进行立法后评估，而广州市是对施行五年的法规进行立法后评估。第三，评估指标存在不同之处。前者的评估标准有八项，后者有六项，并且将评估指标百分制量化，每项指标占据不同的百分比。第四，评估报告的内容基本相同，但是前者着重强调文本质量。

从上述可以看出，不同省、市的地方立法后评估办法虽然评估过程、评估目的是相同的，但是评估对象、评估标准、评估报告等内容存在一定差异。任何一项社会制度实际发挥出来的功效都不会是单一、纯粹的，地方立法评估有提升地方立法质量的社会功效，其一整套完整、科学、理性的评估标准和评估程序确实能引导地方立法评估工作的开展，对评估工作起到了规范作用。❶地方立法后评估是一项严肃的立法事项，可以对法规、规章的社会运行效果作出较为科学、客观的评价，为地方立法的"立、改、废"发挥重要的参考作用。据此，笔者建议，为了提高立法效率，节省立法资源，防止由于地方过度的自由裁量权使立法后评估沦为形式，亟待省级层面做出统一要求。省人大及其常委会可以通过法律的形式规范各地立法后评估活动，如对评估主体如何确定、评估信息如何收集、评估方法如何选择、评估指标如何运用、评估报告以及评估结果的回应等原则性问题进行统一性的规定，使各省内地方立法后评估有原则性的依据，同时又为各地立法后评估的设计保留一些裁量权，使其保持一定的灵活性和变通性，避免过于僵化，从而使得评估活动能够发挥其最大的效用。

我国立法后评估起步晚，正处于探索阶段，但是地方立法后评估在我国"遍地开花"，显现出了极大的优势。现阶段地方立法后评估的现状是以实践为主，缺乏制度化规范，随意性较大。因此，通过制度化建设，规范地方立法后评估工作是立法机关面临的一项重要任务。

（二）借鉴"日落条款"，规范地方立法后评估的启动

地方立法后评估的实施和推行不应是临时性、随机性甚至运动式的活动，应是普遍性、持续性的常态化制度。❷当前评估启动的随意性大，评估的启动缺乏规律性，极大影响了立法后评估活动的规范化，这就需要进一步完善评估程序，规范化评估程序的启动。

"日落条款"最早应用于商品贸易合同之中，最早将其引用到法律领域的是美国前总统杰弗逊，他认为法律也要保持着客观规律，在一定时期内自然消亡。"日落条款"在法律法规制定之时就界定了法律或合约中的部分或全部条款的终止生效日期，到了这个日期，该法规或合约除非再次得到立法机关或政府的批准，否则就只能失去法律效力。随着社会经济的广泛发展，"日落条款"制度被广为应用，许多国家的法律法规甚至国际法中都存在着它的身影。"日落条款"的最大优势在于，可以避免人为主观干涉立法，使法规规章

---

❶ 杜承秀，朱云生. 地方立法评估的实践审视与制度完善 [J]. 地方立法研究，2018 (1)：55.

❷ 陈书全. 论我国立法后评估启动的常态化 [J]. 法学论坛，2012，27 (3)：141.

的制定、修改和废止不受外部不当因素的影响，立法期限届满之时，即可自动发挥"日落"的效力。"日落条款"虽然可以不受主观因素的影响，但是它不能直接适用于我国的地方立法后评估。一项法规在其有效期限届满之后，就自动失效，此种方式难免存在一定的武断性。因此，我们需要施行保障措施，在法规失效之前进行立法后评估，进一步判断该项立法存续的可能性，从而保证科学立法。"日落条款"在我国日后立法活动中应注重两点：（1）在法律法规制定之初（"日出"）就明确规定其有效期限（"日落"）；（2）结合地方立法清理，对法规、规章定期进行评估，利用地方立法后评估对不符合社会经济发展的法规、规章进行修改或废止。因此，"日落条款"在我国更多地可以被引申为"有效期限"。例如，2006 年郑州市政府公布的《关于建立规范性文件有效期制度的通知》、2008 年湖北省出台的《关于加强市县政府依法行政的实施意见》、2012 年上海徐汇区政府发布的《关于进一步规范区政府规范性文件有效期制度的通知》，以及后续的重庆市、珠海市、银川市等政府部门公布的规范性文件中都规定"建立规范性文件有效期限"。一般将"有效期限"限定为 3 年或 5 年。部分地区又将规范性文件细分，例如，名称为"公告"的规范性文件的有效期限一般不超过 1 年；带有"暂行""试行"的文件的有效期一般不超过 2 年。"日落条款"加入地方立法后评估之后，可以发挥其定期评估、自动失效等理念，从而赋予地方立法"一种内生的调整动力"，同时，与地方立法清理工作相结合，使地方以一种平和、简易的方式实现自动审查、定期评估、定期清理地方立法的目的。

钱穆先生曾说："就历史经验论，任何一制度，绝不能有利而无弊。任何一制度，亦绝不能历久而不变。历史一切以往制度俱如是，当前的现实制度，也何尝不如是。"因此，笔者建议，地方立法机关可以借鉴美国的"日落条款"制度，并结合我国的实际情况，对地方规范性文件的有效期限进行统一规定，建立定期的评估制度，限定地方立法后评估的启动程序，逐步实现地方立法后评估启动的常态化和规范化。

（三）科学设置评估指标

1. 细化评估指标

笔者认为可以将评估指标分为立法文本质量评价指标和立法实施效益评价指标两部分，并在两部分评价指标下详细划分一级或二级指标，即使评估主体的构成不同，但根据细化的评估指标，严格运用评估方法得出的评估结果仍旧会是相同的。这说明只有评估指标划分得足够微观、具体，才能更确切地发现评估对象存在的立法问题，才能够更好地"对症下药"，纠正地方立法中存在的立法缺陷。例如，《河北省邮政条例》立法后评估立足于七项基本指标，对该条例的文本质量和实施效果进行了全面评价。该条例中运用的评估指标主要有实效性、技术性、合法性、合理性、可操作性、地方特色性、协调性；并且根据重要程度的不同，对每个评估指标设置分值，如实效性量化为 20 分、技术性量化分数为 8 分；此外，在每个评估指标下设计了下级评估指标，如在合法性下共设计了两个指标、在地方特色性下共设了四个指标，而且又对每个下级指标进行量化分数的分配。该条例通过此种评估指标模式全面、深刻地剖析了《河北省邮政条例》实际的运行状况，以及该条例中存在的不足，并针对其中的不足提出了后续改善建议。此外，笔者认为，每个指标的效力应该是不相同的，每项评估指标不能同时适用，其适用应存在先后顺序，应对评估指标进行层次性划分。

2. 依据立法类型确定评估指标

目的是行动内在的行动逻辑，所以要首先确定评估目的，评估目的贯穿整个地方立法后评估的过程，也决定着评估的进展，围绕评估目的，整个立法后评估才具有针对性。区分评估目的，不同类型的评估对象所侧重的评估指标也有所差异。确定所需评估对象的法规类型，是经济类法规、行政类法规还是社会类法规，在确定法规类型之后，再选定评估指标体系。例如，对于经济类法规，主要重视它的实效性和地方性特色；对于社会类法规，主要重视它的可操作性；对于行政管理类法规，主要侧重其合理性、协调性和技术性。《福建省促进茶叶产业发展条例》属于经济类法规，在该条例的立法后评估过程中，主要侧重评估指标的实效性。● 《河北省邮政管理条例》属于社会类法规，主要侧重评估指标的可操作性、合理性和实效性。《重庆市公路路政管理条例》属于行政类法规，主要侧重合法性和合理性评估指标。❷

总之，地方立法后评估指标制定时既要确保法律文本本身的质量，又要兼顾法规规章的运行效果。在保证地方立法后评估体系的完整性的同时，还要因地制宜，凸显地方法规规章的特色。

（四）完善第三方评估机制，形成多元化评估主体

2009—2019 年我国部分省、市的立法后评估情况见表 7。

● 关于《福建省促进茶叶产业发展条例》的立法后评估报告［EB/OL］. 福建人大网，（2014-12-30）［2021-06-07］. http://www.fjrd.gov.cn/ct/117-28493.

❷ 《重庆市公路路政管理条例》立法后评估报告［EB/OL］. 重庆人大网，（2013-06-13）［2021-06-07］. http://www.ccpc.cq.cn/home/index/more/id/190195.html.

表7　2009—2019 年部分省、市立法后评估情况

法规名称	制定主体	评估年份	评估组织者	评估实施者	评估参与者
《汕头经济特区建设工程墙体材料管理规定》❶	汕头市人民政府	2009	汕头市法制局	汕头市建设局	社会公众、相关生产企业、管理部门、监理部门、设计单位、施工单位人员
《海南省住宅区物业管理条例》	海南省人大常委会	2010	海南省人大常委会法制委员会、法制工作委员会	部分常委会委员、法制工作委员会委员、省人大代表、专家学者、城乡建设厅、省房地产协会	部分小区物业和业主
《湖北省公共图书馆条例》	湖北省人大常委会	2011	湖北省文化厅	荆州、荆门图书馆成立评估课题组	全省领导机关和执行机关、全省各级图书馆、专家学者、社会公众
《苏州市市区户外广告管理办法》❷	苏州市人民政府	2013	苏州市市容市政管理局	苏州市市容市政管理局、第三方评估机构（江苏良翰律师事务所）	相关管理部门、市广告协会、广告公司从业人员、户外广告业主、社会公众
《广州市市容环境卫生管理规定》	广州市人大常委会	2014	广州市人大常委会法制工作委员会	华南师范大学立法后评估课题组	相关管理部门、人大代表、管理相对人、社会公众
《内蒙古自治区农村牧区饮用水供水条例》	内蒙古自治区人大常委会	2015	内蒙古自治区人大常委会法制工作委员会	第三方评估机构（内蒙古地方立法研究中心）	水行政主管部门、供水单位、乡镇（苏木）人民政府、农村牧户区用水户
《张家港市共有产权经济适用住房管理办法》	张家港市人民政府	2016	张家港市房产管理中心	张家港市房产管理中心	保障房小区物业及社区居民

---

❶ 已废止。
❷ 已废止。

法规名称	制定主体	评估年份	评估组织者	评估实施者	评估参与者
《河北省无障碍环境建设管理办法》	河北省政府	2017	河北省政府法制办公室	河北大学课题组	相关市县法制办、市残联、市城建局
《临沧市古茶树保护条例》	临沧市人大常委会	2018	临沧市人大常委会法制工作委员会	河北省人大常委会法制工作委员会	市县人大代表、政协委员会、相关部门行政执法人员、社会公众
《河北省治理货运车辆超限超载规定》	河北省人民政府	2018	河北省政府法制办公室	河北大学课题组	沧州市、邯郸市和石家庄市高速公路管理处、运输管理处、公路路政管理处相关人员、道路货物运输装载、配载的经营者、货车司机（一名）
《上海市轨道交通运营安全管理办法》	上海市人民政府	2019	上海市交通委员会	第三方研究机构	轨道交通运营企业、建设单位、监督管理部门、市应急管理、公安局轨交总队、社会公众
《南通市市区排水与污水处理管理办法》	南通市人民政府	2019	南通市市政和园林局	南通市市政局和园林局、第三方评估机构（江苏瑞慈律师事务所）	相关职能部门、有关企业、行业专家

　　从表 7 大致可以看出，地方立法后评估的组织者是地方人大或地方政府等权力机关、行政机关及其相关部门；而评估实施主体逐渐从权力机关或行政机关的下属部门转变为委托高等院校、律师事务所等第三方评估机构或联合评估的评估模式；评估参与者自始至终都注重吸收社会公众和利益相关者的意见，重视社会公众的参与。

　　评估主体是地方立法后评估的实际承担者，并非指评估权的归属者。❶ 评估活动是立法活动的延续，评估主体理论上应该由法定立法主体来承担，但

---

❶　王欢，陈加云. 地方立法后评估制度化探讨［J］. 人大研究，2013（2）：33.

是此种主体模式容易使评估活动受到立法机关的束缚，不能保证评估结果的客观性、公正性，因此，具体的承担者可以适当与评估权相分离，即由立法机关将评估活动委托给第三方评估主体，做到内部评估和外部评估相结合。随着地方立法后评估的广泛开展，评估主体突破了以往的评估模式，第三方评估主体更符合我国当前地方立法后评估的现状，符合现代法治原则，在很大程度上保证了评估结果的客观性、公正性。而第三方评估主体在一定程度上依附于地方立法机关，导致其独立性受到限制。世界上没有绝对的独立，评估主体的独立性很难得到绝对保证，且独立性并不一定能保证评估质量，它只是最大限度上保证评估质量的可靠性，因此，正确的选择应是在保证评估质量的前提下，最大限度地保持独立性。为了使评估结论能够获得利益相关者的信任，更好指导后续立法活动，笔者认为，应从以下三个方面加以完善。

1. 完善信息公开制度，扩大社会公众参与

除法律规定或涉及国家秘密的评估信息不得公开之外，其他信息应当按照法律规定对外公开，保证公民享有知情权。评估实施开始，委托方即应该将评估方案、评估人员及专家名单进行公告或者将其公示在相关部门官网上，方便社会公众查阅信息，监督政府工作。评估实施过程中，评估机构设置的调查问卷对象应涉及体系外的利益相关方，可以将设计的调查问卷公布在部门官网上，扩大社会公众的参与面。❶ 被委托的评估主体召开座谈会时，应邀请2~3名与评估对象相关的其他社会主体，例如，《河北省无障碍环境建设管理办法》召开座谈会时，不仅邀请当地的残疾人联合会、城市建设局、民政局相关部门，还邀请2~3名无障碍改造户中的残疾人和老年人。在了解内部机构对规章执行情况的同时，通过相关的社会公众来了解规章的实际运行情况。

2. 引入竞争机制，构建多元化评估主体

表6中罗列了不同模式下的评估主体，评估的组织者主要以立法机关和行政机关为主，评估实施者既有内部评估主体，也有被委托的第三方评估机构，而第三方评估机构主要是由立法机关或行政机关直接委托的科研院校或律师事务所。在《河北省治理货运车辆超限超载规定》的实地调研中，被委托的第三方评估机构系由河北大学法学院教授组成课题组，在沧州市、邯郸市、石家庄市进行调研期间，每到一个地方都需要向调研机关提前出示授权

---

❶ 程燕林. 如何保障第三方评估的独立性 [J]. 中国科技论坛，2017（7）：17.

调研函，或者由河北省政府法制办公室提前向当地相关部门"打招呼"，评估工作才能够顺利进行。可以看出，如果是完全独立的第三方进行评估，即便有权力机关相关部门的委托书，立法后评估工作的开展也很难顺利进行，更难以进行后续程序。完全独立的第三方评估机构不仅在一定程度上得不到内部机关的认可，也难以在权威性上得到社会公众的认可。笔者认为，最好的方式是构建多元化评估主体，将内部评估主体与外部评估主体结合起来，并引入竞争机制。第三方评估方式愈发受到"青睐"，是因为第三方评估机构具备专业性和中立性，获取的评估结论可信度高。目前第三方评估机构的委托方式是由委托机关直接进行委托，没有法定的筛选程序和公开透明的选拔机制，缺乏公众的监督和规则的约束，可能导致选取的第三方评估主体更容易受到控制，独立性受到严重的影响，沦为委托方"说话"的评估机构。因此，应完善第三方评估主体选拔机制，委托方应在指定的官方渠道发布招标公告，将招标人、招标项目、招标文件的获取方法等信息公开进行发布，感兴趣的评估机构均可参加竞标，委托方根据评估方案、参与竞标的评估机构的水平、所聘请的专家的实力等选出优胜者。❶

3. 保持第三方评估的经济独立

经济独立是评估结论可靠性的根本保障，它是指第三方评估机构的评估经费不受委托方或相关部门的制约，也不因经费不足而接受被评估部门或相关部门的资金帮助。实践中，第三方评估机制资金的来源主要是行政拨款，一定程度上使评估机构依附于立法机关或行政机关，这种做法在很大程度上限制了第三方评估机构的独立性。笔者建议，可以构建公共部门的制度性保证，使第三方评估机制的经济来源不受任何外部因素的约束，防止物质利益带来的诱导，进而保证评估结论的可信度。此外，为了保证第三方评估机构在经济上保持一定的独立性，委托方还可以在公开进行招标时，将评估所需资金列明；或者双方在签订合同时，在委托合同内明确评估资金的金额。要尽可能罗列出评估资金的明细，在一定程度上减少第三方评估机构对委托方经济上的依赖。

（五）合理有效运用评估报告

首先需要纠正的是，地方立法后评估报告并不具有法律强制力，没有法律约束力，它只是为地方立法的修改、废止提供科学的参考依据。我国法律、

---

❶ 程燕林. 如何保障第三方评估的独立性 [J]. 中国科技论坛，2017（7）：17.

法规的修改主体在《立法法》中有着明确规定，而一项地方立法后评估报告的编制主体可能是立法机关、执法机关或者第三方评估机构，它们不具有修改法规的资格，所以如果直接依据评估报告即决定地方立法的立、改、废，那么法律的稳定性就会受到影响，并且会对社会主义法治的尊严和统一带来负面影响。地方立法后评估报告并不是对地方立法实施情况、执法状况的简单评价，而是对地方立法社会实效的全面评价，既要发现不足之处，又要总结经验。

地方立法后评估报告是整个立法后评估活动的重要组成部分，有效的回应能够促进立法后评估活动目的的实现。因此，笔者从以下三个方面提出完善建议。

1. 规范撰写评估报告

评估报告的组成部分要完整，格式要规范。目前我国尚未出台省级立法后评估法律规范，各地对评估报告的格式、内容也没有统一的标准。因此，省级层面应在宏观上对地方立法后评估程序进行制度化规范，或者通过印发省级层面的地方规范性文件或地方工作文件对地方立法后评估报告的内容和格式进行规定，将必需事项、内容列入评估报告，规范评估报告的格式。同时，要注重评估报告的文本质量，要求评估报告在专业性的基础上做到简洁易懂，能够为相关主体所理解。

2. 提高评估报告的利用率

地方立法后评估报告的真正作用在于分析现行法规规章的实施状况，并针对其存在的问题提出修改或者废止的建议。许多地方立法后评估报告提交给相关部门之后就被"束之高阁"，并没有进行后续跟进活动，使地方立法后评估成为一种"走过场"的立法活动。评估报告中发现的问题没有得到有效解决，最终违背了地方立法后评估的初衷。根据《法治政府建设实施纲要（2015—2020 年）》的要求，对不适应改革和经济社会发展要求的法律法规，要及时进行修改和废止；2017 年年底前，有关部门和地方政府要完成对现行行政法规、规章、规范性文件的清理工作，建立行政法规、规章和规范性文件清理的长效机制。❶ 据此，笔者建议将地方立法后评估与地方立法清理工作相结合，使地方立法后评估成为我国地方立法清理的一项常态化制度。通过地方立法后评估，分析地方性法规、规章是否存在违背宪法、与上位法相抵触的法律条文，是否符合地方经济建设的发展，能否满足社会公众的需求，

---

❶ 法治政府建设实施纲要（2015—2020 年），中共中央国务院印发，2016 年第 1 号令。

等等，从而做出对地方规范性法律文件进行制定、修改或废止的决定，进行相应的地方性法规清理。

3. 完善评估报告的回应机制

笔者认为，评估报告的回应机制应从两个方面加以完善：第一，加强评估主体的"实时跟踪"。地方立法后评估报告形成之后，立法机关、执法机关应及时对评估报告中提出的文本问题、合法合理性问题及执法过程中存在的问题等进行自我检查、反思，并对其采取回应措施，不要让立法后评估活动流于形式，成为一种为了评估而进行评估的活动。

汪全胜教授认为，立法后评估结果回应的路径是立法后评估结果通过什么样的路径被政府部门认同并采取相应行动的问题，政府部门对立法后评估结果赋予其合法化就是一种对立法后评估的回应，但是这属于政府的反应阶段，只有落实到政府的行动中，立法后评估结果回应才真正实现。❶ 基于此，许多学者提出要加强政府内部监督机制，包括上级政府部门对下级政府部门行为的监督，立法机关对司法机关和行政机关的法律监督，特定监督机关的监督，如行政监察。但是笔者认为，以上任一种监督方式在实践中运行起来的效果可能差强人意。不管是上级政府部门还是国家权力机关，都有各自的工作任务，而且地方立法后评估的法规规章数量不在少数，倘若让其来监督对评估结果的回应，在一定程度上会加剧它们的工作量。此外，让它们对自身并未实施的工作进行监督，很可能会忽视对评估结果回应的监督。据此，笔者建议，应由评估组织主体对评估结果的回应进行"实时跟踪"。例如，《河北省治理货运车辆超限超载规定》的评估组织者是河北省政府法制办公室，评估结论的做出者是评估实施主体，即被委托的第三方评估机构——河北大学法学院组成的立法后评估课题小组。评估报告应由河北省政府法制办公室上交河北省政府办公厅审议，并抄送执行机关等相关部门。省政府法制办公室是省政府的下属机构，受上级部门的"指导"，但是为了提高工作效率，使评估结果能够得到及时有效的反馈，笔者认为，由评估组织者——省政府法制办公室加强对评估结果回应的"实时跟踪"是最合适的方式，此种方式不用增加其他部门的工作量，不用单独设置部门，可以防止浪费社会资源。

第二，强化社会监督。评估结果的回应机关不只需要向评估组织主体、评估实施主体反馈回应结果，还应向社会公众以及其他评估参与主体公布其

---

❶ 汪全胜，陈光. 论立法后评估结果的回应机制 [J]. 郑州大学学报，2011，44（1）：39-44.

对评估报告的回应结果，主动接受公众和新闻媒体对评估回应机制的监督。评估报告最终不仅仅以书面形式呈现给各相关机关和部门，还需要以互联网为媒介公告在相关机关和部门的官方网站上，评估报告的回应结果亦是如此。此种方式不仅可以扩大政府信息公开范围，也从外部加强了对国家机关工作的监督，督促回应机关对评估报告作出及时有效的回应。

结　语

由于地方立法权的扩大，地方立法数量增加，受地方性经济利益的驱使、立法技术的限制，地方立法越权现象屡禁不止，而开展地方立法后评估是检验"法的位阶冲突"问题的有效方式，因此很有必要开展地方立法后评估。

地方立法后评估通过科学有效的评估方法、评估标准对实施一定期限的地方规范性法律文件进行审查，通过对其社会实施效果与运行状况的客观检验，可以修正不符合时代要求、不适应社会现实发展的法规规章，以先进的立法理念对后续地方立法进行科学引导，实现地方立法后评估的改进功能，提高地方立法质量和立法水平，从而更好地实现立法目的。

设区的市立法的实践问题与改进路径

——以河北省为例

■ 卞晓澂

作者简介：卞晓澂，华北电力大学法政系法学专业 2020 级硕士研究生。

引 言

2015 年《中华人民共和国立法法》（以下简称《立法法》）修改之前，我国仅有 49 个"较大的市"享有地方立法权，即 27 个省会城市、18 个经国务院批准的较大的市以及 4 个经济特区所在地的市。近年来，由于我国社会不断进步、经济迅速发展，其余设区的市的立法需求不断增加。地方立法权的缺失，造成社会发展与地区治理的矛盾愈发突出。于是，2015 年《立法法》修改，将地方立法权的主体扩大为所有设区的市，"设区的市的人民代表大会及其常务委员会根据本市的具体情况和实际需要，在不同宪法、法律、行政法规和本省、自治区的地方性法规相抵触的前提下，可以对城乡建设与管理、环境保护、历史文化保护等方面的事项制定地方性法规，法律对设区的市制定地方性法规的事项另有规定的，从其规定"❶。至此，我国地方立法体制发生了巨大变革，全国所有设区的市都拥有平等的地方立法权。《立法法》既赋予所有设区的市的地方立法权，又明确其权限和范围，以期达成"适应地方的实际需要"及"维护国家法制统一"的立法目的。❷ 但是，如何界定地方立法权中"城乡建设与管理、环境保护、历史文化保护"的相关权限范围，立法实践中存在着哪些问题，都值得我们进一步探究与思考。本文以河北省为例，归纳、梳理河北省各设区的市自《立法法》修改后五年内的立法情况，总结河北省在立法实践中遇到的问题，并探索相应的完善措施。

一、地方立法权限的合理界定

《立法法》中明确规定设区的市仅在城乡建设与管理、环境保护、历史文化保护等方面享有地方立法权。但是在《立法法》中并未对以上三个方面作出更进一步的解释与列举，地方立法权限仍然存在模糊的地方。因此，对地

---

❶ 参见 2015 年《中华人民共和国立法法》第 72 条第 2 款规定。

❷ 郑泰安，郑文睿. 地方立法需求与社会经济变迁——兼论设区的市立法权限范围 [J]. 法学，2017（2）：135.

方立法权限范围进行恰当的理解，是研究地方立法权限范围以及引领和规范地方依法行使立法权的首要任务。❶ 下文将对前述三个事项的范围进行分析。

（一）城乡建设与管理

全国人大法律委员会在《第十二届全国人民代表大会法律委员会关于〈中华人民共和国立法法修正案（草案）〉审议结果的报告》（以下简称《审议结果报告》）中明确提出，城乡建设与管理包括城乡规划、基础设施建设、市政管理等。关于"城乡规划、基础设施建设、市政管理"包含的内容范围，可做以下认识。

（1）城乡规划：城乡规划应当包含城市规划与乡规划。《中华人民共和国城乡规划法》第 17 条规定："城市总体规划、镇总体规划的内容应当包括：城市、镇的发展布局，功能分区，用地布局，综合交通体系，禁止、限制和适宜建设的地域范围，各类专项规划等。"第 18 条规定："乡规划、村庄规划的内容应当包括：规划区范围，住宅、道路、供水、排水、供电、垃圾收集、畜禽养殖场所等农村生产、生活服务设施、公益事业等各项建设的用地布局、建设要求，以及对耕地等自然资源和历史文化遗产保护、防灾减灾等的具体安排。乡规划还应当包括本行政区域内的村庄发展布局。"

（2）基础设施建设：我国目前并没有针对"基础设施建设"相关内容进行专门的立法，与其最相关的为国务院发布的《国务院关于加强城市基础设施建设的意见》，其中阐述了城市基础设施建设的重点领域，主要包括城市道路交通基础设施建设、城市管网建设、污水和垃圾处理设施建设、生态园林建设四大方面。以上虽然仅列举了重点领域的基础设施建设，但是于设区的市的立法权限范围而言具有较强的参考、借鉴意义。

（3）市政管理：现阶段我国不存在关于"市政管理"的法律或是行政法规，法律意义上的概念界定有所缺失。本文认为可以借鉴学理上的解释：所谓市政管理，是指对城市公共事务的管理活动。市政在此应做狭义理解，即城市道路、交通、供水、供电、园林、绿化等市政工程和市政建设。❷

（二）环境保护

全国人大法律委员会在《审议结果报告》中明确指出"环境保护"的立法权限范围参照《中华人民共和国环境保护法》第 2 条规定，"本法所称环

---

❶ 宋烁. 论设区的市立法权限范围［J］. 青海社会科学，2017（2）：155.

❷ 杨宏山. 市政管理学［M］. 北京：中国人民大学出版社，2015：3.

境，是指影响人类生存和发展的各种天然的和经过人工改造的自然因素的总体，包括大气、水、海洋、土地、矿藏、森林、草原、湿地、野生生物、自然遗迹、人文遗迹、自然保护区、风景名胜区、城市和乡村等"。

（三）历史文化保护

关于"历史文化保护"的范围可以参考《中华人民共和国文物保护法》和《历史文化名城名镇名村保护条例》，即古文化遗址、古墓葬、古建筑、石窟寺、石刻、壁画；与重大历史事件、革命运动或者著名人物有关的以及具有重要纪念意义、教育意义或者史料价值的近代现代重要史迹、实物、代表性建筑；历史上各时代珍贵的艺术品、工艺美术品；历史上各时代重要的文献资料以及具有历史、艺术、科学价值的手稿和图书资料等；反映历史上各时代、各民族社会制度、社会生产、社会生活的代表性实物；以及历史文化名城名镇名村；等等。

二、设区的市立法的现状分析

自 2015 年《立法法》修改后，各设区的市经本省、自治区人大常委会综合考虑当地人口数量、地域面积、经济社会发展情况以及立法需求、立法能力等因素，并报全国人民代表大会常务委员会和国务院备案后，即可拥有地方立法权。河北省人大分别于 2015 年 7 月 14 日与 2016 年 3 月 29 日通过了《关于确定廊坊等四个设区的市开始行使地方立法权的决定》《关于确定张家口等第二批设区的市开始行使地方立法权的决定》，自此河北省 11 个设区的市都拥有了地方立法权。本文通过"北大法宝"检索，整理了河北省设区的市近五年的立法实践情况，归纳了其中立法实践呈现出的特征。

（一）"较大的市"立法数量远多于新享有立法权"设区的市"

河北省石家庄市、邯郸市以及唐山市属于 18 个经国务院批准的较大的市，其在 2015 年《立法法》修改以前就已被赋予了地方立法权。"北大法宝"检索数据表明，2015 年 3 月 15 日—2020 年 12 月 1 日，河北省 11 个设区的市一共制定了 98 部地方性法规（现行有效）。其中，石家庄市制定了 16 部地方性法规，唐山市 10 部，邯郸市 22 部，秦皇岛市 9 部，张家口市 7 部，邢台市 9 部，保定市 7 部，承德市 5 部，沧州市 4 部，廊坊市 4 部，衡水市 5 部。

该数据表明三个"较大的市"一共制定地方性法规 48 部，约占比 49%；其余八个新享有立法权的"设区的市"一共制定地方性法规 50 部，约占比

51%。由此可见，"较大的市"立法数量远多于新享有立法权"设区的市"。本文认为产生此种现象的原因主要有二。

其一，新享有立法权的"设区的市"立法机制尚未完善、立法能力有待提升。立法是一种以精确的方法和技巧来准确表述客观规律的科学活动和技术活动❶，石家庄、邯郸和唐山三个"较大的市"在《立法法》修改以前即拥有立法权，立法经验较为丰富，不论是立法技术还是立法程序都更为成熟。相较之下，其余城市对于如何科学立法、民主立法还处在摸索和不断进步的阶段，对于制定地方性法规持审慎、稳妥的态度。

其二，地方性法规数量与经济发展大致呈正相关。河北省近五年各市GDP前四名分别为唐山市、石家庄市、沧州市和邯郸市，而近五年的立法数量前四名分别为邯郸市、石家庄市、唐山市和秦皇岛市。沧州市或许因拥有立法权时限较短、立法机制尚不完善，地方性法规数量较少。由此可以认为，地方性法规数量与经济发展大致呈正相关。

（二）地方性法规种类分布反映地方立法需求

《立法法》规定设区的市立法权限范围限于"城乡建设与管理、环境保护、历史文化保护"三个方面。本文将河北省近五年的 98 部地方性法规进行分类、归纳发现，"城乡建设与管理类"法规数量为 55 部，占全部法规数量的 55.5%；"环境保护类"法规数量为 26 部，占全部法规数量的 26.3%；"历史文化保护类"法规数量为 8 部，占全部法规数量的 8%；"制定程序类"法规为 8 部，占全部法规数量的 8%；"越权类"法规数量为 2 部，占全部法规数量的 2%。

首先，"城乡建设与管理类"的地方性法规数量最多，超过了其余种类地方性法规数量的总和，法规种类整体失衡，反映出各市城市建设与管理存在的问题较多，关于"城乡建设与管理"的立法需求较大。其次，河北省各设区的市都制定了关于污染防治、保护生态环境的相关地方性法规，如，石家庄市、唐山市、邢台市、保定市和廊坊市人大常委会都分别制定了《大气污染防治条例》，邯郸市人大常委制定了《邯郸市减少污染物排放条例》。说明现阶段河北省的污染问题严峻、生态环境破坏程度较为严重，各市希望通过立法的方式推动对生态环境的保护。再次，关于"历史文化"的法规一共有 7 部，主要针对古城、长城、古陵墓、工业遗产和烈士纪念碑等进行相关的保护。从

---

❶ 王春业. 论赋予设区市的地方立法权 [J]. 北京行政学院学报，2015（3）：113.

保护对象上来看，各设区的市对物质形态的历史文化保护的立法需求较高。

（三）地方性法规具备地方特色

赋予设区的市以立法权，就是要使其能够有针对性地立法，确保本地资源的合理、正当使用。[1] 河北省各设区的市行使立法权，能够根据本地的具体情况和实际需要制定相关的地方性法规，尤其在"环境保护"和"历史文化"保护两方面突出了地方特色。（1）"环境保护"方面：唐山市易发地震灾害，为此制定了《唐山市防震减灾条例》；保定市针对白洋淀的环境保护专门制定了《保定市白洋淀上游生态环境保护条例》；河北省空气污染较为严重，大部分城市都为此制定了大气污染防治条例：《石家庄市大气污染防治条例》《唐山市大气污染防治若干规定》《邢台市工业企业大气污染防治条例》《保定市大气污染防治条例》《廊坊市加强大气污染防治若干规定》。（2）"历史文化保护"方面：各市根据本地特有的历史建筑、历史文物针对性地进行保护立法，如《石家庄市正定古城保护条例》《秦皇岛市长城保护条例》《清东陵保护管理办法》《邯郸市烈士纪念设施保护条例》《邢台市工业遗产保护与利用条例》。

三、设区的市立法的实践困境

2016 年以来，河北省各设区的市地方性法规出台数量的不断增多，代表着各市立法技术不断提高、立法机制不断完善，但是其中仍然存在着许多不容忽视的问题。

（一）存在"越权立法"行为

越权立法是指立法主体超越法定的或授予的立法事项权限制定的法律规范。[2] 本文在梳理河北全省地方性法规的过程中，发现部分设区的市存在越权立法的行为。唐山市人大常委会于 2016 年 3 月 29 日发布了《唐山市邮政条例》，该条例的依据是《中华人民共和国邮政法》与《河北省邮政条例》等有关法律、法规。但《中华人民共和国邮政法》（以下简称《邮政法》）第86 条规定："省、自治区、直辖市应当根据本地区的实际情况，制定支持邮政企业提供邮政普遍服务的具体办法。"《邮政法》并未授权设区的市制定支

---

❶ 彭中礼. 设区的市立法与民间规范：经验、理论及其解析——基于东中西部三省设区的市立法的比较分析［J］. 法学杂志，2019（11）：20.

❷ 杨登峰. 越权立法的认定与处理［J］. 现代法学，2006（3）：37-44.

持邮政企业提供邮政普遍服务的具体办法，故唐山市没有资格制定相关的地方性法规，此行为属于越权立法。《全国人民代表大会和地方各级人民代表大会代表法》第51条仅授权省、自治区、直辖市的人民代表大会及其常务委员会可以根据该法和各行政区域的实际情况，制定实施办法。而邢台市作为设区的市，并不具备制定《邢台市人民代表大会代表建议、批评和意见提出和办理办法》的主体资格。越权立法的行为不仅违反了《立法法》的相关规定，也违背了法制统一的原则。

（二）部分地方性法规违背不抵触原则

为保证法制统一，宪法、法律对设区的市立法权限一项重要的限制是"不抵触"原则，即设区的市立法不得与宪法、法律、行政法规、省人大地方性法规相抵触。❶ 而本文在对河北省各市的地方性法规进行梳理时发现，部分地方性法规内容与上位法相冲突，违背了上述原则与要求。《河北省大气污染防治条例》第89条规定，单位"在人口集中地区和其他依法需要特殊保护的区域内，露天焚烧沥青、油毡、橡胶、塑料、皮革、垃圾以及其他产生有毒有害烟尘和恶臭气体的物质"，情节严重的处"三万元以上十万元以下罚款"；而《保定市大气污染防治条例》规定，"城市、县城建成区内露天焚烧沥青、油毡、橡胶、塑料、皮革、垃圾等产生有毒有害烟尘和恶臭气体的物质"，情节严重的，处"五万元以上十万元以下罚款"。在针对同一主体作出的相同危害程度的违法行为进行处罚时，《河北省大气污染防治条例》作为上位法规定的罚款区间为"三万元以上十万元以下"，而《保定市大气污染防治条例》作为下位法提高了罚款起始数额，将罚款区间限缩为"五万元以上十万元以下"，行政处罚的幅度突破了上位法的规定。

（三）审查批准制度缺乏实效性

《立法法》要求，设区的市制定的地方性法规必须报请省人大常委会审批，省人大常委会应当对提交申请审批的地方性法规进行合法性、合宪性审查后，决定是否批准施行。但无论是上述"越权立法"的行为还是"部分地方性法规与上位法相抵触"的情形，甚至各设区的市还存在"重复立法"的问题，而这些存在漏洞或是瑕疵的地方性法规都是经过省人大常委会审查批准之后颁布施行的。本文认为产生此问题的原因有二：一是没有专门的审查

---

❶ 陈国刚. 论设区的市地方立法权限——基于《立法法》的梳理与解读 [J]. 学习与探索，2016（7）：84.

批准程序规定。《立法法》中仅规定了省人大常委有义务对设区的市制定的地方性法规进行审查，但是却没有制定相关的程序规范这一制度，使该制度在运行的过程中缺乏明确的指引；二是审查过程流于形式。以"越权立法"问题为例，省人大常委会在审查《唐山市邮政条例》时，若对于该法规依据的上位法《邮政法》进行仔细阅读便会发现，《邮政法》并未授权设区的市制定相关的地方性法规。这恰恰反映了省人大常委会在对地方性法规进行审查时流于形式，未进行实质性审查。以上的原因导致了审查批准制度无法发挥出其应有的效力。

四、设区的市立法的改进路径

事物的发展总是螺旋式地上升、波浪式地前进。设区的市拥有立法权是一个新事物，在立法实践中总会遇到许多困境与阻碍，但是其本质上是在不断成熟、前进的。本文将对上述立法实践中出现的问题提出针对性的完善措施。

（一）坚持依法立法原则

党的十九大报告明确提出全面推进依法治国的总目标是建设中国特色社会主义法治体系，建设社会主义法治国家。建设中国特色社会主义是一项系统性的工程，立法是其中的首要环节和关键内容。而依法立法是我国立法程序中不可动摇的原则与前提。

首先，依法立法应当是依宪立法。宪法是国家的根本大法，所有法律、法规的效力都来源于宪法，所以各设区的市在行使立法权时都必须建立在依宪立法的前提下。依宪立法不仅要求河北省各设区的市行使立法权和运行立法程序时须遵循宪法，亦要求所有的法律、法规在立、改、废、释的过程中遵循宪法，不得与宪法相抵触。

其次，依法立法应当是依权限、守程序立法。一方面，河北省各市依权限立法。各设区的市在行使立法权、针对本地某一事项立法时应当确保上位法赋予其该事项的立法权限，避免出现"以上位法为依据，但上位法并未赋予立法权限"自相矛盾的情况。另一方面，河北省各市依程序立法。立法程序是立法权运行的重要方式、手续和步骤，也是立法活动顺利展开的必经环节和载体。❶ 各设区的市不仅应当遵循《立法法》及其他上位法规定的立法程序，同时也应当遵守各地自身制定的立法程序规定，如《石家庄市制定地

---

❶ 张文显. 法理学［M］. 北京：高等教育出版社，2018：231.

方性法规条例》《唐山市地方立法条例》。

各设区的市应始终坚持依宪立法、依法立法，按照法定的程序行使地方立法权，进一步提高立法质量，为全面推进依法治国，推进国家治理能力与治理体系现代化提供更有力的法律保障。

（二）推进"小切口"立法

2018 年 9 月，全国人大常委会委员长栗战书出席全国地方立法工作会议，提出了"小切口立法"的概念。即所谓"小切口立法"是指地方立法应聚焦所要解决的问题，确定小一些的题目进行专门立法。❶中央法规更多的是对某一方面的事项作出统筹性的规定，具有高度的概括性，较为笼统。而设区的市是最接近基层群众的立法主体，其制定地方性法规时，应当突出地方特色，充分反映本地实际对立法调整的需求，突出解决当地经济社会发展中存在的问题，着力增强法规的特色和实用性，避免"重复立法"行为，应当在上位法的基础上作出更加精细化的具体规定。同时，设区的市立法要坚持以问题为导向，把重点放在法规核心制度、关键条款的设计上，尽可能实现精细化立法，针对需要解决的问题，立足地方实际，认真总结实践经验，把握客观规律，有几条立几条，确保每一项制度规定可操作、易执行，做到管用务实。如张家口市针对本行政区域内的公共场所吸烟问题制定了《张家口市公共场所控制吸烟条例》，充分贯彻了"小切口立法"的理念，该法规规定较为精细，可操作性强，在很大程度上减少了张家口市公共场合吸烟的行为，为公众创造了良好的公共环境，保障了群众的身体健康。

（三）健全审查批准制度

除要求设区的市在立法过程中坚持依法立法，进行"小切口立法"，凸显地方特色，满足地方立法需求外，还应当健全省级人大常委会对地方性法规审查批准制度。本文认为健全审查批准制度应当从两方面入手。一方面，应当对法规内容进行实质性审查。首先，应当审查地方性法规是否符合宪法、上位法规定，是否存在与宪法、上位法相抵触的内容，是否违背宪法、上位法的相关立法精神、立法原则；其次，设区的市对一些国家法律或是行政法规尚未规制的内容进行相关立法时，省级人大常委应当仔细审查其合理性、合法性以及当地的实际情况，确认当地确实存在立法需求。另一方面，省级

---

❶ 李小健. 如何搞好新时代地方立法工作？[J]. 中国人大，2018（18）：17.

人大常委会应当制定专门的审查批准程序。《立法法》中虽规定省级人大常委会应当对地方性法规进行审查批准，但是并未规定具体的审查程序。省级人大常委会应当制定详细、规范的审查批准程序，如明确报请批准的主体、报请批准的材料、审查流程、审查时限、审查结果公布等，为审查批准程序搭建一个切实可行的框架。

结　语

赋予设区的市地方立法权，始终坚持依法立法、科学立法、民主立法，不仅是进一步提高立法质量，形成完备的法律法规体系的必然举措，也是使我国立法体制更加适应治理能力、治理体系现代化的时代需要。河北省在《立法法》修订后五年的立法实践，取得了较大的进展与较多的成果。本文首先对地方立法权的三种权限，即"城乡建设与管理、环境保护、历史文化保护"，进行了范围分析；同时，本文通过对相关数据进行归纳总结，发现河北省近五年的立法实践总体呈现出"较大的市"立法数量远多于新享有立法权"设区的市"、地方性法规种类分布反映地方立法需求、地方性法规具备地方特色等特征。

由于河北省大部分设区的市被赋予立法权年限较短，相关立法技术尚未成熟、立法运行机制存在缺陷，导致立法实践中出现了"越权立法""与上位法相抵触"等问题，省级人大常委会的审查批准程序也缺乏应有的实效性。本文认为，首先，地方立法应当坚持依法立法原则，确保地方性法规不与宪法、上位法相抵触。其次，地方立法应当贯彻"小切口立法"模式，坚持制定具有本地特色的法规，避免与上位法已经规定的内容相重复，防止浪费立法资源。同时，地方立法也应当加强法规的实际操作性，避免过于空泛，以解决问题为首要任务。最后，应当健全地方性法规的审查批准制度，对地方性法规进行事后监督。设区的市应当不断地总结经验指导立法实践，同时也应当在实践中不断提高自身的立法能力，完善立法程序。

区域协同立法与
雄安新区法治保障研究

京津冀区域协同立法问题研究

■贾志民　任莉媛

作者简介：贾志民，河北师范大学法政与公共管理学院副教授。

任莉媛，河北师范大学法政与公共管理学院讲师。

京津冀区域协同发展不仅体现在自然资源、基础设施建设方面，还体现在法治环境、人文环境等方面。这些方面是京津冀区域协同发展的核心内容，也是检验京津冀区域协同发展水平的重要标志。

一、区域协同立法与地方立法概述

（一）区域协同立法概念的厘定

目前，学界关于区域协同立法的概念并无明确统一的界定，但在立法实践中，区域协同立法已悄然在一些地方就某领域实际地进行着并发挥着重要作用。

不同的学术领域对"区域"的解释也不尽相同，词义学上一般指一定的地域、区域，地理学上一般指一个地理空间或地理单元，法学上一般指主权国家或行政区划在经济、政治、文化方面具有普遍性或共通性的事项所形成的地域共同体。在社会实践中，"区域"通常是指突破行政区划的界限，由两个或两个以上享有立法权的省、市组成，存在一定合作基础，能够开展社会活动的特定主体，如京津冀、长三角等。关于"协同"，《说文解字》中提到"协，众之同和也。同，合会也"。"协同"有着协和、同步、和谐、协调、协作、合作的基本含义，即两个或者两个以上的不同主体，协调一致地完成某一目标的过程或能力。在国家现代化法治体系建设发展的过程中，"协同"的基本概念也不断地衍生出新的内涵，强调不同立法主体之间积极地进行沟通与合作，从而使其满足地方发展需求，达到一种整体和谐发展的状态。❶ 区域协同立法是在协商和合作的基础上，在立法层面上的创新与发展，是产生于实践需要的一种新的立法形式，突破了我国现有的立法体制。

（二）关于地方立法的规定

我国 1982 年《宪法》规定，拥有立法权的主体是全国人大及其常委会，

---

❶ 李杰. 京津冀区域协同立法问题研究［D］. 保定：河北大学，2018：3.

全国人大有权修改宪法，制定和修改刑事、民事、国家机构和其他的基本法律。全国人大常委会有权解释宪法，制定和修改除由全国人大制定的法律以外的其他法律；在全国人大闭会期间，有权对全国人大制定的法律进行部分补充和修改，但不得同该法律的基本原则相抵触；国务院根据宪法和法律制定行政法规；省、自治区、直辖市人大及其常委会，可以根据本行政区域的具体情况和实际需要，在不与宪法、法律、行政法规相抵触的前提下制定地方性法规，报全国人大常委会和国务院备案。

1986年全国人大常委会修改《地方各级人民代表大会和地方各级人民政府组织法》后，省、自治区人民政府所在地的市的人大及其常委会以及经国务院批准的较大的市的人大及其常委会，省、自治区、直辖市以及省、自治区的人民政府所在地的市和经国务院批准的较大的市的人民政府等地方国家机关均获得了立法权。同时规定上述经批准的立法机关的立法"不得与宪法、法律、行政法规相抵触"，但对于抵触的标准及其地方国家机关的立法事项等内容没有作出明确的规定，导致在对具体问题的实施上具有一定程度的模糊性。虽然立法上存在一些问题，但是不影响我国立法体制基本框架的初步构成。❶

此后，2000年第九届全国人大第三次会议审议通过了《全国人民代表大会关于〈中华人民共和国立法法〉的决定》，该决定对中央和地方的立法权限作出了建构性的规定。具体表现在对全国人大及其常委会专属立法事项的确立、明确了地方人大及其常委会制定地方性法规的立法权限范围，同时规定了地方人大及其常委会制定地方性法规不得与宪法、法律、行政法规相抵触的原则，以及对民族自治地方人大制定的自治条例、单行条例、地方政府规章享有立法权限的范围作出界定。

2015年修订后的《中华人民共和国立法法》（以下简称《立法法》，下文所及法律均为简称）第72条调整为："设区的市的人民代表大会及其常务委员会根据本市的具体情况和实际需要，在不同宪法、法律、行政法规和本省、自治区的地方性法规相抵触的前提下，可以对城乡建设与管理、环境保护、历史文化保护等方面的事项制定地方性法规，法律对设区的市制定地方性法规的事项另有规定的，从其规定。"

综上，《宪法》立足于处理中央与地方、上级行政区域与下级行政区域之间的关系，它规定的是地方行政区域范围内的立法权限，并没有涉及横向的、

---

❶ 张宜云. 浅析区域立法的方位和维度——以京津冀区域为例［J］. 人大研究，2020（3）：41-42.

平行地区之间的行政区域关系。

二、京津冀区域协同立法的必要性

（一）京津冀区域协同发展制度保障的需要

20 世纪 80 年代京津冀之间的合作就已经开始，由于没有统一的规则，合作未能如期开展。京津冀区域在市场、公共服务、环境和生态保护方面存在差异和冲突，三个区域分散立法，缺乏统一的协同立法法律规范的明确指引和约束，在很长的一段时间内，京津冀区域没有达成协调统一发展的步调，京津冀一体化发展受到了直接的影响。

以环境保护为例，环境保护需要区域携手共同开展。早期，京津冀由于没有统一的区域生态环境保护规则，尽管北京投入了巨大的人力、物力、财力治理环境污染，但仍然无法有效地治理雾霾。历史教训和经验证明，同一区域只有制定统一的污染治理规则，联手治理，才有可能实现蓝天白云的环境。同理，在住房、养老、医疗、教育、交通等需要一体化协调与治理的公共服务领域，要实现京津冀一体化，也需要在这些方面建立并实行统一的规则制度体系。区域协同立法需要联合体内各地方统一规则的确立，制定联合体内各地方统一规则因而成为现实必要。

（二）落实依法治国的需要

早在"九五"计划时期，我国对区域经济的发展就进行了深入细致的研究。到"十二五"规划时期，《国民经济和社会发展第十二个五年规划纲要》明确指出要实施区域发展总体战略，充分发挥不同地区的比较优势，促进社会各生产要素的合理流动，使区域发展形成一种良性循环，深化区域间的合作，逐步缩小区域间的发展差距。[1] 国家政策的推动与支持为京津冀区域协同发展指明了方向，促进了区域内各主体的协调发展。2015 年，《京津冀协同发展规划纲要》的出台，标志着京津冀协同发展的顶层设计基本完成，推动实施这一战略的总体方针已经明确。

习近平总书记强调重大改革必须于法有据，京津冀区域协同发展作为一项重大改革创新，实质重点在于三地政府体制改革和区域发展，因此，在自然资源环境、基础设施建设、法治环境和人文环境等多层面进行协同合作时，应充分发挥立法的引领保障作用。《京津冀协同发展规划纲要》是加强京津冀

---

[1] 李杰. 京津冀区域协同立法问题研究 [D]. 保定：河北大学，2018：13.

立法协作，贯彻落实国家政策与引领京津冀快速发展的重要保障。京津冀地区多以规范性文件、签订重点工作协议等方式实现区域协同立法，但是这种发展是不全面的，只有通过立法的方式将现实需要上升到法律层面，才能更加深入贯彻落实国家重大的发展战略，达到国家依法治国的目标。

三、京津冀区域协同立法面临的挑战

（一）区域协同立法与人民代表大会制度之间的张力

人民代表大会制度是我国根本的政治制度，也是中国特色社会主义制度的重要组成部分。我国宪法规定，中华人民共和国的一切权力属于人民，人民行使国家权力的机关是全国人民代表大会和地方各级人民代表大会，全国人民代表大会和地方各级人民代表大会由民主选举产生，对人民负责，受人民监督。国家最高权力机关是全国人民代表大会，中央统一领导地方。地方人民代表大会制度是以行政区划为基础，实行上级领导下级的领导体制，上级人民代表大会及其常委会领导下级人民代表大会及其常委会。机构设置上，地方各级人大及其常委会有管理本行政区域内事务的权力，同一行政区域内上下级人大和政府是一种领导与被领导的关系，不与横向的行政区域内的人大和政府发生法律关系，不能突破行政区域的界限，不能干涉横向的行政区域管理事务的权力。协同立法使得地方人大和政府不仅在上下级之间产生了领导与被领导的关系，还与横向行政区域内的人大和政府发生了关系，这就同人民代表大会制度产生了一定的紧张关系。

通过分析 2015 年天津市人大常委会主任会议通过的《关于加强京津冀人大立法工作协同的若干意见》可以看出，京津冀三地以人大常委会主导的立法协调工作涉及一系列的问题，如人大常委会的工作机构或其他组织立法活动的多样性、地方人大及其常委会立法权力交叉等问题，这就会产生冲突，推动国家机关职权加速调整和转变，对我国根本政治制度也是一个不小的挑战。

（二）区域协同立法与宪法精神之间的模糊性

宪法序言中规定了国家的指导思想和国家的根本任务，但未明确提出区域协同立法。但是，区域协同立法可以定位到不同区域间经济发展的问题上，延伸到区域协调发展。科学发展观、习近平新时代中国特色社会主义思想以及贯彻新发展理念都蕴含着区域协调发展的内容，因此区域协同立法的精神

是否在宪法序言中有所体现值得我们探讨。❶

宪法总纲中有对行政区划的规定，"国家机构"一章中提及地方人民代表大会和人民政府有在本行政区域内管理事务的权力，在此基础上讨论区域的协同发展是没有疑问的，不会打破现有的宪法体制。这就存在一个问题，宪法序言体现了区域发展的理念，但没有涉及行政区划的问题，而宪法总纲只提到了行政区划却没有提到发展的问题，二者没有同时体现在宪法条文中，这就使人们对区域协同立法是否符合宪法这一问题质疑。

2018 年宪法序言增加了"把我国建设成为富强民主文明和谐美丽的社会主义现代化强国"的内容，党的十九大报告中也有类似的表述：实现我国国家治理体系和治理能力的现代化，要把我国建设成为五位一体的社会主义现代化强国。实践证明，实现国家治理体系和治理能力现代化的必由之路就是实现区域协调发展。所以，区域协同立法是我国国家根本任务的应有之义，它与宪法精神相契合。

由于宪法中行政区划与发展没有同时被提出，导致区域协同立法没有充分地被体现。所以，区域协同立法在精神方面符合宪法序言，但在具体的实施办法上却没有明确地体现在宪法总纲和国家机构的相关规定当中。

（三）区域协同立法主体不明确

宪法规定全国人大有权行使立法权，我国的立法主体已经扩大到设区的市一级。其中，省一级人大及其常委会拥有完整立法权可以制定地方性法规，但设区的市一级人大及其常委会制定的地方性法规需报省人大常委会批准。

虽然设立了京津冀协同发展领导小组，京津冀三地也设立了协同发展领导小组及其办公室，但由于三地存在不同的利益竞争关系，加之地方人大、政府和全国人大及其常委会对京津冀协同立法参与较少，故而缺乏协同立法的组织机构，立法主体不明确。❷

区域协同立法的目的就是要打破行政壁垒，统一协同立法。因此，行政区划的人民政府、人大及其人大常委会、人大的专门委员会、法制工作机构以及政府的司法行政部门是否有协同立法的权力，这都有待法律予以明确。

---

❶ 刘松山. 区域协同立法的宪法法律问题［J］. 中国法律评论，2019（4）：65-66.
❷ 梁平，律磊. 京津冀协同立法：立法技术、机制构建与模式创新［J］. 河北大学学报（哲学社会科学版），2019，44（2）：59.

（四）区域协同立法的事项不明确

首先，地方立法权限的划分是以行政区域为单位的，即不同行政区域的立法主体所能规范的事项仅限于本行政区域内部的事项。区域协同立法涉及的事项一般具有共同性或普遍性，但宪法对区域间的共同事项或普遍性事项没有明确的规定。有些事项虽不属于地方性事务，但基于利益的需要，地方也想要行使立法权。这就会引起多个地区可能同时对其进行管理的混乱现象的出现。

其次，京津冀三地已经在市场、公共服务、生态与环境保护方面开展协同立法，紧接着也应该将教育、医疗、文化等方面纳入协同立法的范畴。地方国家政权机关对其行政区域内的经济、社会、文化等事务享有立法权，但是，经济、社会文化等事务的范围比较宽泛，不同行政区域对经济、社会文化事务的范围界定不同，因此牵涉的问题就会十分复杂。协同立法面临很多的威胁和挑战，除了环境保护方面的立法，京津冀协同立法还未涉及其他立法事项。

最后，无论是《宪法》还是《立法法》，针对地方立法的问题都有对地方立法不得与上位法相抵触原则的规定。从当前立法现状来看，地方立法"不抵触"原则的规定存在很多不足之处，主要表现在"不抵触"原则内涵不明确，没有统一界定"抵触"的标准，处理"抵触"的地方性法规的机制体制不健全，侵权保障措施缺位。《宪法》对"不抵触"原则规定的缺失，限制了下位法对地方立法问题进行具体操作的实践问题。因此，地方之间协同立法应明确地方"抵触"的判断标准，协调地方不同领域立法事项。

（五）区域协同立法的方式及其法律效力

现有的实践经验表明，京津冀区域之间开展协同的方式主要是建立联席会议机制、协商沟通机制、立法规划计划协同机制、法规清理常态化机制、学习交流借鉴机制等。其中最多的是签订有关立法协作的协议，各行政区域的立法主体做出协调一致的立法规定或出台相关的法律文件，对立法规划、立法计划和立法中的具体内容进行沟通协商。

以上各行政区域协同立法的做法，体现出各行政区域主体在开展协同时，都尽量避免出现与宪法正面冲突的情况，采取的做法都较为柔和，针对协作的双方主体不具有法律强制效力，法律效果不明显。这些都从深层次揭示了在《宪法》法律条文中想要找到区域协同立法的法律依据是困难的，更不要说协同立法的方式和产生的法律效力了。

四、京津冀区域协同立法的完善与发展

（一）推动国家法律层面的统一立法

习近平提出推进京津冀协同发展重要的一点是加强顶层设计，这就要求在现阶段应制定并完善上层立法，使区域协同立法有法可依。只有国家制定了统一的法律，通过法律的强制执行力确保法律规范的有效实施，才能实现真正意义上的依法治国。由于京津冀三地经济发展差距较大，因此只有国家统一立法才能从实质上推动京津冀三地的发展，提供强有力的法律保障❶，化解京津冀区域协同发展中面临的区域协同立法与人民代表大会制度、宪法精神之间的张力，完善国家的法律体系。

（二）建立京津冀三地立法协调机构

根据《政府组织法》的规定，京津冀地区的立法机关地位平等，立法机关之间不存在任何隶属关系，因此地区之间立法机关制定的法律若缺乏协商一致的基础，本地的地方性法规或者政府规章对其他地区就不会产生法律约束力。京津冀区域协同立法涉及三地经济、政治、文化等各种方面的事项，因而众多的立法事项应建立一个统一的立法协调机构，如京津冀区域协同立法委员会。该委员会负责起草地区之间以协同发展为目标的地方性法规或规章，协调各地区出台的地方性法规和规章之间产生的问题。

京津冀区域协同立法委员会应当与国家立法机构相一致，在国家法治发展的框架内，通过明确的京津冀区域协同立法机构的建立，促进京津冀地区的协同发展，优化协同发展的法治环境。同时，京津冀区域协同立法机构始终要与各地区立法机关保持密切联系，积极沟通交流，促进京津冀区域协同立法一体化。

京津冀三地在协同发展时，既要兼顾公平，又要共同协调发展，实现利益最大化。这样一来立法协调机构的建立能够保障协同立法工作的稳步进行，平衡三地发展利益和有效地消除三地矛盾冲突，使京津冀三地获得平等的发展地位，达到京津冀三地能够有序立法的圆满状态。更要坚持法制统一的原则，在现有的法律框架基础上积极探索、勇于创新，充分发挥京津冀三地的

---

❶ 王宝治，张伟英. 京津冀协同立法的困境与出路 [J]. 河北师范大学学报（哲学社会科学版），2016（5）：134.

自主性与能动性。

（三）明确和扩大协同立法的事项范围

京津冀区域协同立法应当加强在公共服务领域等方面的联合立法。现阶段，京津冀三地协同立法最突出的领域是生态保护和环境保护领域，对其他领域的立法事项涉及较少。但随着我国社会的快速发展，医疗产业、服务产业、互联网产业、文化产业都需要被纳入区域协同立法的范围当中，如京津冀区域签订的《京津冀医疗保障协同发展合作协议》，意味着医保一体化在稳步推行，这一合作的携手推行使群众能够享受到最优质的医疗资源，方便了群众的看病治疗，又促进了社会保障领域实现跨越式发展。因此，只有京津冀区域协同立法的范围涵盖面更广才能适应一体化的发展需求，以部分地区的协调发展推动国家的整体发展。❶

（四）健全京津冀区域协同立法备案制度

根据《立法法》有关规定，在不与宪法、法律和行政法规相冲突的情况下，国家权力机关有权制定本地区的规范性文件，政府可以制定相应的办法、规则等规范性文件。地区间因各自利益侧重点不同、发展目标规划设定不同，制定的规范性文件之间可能产生冲突，因此备案制度的建立可以对不同地区制定的规范性文件按照协同发展的原则进行审查，一地区对另一地区制定的地方性法规和规章有争议的可以提出异议，协商解决。京津冀区域协同立法备案审查制度能够有效解决立法后出现的问题，但也应注意遵循合法性、合理性等法律原则，不断推动区域立法的完善与发展。

（五）完善立法监督体系

京津冀区域协同发展不仅需要统一的立法，还需要建立健全立法监督体系予以制约和监督。在现代国家权力运作的过程中，立法权力必须得到严格和有效的控制，因为立法权是平衡公权力和私权力的重要依据，立法监督是防止立法权力滥用的有效保障。首先，应当建立完备的立法监督组织体系，设立专门的监督机关，对区域内协同立法的程序和权限进行监督，监督协同立法机构构成是否合理、立法权限的边界是否合法，监督协同立法的执行情况，防止权力的滥用。其次，注重公民对协同立法活动的监督，立法行为是

---

❶ 焦洪昌，席志文. 京津冀人大协同立法的路径 [J]. 法学，2016 (3)：43-44.

对社会一切组成部分和每个社会成员制定法律，会引起法律关系的形成、变更与发展，因此要注重民众的参与。吸纳公众的建议、接受公众的监督是立法监督体制良性发展的前提，需要提供多种多样的社会监督渠道，让京津冀人民参与到区域协同发展的实践当中，这样才能切实解决协同立法过程的诸多问题。最后，由于当前京津冀地区还是分散性的立法模式，地区间因利益诉求不同很容易出现分歧，协商解决属于一种柔性手段，缺乏强制性约束机制，只有将制度建设和制度落实相结合，才能减少冲突并有利于冲突的解决。

结　语

京津冀区域协同发展是一个战略性的长远发展计划，给国家和人民带来的不仅仅是经济上的效益，还有社会公共服务、环境和生态保护、医疗、教育等方面的全新体验。虽然京津冀协同立法还面临着许多问题，但是各方也在不断地探索和积极地解决这些问题，京津冀协同立法必然促使京津冀一体化进程顺利推进。

京津冀大气污染防治协同立法问题研究

■刘　涛　郭如如

作者简介：刘涛，中南财经政法大学法学院硕士研究生，
　　　　　　研究方向为立法学、法哲学及法学方法论。

　　　　　　郭如如，中南财经政法大学法学院硕士研究生，
　　　　　　研究方向为法理学。

京津冀三地位于我国的华北地区，属于我国的北方地区，受季风性气候的影响，冬半年华北地区气候干旱，降雨稀少。受燕山、阴山的影响，西北风受到严重的阻隔，京津冀三地冬半年风力较小。近些年来，华北地区雾霾影响严重，京津冀三地尤为明显，大气污染到了必须严加治理的程度。气候不足以解决雾霾问题，而且在一定程度上加重了京津冀三地大气污染。各自为政治理大气污染的方式难以解决三地共同面临的大气污染问题，京津冀三地区缺乏协同治理大气污染的规范性法律文件，这就在主客观两方面给京津冀三地进行协同立法提供了可能。京津冀三地协同立法共同治理大气污染问题，可以为人民提供一片蓝天，提高人民生活的幸福感。

一、京津冀大气污染及相关立法的现状

（一）京津冀地区大气污染的现状

改革开放以来，尤其是进入 21 世纪，我国的城市化建设进程加快，城市人口的比重逐渐上升，城市占地的比重也在增加，经济发展让地区间的联系越来越密切，各地区均面临区域承载压力下的高浓度、高污染、高集中度的"三高"排放，2015 年年初中央电视台记者柴静推出的空气污染深度调查《穹顶之下》更是完全表露出河北地区严重的大气污染问题。大气污染物的典型特征之一就是污染物可以在不同空间、不同时间之间互相运动、互相反应、互相作用，从局部的、单一的污染物逐渐向跨区域、复合型的大气污染物转变。无论是京津冀都市城市圈还是全国其他地区，大气污染均不同程度地对经济社会发展、人民大众的健康造成严重的不良后果。跨区域的环境治理，目前就是大气污染的治理，理论上应该以相邻区域为一个整体单位，进行全方位、综合性的治理。同时，京津冀区位优势越来越明显。2017 年 4 月 1 日，国家宣布位于河北省保定市的安新县、雄县、容城县以及周边小部分地区成立河北雄安新区，被喻为千年大计。雄安新区位于北京市、天津市、河北省的地理中心，雄安新区的主要职能是缓解首都的部分压力，中共中央和国务院计划将其建设成为新时代现代化的大都市。如果没有良好的生态环境，雄

安新区的非首都功能就很难实现。现代化的大都市需要有良好的生态环境做支撑。京津冀三大地区在我国华北地区占据重要的战略位置。同时，京津冀地区作为全国的政治和文化重心所在，其具有特殊的地理意义和现实影响，是国家兴旺和民族统一的象征。❶其大气环境的作用可想而知。新时代背景下的京津冀地区更具有了重要的现实意义。但是，目前实践中仍然是以行政区域为单位进行本行政区域内的大气污染治理，这是典型的属地主义治理模式。换言之，本行政区域内的各相关部门仅对本行政区域内的大气污染负责，这种治理模式在现代中国环境严重受到威胁的情况下显然已经不合时宜，尤其是对京津冀的区域协调发展而言，这无疑是一种阻碍，不利于推动该经济地带的发展。因此，国家有必要进行相应治理模式、治理政策、治理制度的优化调整、适度整合。

（二）京津冀地区大气污染治理的现状

京津冀位于环渤海经济带，是环渤海经济带的发展重心。在我国沿海区域经济发展布局中，京津冀、长三角、珠三角共同筑成我国东部乃至全国的经济发展支柱和基础。虽然京津冀潜在的经济发展优势明显，但亦是三个经济圈中大气污染最为严重的一个。在该经济区域中，北京、天津是两个核心地区，无论是经济综合发展实力，还是相应配套的基础设施建设，都要明显地优越于河北省。在地缘位置中河北将北京、天津紧紧包围其中。河北以工业为主，经济发展相对缓慢，大气污染极为严重，而该区域的地形等因素又造成空气不易流通，致使京津冀地区大气环境质量普遍较低。从 2018 年中国生态环境公报的数据来看，京津冀地区、汾渭平原 PM2.5 平均浓度比 2017 年分别下降 11.8%、10.8%，优良天数比例比 2017 年分别上升 1.2、2.2 个百分点。而 2019 年 1~4 月份，全国 338 个地级及以上城市中，平均优良天数比例为 79.9%，同比上升 1.9 个百分点，PM10、臭氧、二氧化硫浓度较去年同期呈下降态势，PM2.5、氮氧化物、一氧化碳浓度较去年同期持平。各种影响大气质量的指标虽有下降，但不足以解决大气污染的根本问题，各种影响大气质量的污染物浓度难以得到有效的控制。在整个冬半年就很难在京津冀地区看到蓝天，大气的清洁度一直处于红线状态。社会公众一直盼风来，有风就能吹散雾霾，蓝天才能显露。很显然，靠自然风来解决大气环境问题是靠不住的。2019 年，生态环境部公布当年 9 月京津冀大气污染的情况，同比污

---

❶ 宋阳，李硕宁. 京津冀协同视角下的大气污染治理 [J]. 政法学刊，2019，36（4）：19.

染指标有所下降。近几年来，大气污染虽在治理，也取得了一定的效果，但是大气污染问题仍然较为严重。冬半年时期，京津冀的蓝天依然不多见。京津冀地区资源丰富，交通便利，而环境污染间接导致了资源的开发和利用问题。河北省的很多城市都在冬半年采取早晚高峰公交车免费的方式鼓励社会公众乘坐公交车出行，通过这种方式缓解和减轻河北地区的大气污染压力。

（三）京津冀大气污染防治协同立法的必要性与紧迫性

第一，无论之前的 2008 年"奥运蓝"，还是 2014 年的"APEC 蓝"或者是 2015 年的"国庆蓝"，一直都是中央采取自上而下的行政命令，通过建立临时的协调小组，制定暂时的大气污染防治应急预案与机制所取得的短期目标。显然，京津冀的发展依靠这种暂时的行政命令模式不是长久之计。京津冀地区各自为政的法律法规以及红头性文件都不足以解决京津冀地区现实的大气环境污染问题。解决环境问题，尤其是大气污染的问题，我们要眼光长远，打破地方政府的狭隘利益倾向，以京津冀三地的行政区域为一个统一的整体，通过整体立法来跨区域治理大气污染问题。保护环境作为我国的基本国策之一，伴随着人民知识水平的提升、经济上的富足，社会公众对环境的要求越来越高。而京津冀大气污染日益严重，关于大气污染防治的法律几乎空白，这无疑需要推出地方性法规加以调整。

第二，2016 年 11 月 11 日，京津冀环境执法联动工作联席会议在石家庄召开，会议印发《京津冀今冬明春大气污染防治督导检查工作方案》，决定于 11 月到次年 3 月，重点检查高架源污染、燃煤企业、工业污染等措施的落实情况。天津市于 2017 年 8 月 2 日以解决京津冀区域大气突出环境问题为重点，加强对辖区内污染源点位排查，检查污染防治等落实情况。北京市 2018 年 7 月 20 日召开会议重点打击环境污染行为。❶ 虽然三地大力开展环境治理，但缺乏三个地区的协同立法，没有治理大气污染的依据，整体治理效果欠佳。

第三，京津冀地区的大气污染需要治理，这是一个没有争议的事实，协同治理则需要有执法的依据，而三地又没有跨区域的联合执法依据。严格执法以科学立法为前提，现实执法迫切需要京津冀三地对于大气污染的环境问题协同执法的依据，这就催生了京津冀三地大气污染防治的立法问题。京津冀三地在《京津冀大气污染防治强化措施（2016—2017 年）》中已经有了成功的合作先例，并且积累了成功的协同立法经验，协同立法治理京津冀三地

---

❶ 石晋昕，杨宏山. 府际合作机制的可持续性探究：以京津冀区域大气污染防治为例［J］. 改革，2019（9）：154-156.

的大气污染问题已经具备现实基础和立法条件。

二、京津冀大气污染防治急需地区间的协同立法

对于如何突破现行区域大气污染治理：以行政区域为单位，自我治理、自我负责、自我监督的模式，是任何一名立法人员必须去探索的问题。笔者认为，解决问题的前提必须要明确其背后隐藏的根源，重点是发现问题。可以从以下几个方面进一步理解与认识大气污染防治有关的问题。

（一）京津冀经济发展水平的差异大

北京、天津、河北三地的经济发展水平不均衡是急需协同治理京津冀区域大气污染环境的根本原因。三地的经济发展程度不同相应地决定了三地对各自区域大气环境的重视程度和保护能力也不尽相同。北京市作为我国的首都，旅游文化资源丰富，是全国人民团结的纽带，更是我国的政治中心，拥有最好的教育资源。无论其经济发展水平还是环境保护能力与重视程度远远高于天津、河北两地。北京市在治理大气污染方面的资金、技术、配套设施要遥遥领先于天津和河北，而且北京市的人口素质也比天津和河北高，社会公众对环保的重视程度也遥遥领先于河北。北京的经济发展水平远远高于天津，天津的经济发展水平高于河北，河北属于经济欠发达的地区。北京、天津主要以第三产业为主，有少数的第二产业，而河北省主要以第一产业和第二产业作为经济建设的重点。河北作为一个人口大省，经济发展水平不高，教育资源匮乏，发展速度迟缓，虽毗邻北京与天津，却形成了经济发展动力不足的怪异现象。河北作为京津冀区域经济发展的一员，其处境的尴尬状态可想而知。从外在层面上分析可以得出，河北的经济发展滞后就决定了其用于治理大气环境污染的资金、技术、配套设施的严重不足。内因决定外因，从内因层面我们又可以分析出，让一个经济发展滞后的大省去高谈、阔谈大气环境的保护与治理，这是一件不可思议的事情。因此，笔者认为正是区域各单位之间的发展失调与不平衡，从根本上制约了京津冀区域大气环境污染治理模式的新突破与新建立。

（二）京津冀三地缺乏协同治理大气污染的长效机制

京津冀三地各自坚持本地保护的大气环境污染治理模式，相互之间缺少一种长效的协同合作机制，这是制约京津冀区域大气环境协同治理的另外一个重要因素。2014年的"APEC蓝"曾引起比较大的热议，尤其是在河北地

区。而 2014 年的"APEC 蓝"则是在中央政府的统一命令部署下得以完成的硬性指标，2019 年的国庆七十周年的"阅兵蓝"依旧是国家自上而下通过行政命令来保障蓝天的出现，这种行政命令则是由政府主导下的临时性协调小组来调度完成的。多次国际会议在北京的召开，可以说使三地的大气环境污染治理联防联控的机制获得了暂时性的发展，但真正法律意义上的大气环境污染治理联防联控并未形成，然而这也为未来的立法提供了诸多可以借鉴的措施与方法。在"APEC 蓝"的背后，天津有 1953 家企业实行了限产限排措施，5903 个各类工地全部停工；河北共有 2000 多家企业停产，1900 多家企业限产，1700 多处工地停工。❶ 靠这种紧急命令来治理大气环境，效果是难以持久的。如大气污染防治关于居民用煤方面的规定，京津冀三个地区就没有统一的要求。北京市要求禁止销售不符合标准的散煤，不允许居民使用散装煤；但是天津和河北对于散装煤就没有这样的规定。❷ 显而易见，京津冀三地对于散煤的要求是不同的。这种省际冲突，很难真正推动京津冀地区大气污染防治工作的进度。❸ 笔者认为，长效的协同合作机制中当属协同立法机制最为重要，而立法机制的不完善在很大程度上源于我国《宪法》和《中华人民共和国立法法》（以下简称《立法法》）赋予了各地政府一定的地方立法空间。北京、天津、河北三地由于各种因素，其立法技术与立法水平、立法目的均存在不同程度的差异，进而在对大气环境污染治理的立法过程中对相关大气环境污染问题的认识理解以及处理方式上会出现矛盾或者冲突。京津冀三地从地理学角度可以作为统一整体看待，不可分割独立，因此在环境污染问题尤其是大气环境污染问题上势必要求三地协同治理。但是三地的相关地方法规制定过程中，三地立法主体缺乏有效的沟通，商谈不到位的现象较为常见。京津冀三地的立法主体之间没有进行必要的磋商，在共同治理大气问题中没有形成一致的意见。没有有效的信息沟通与共享机制，三地获取的信息也不一致，这在很大程度上阻碍了京津冀地区大气污染的治理。

（三）京津冀三地政府难以形成统一有效的治理机制

北京、天津、河北三地政府之间的利益分配不均衡，明显地表现为三地在大气环境污染责任问题上互相推诿与指责，难以在协同合作的基础上制定

---

❶ 雷宇，宁淼，孙亚梅. 建立大气治理长效机制留住"APEC 蓝"［J］. 环境保护，2014，42（24）：36.

❷ 详见京津冀三地的地方标准，即北京市《低硫煤及制品》DB11/097-2014，天津市《工业和民用煤质量》（DB12/106—2013）和河北省《工业和民用燃料煤》（DB13/2081—2014）。

❸ 孟庆瑜. 论京津冀协同发展的立法保障［J］. 学习与探索，2017（10）：54-64.

出长久有效的区域环境立法规范。随着国家京津冀一体化战略的实施，京津冀之间的交流与联系越来越密切，广泛涉及政治、经济、文化、生态环境等各个方面的合作。北京大批的高耗能、高污染、高排放的产业被转移至河北，河北原本以发展钢铁、化学等为工业的大省，环境承载压力已经超越其极限值，北京的产业转移在一定程度上加重了河北的环境压力。而河北的大气环境污染在一定程度上深刻地影响到北京和天津，两地则认为河北的大气环境监督不严、监管失衡。而河北则是在大气环境污染问题上"哑巴吃黄连——有苦说不出"，其经济发展的滞后致使其不得不首先注重经济的发展，兼顾大气环境污染的防治与治理。利益与责任问题的不均衡加剧了原先属地主义大气环境污染防治保护模式，利益与责任分配不均、权责不明，北京、天津、河北三地都在治理大气污染问题方面实施保护自己本地利益的策略，并将这种方案上升为各自地区的规范性法律文件，从而导致三地在协同治理大气污染方面的规则处于停滞状态，京津冀三地很难真正协同联手来治理大气污染问题。三地的政府不能超越自己所在地区的利益来看待京津冀三地的整体利益，国家没有关于地方政府之间协同立法的规范性法律，我国的《立法法》中也没有这种跨区域协同立法方面的规定，京津冀区域大气污染的防治协同立法没有上位法的依据。❶没有上位法的精神指引，这也是三地不能及时有效地协同立法的原因之一。

三、京津冀地区大气污染防治协同立法的完善建议

立法是关系到每个公民权益的事情，法制不健全，每个人都有可能是未来的受害者。立法是法的运行中最重要的开始，科学立法是有效执法的前提和基础，也是全面建成法治国家的一个方面。科学立法是大气污染治理重要和必要的手段，必须给予充分重视。京津冀地区的大气污染问题近些年来一直都在治理，效果并不明显。京津冀地区关于大气污染治理的法律几乎空白，因而京津冀地区大气污染的立法显得尤为重要和紧迫。立法就是在法律的层面对利益进行分配，京津冀地区大气污染防治协同立法的核心是利益问题，而对这个利益的调整与平衡则是一个法制问题。❷地区协同立法的动力不足，能够真正在实践中有效开展协同立法的成功地区并不多。❸

京津冀经济都市圈的进一步推进，无疑会更加大范围地挖掘本区域的经

---

❶ 王娟，何昱. 京津冀区域环境协同治理立法机制探析 [J]. 河北法学，2017, 35 (7)：124-125.

❷ 焦洪昌，席志文. 京津冀人大协同立法的路径 [J]. 法学，2016 (3)：40-43.

❸ 刘松山. 区域协同立法的宪法法律问题 [J]. 中国法律评论，2019 (4)：66.

济发展潜力，其前景显然是光明的。但是正如马克思所言，道路的前进性与曲折性是统一的。所以，我们对于前进道路中所遇到的问题不能采取回避、遮挡、置之不理的态度，而是要去发现问题并且解决问题，解决问题则需要抓住问题的关键。在京津冀经济圈的发展过程中所出现的一系列问题，笔者认为急迫需要解决的是区域大气环境污染联防联控问题。解决以上问题，建立并完善区域大气环境污染联防联控地方协同立法治理机制是关键的方法和途径。该机制的本质特征就是协调与合作，因此，笔者提出以下治理京津冀地区大气环境污染问题的建议和措施。

（一）建立京津冀地区统一的有关大气污染联防联控协同治理的法律体系

京津冀三地应建立统一的有关大气环境污染联防联控协同治理的法律体系，加快区域大气环境保护立法，使区域协同立法步入法制化轨道。首先，从国家层面建立并完善法律与法规，作为指导全国各地区、各区域治理大气环境污染联防联控的法律依据，授予各地区的政府相互之间通过立法协同开展治理大气环境污染的权限。坚持中央立法与区域协同立法相结合的原则，促进三地协同制定京津冀区域的大气污染治理的规范性法律文件。❶ 同时，对于已经取得成效的区域政府之间协同治理大气环境污染联防联控的举措予以肯定，定点试行，并推至全国。修订与完善治理大气污染问题的法律法规，紧紧把握住当下的大气污染问题，更好地促进解决大气污染问题，还社会公众一片蓝天。其次，北京、天津、河北的三地人民代表大会应加强相互沟通与交流，协同一致，共同制定有关大气污染联防联控协同治理的地方性法规、规章，既要符合宪法与全国性法律有关大气环境污染防治要求的规定，又要体现与本区域具体实际情况相符合的要求，对大气环境污染联防联控协调治理的职责进行明确的划分，更要对大气环境污染治理的资金分配、技术支持、配套设施、治理标准做出详细的说明。最后，三地政府也应当鼓励本地居民通过乘坐公共交通的方式来减轻和缓解环境污染的压力。要引导社会公众重视环境问题，让社会公众积极参与其中，形成立体化的解决大气污染环境问题的格局。

（二）建立健全京津冀跨区域执行与监督大气污染的机构

京津冀地区除了要有统一的治理大气环境污染联防联控的法律体系，还

---

❶ 宋金华，李洁. 论我国区域大气污染联动防治法律机制的完善［J］. 江西理工大学学报，2019，40（4）：24.

要有统一的执行与监督机构。因此，京津冀地区有必要建立一个贯彻落实大气环境污染联防联控法律法规的执行机构与监督机构，采取区域执行长负责机制，区域执行长由三地协同立法委员会任命，对协同立法委员会负责，受其监督。京津冀地区的大气污染需要三地整体统一地进行应对，而区域执行监督长则由最高人民检察院任命，对最高人民检察院负责，独立于京津冀地区的政府部门之外。这种体系制度设置的目的在于大气环境污染治理区域执行长必须要对本区域的大气环境污染有着深刻的认识，要在实际污染防治工作中能依据协同治理的法律依据对症下药。而区域监督长的任命则在更大程度上起到促进法规有效得到执行的作用，其独立于三地各政府部门，对最高人民检察院负责则有利于其更好地实施监督，不至于形同虚设。没有监督则不能很好地发挥执行机构的作用，权力必须被监督，否则容易滋生腐败。● 同时，区域执行监督长机制类似于民事诉讼案件中的"公益诉讼"，一旦该区域执行机构出现违法情形，区域执行监督长可提出检察建议，也可以上报最高人民检察院，由最高人民检察院备案，协同最高人民法院对区域执行机构的不法行为做出指示与批复。保障三地不能对自己所在行政区域的立法活动或者法律执行活动进行干预，避免变通执法。坚持法制统一的前提下，成立跨区域的协调机构，重视三主体之间的利益协调，增强立法机构的可操作性。❷大气环境污染治理区域执行长能够超越三地的地区利益保护，形成京津冀三地整体上的利益高于各地部分利益的格局，不能以邻为壑，要着眼于京津冀三地的未来，必须用长远的眼光来看待大气污染的环境问题，从三地的实际出发，实事求是地解决京津冀三地的大气污染问题。

（三）构建京津冀区域大气污染治理协同立法信息的共享平台

协同立法信息的共享平台，可以让京津冀立法主体，以及有关部门和社会公众，能够及时了解到协同治理大气污染的具体信息。❸ 2015 年 3 月，京津冀三地省（市）人大常委会出台《关于加强京津冀人大协同立法的若干意见》，强调了三地协同立法的重要意义和重要作用。❶ 之所以倡议构建京津冀

● 高嘉蓬. 苏俄国家公职人员权力监督制度建设的经验和启示 [J]. 法学杂志，2019，40（8）：138-140.

❷ 于文轩，孙昭宇. 论京津冀大气污染防治协同立法之完善——以区域法治发展为视角 [J]. 环境与可持续发展，2019，44（3）：28-29.

❸ 孟庆瑜. 论京津冀环境治理的协同立法保障机制 [J]. 政法论丛，2016（1）：125.

❶ 赵新峰，袁宗威. 京津冀区域大气污染协同治理的困境及路径选择 [J]. 城市发展研究，2019，26（5）：96.

三地尽快实现区域协同立法信息交流共享平台，主要因为在现实当中，北京、天津、河北三地由于各种因素仍然无法达成利益与责任分配的一致，三方之间这种信息交流的缺乏无疑会使协同立法进程停滞。立法信息交流可以通过以下多种途径来具体实施：走访调研、立法动态通报、实地考察学习、地方协同立法工作例会等。通过各种途径，确保社会公众能够参与到立法实践当中来，发挥民智，反映民意，让社会公众知悉京津冀协同立法治理大气污染问题的具体措施，了解治理大气污染方面的信息。同时在法规颁布以后，也有利于在三个地区的实施。构建立法信息平台，京津冀三地立法主体密切加强联系，社会公众也参与立法之中，能够及时有效地处理和应对协同治理大气污染可能出现的问题❶。

结 语

京津冀经济都市圈近年来发展尤为快速，与长三角、珠三角并驾齐驱，在国家经济建设总量中的作用越来越明显，越来越重要。作为一个新兴的区域经济发展地带，或多或少、或快或慢地都会出现诸多问题与矛盾，而要彻底化解矛盾与冲突，除了借鉴长三角、珠三角的有利经验，也可以吸收国外相似境况的有益经验与成果，并和本区域具体情况相结合，着力推动中国经济的深一步发展，走出一条独特的大气环境污染联防联控之路，让蓝天不再成为一种渴望，给京津冀公众提供一个优良的大气环境与生存空间。要认真贯彻党和国家的战略部署，十分重视京津冀地区生态文明建设，不能以牺牲环境为代价来发展经济。要一手抓经济建设，一手抓环境建设，二者不可偏废，推进共同进步，为国家建设五位一体的格局提供一个成功的范例。

---

❶ 梁平，律磊. 京津冀协同立法：立法技术、机制构建与模式创新［J］. 河北大学学报（哲学社会科学版），2019，44（2）：61-62.

雄安新区立法权限配置研究

■陆　洲　王文韬

作者简介：陆洲，湖北英山人，法学博士，河北大学法学院副教授，研究方向为法哲学、立法学。

王文韬，湖北仙桃人，河北大学法学院 2018 级法律硕士研究生，研究方向为立法学。

雄安新区建设应当坚持立法先行，以保障各项政策和改革措施于法有据。立法权限配置作为立法建设的开端，对雄安新区立法权限配置研究是为其立法先行提供选择路径。立法体制是一国立法制度的重要组成部分，是以立法权及其配置、运作为核心的体系化的制度集合，由一国的国家性质和国家形式——国体、政体和国家结构所决定。❶ 立法权限属于立法体制，指一个主权国家中现行全部有关需要通过立法方式调整、控制和规范的事项的权利范围，即立法主体行使立法职权的权力限度和内容范围。❷ 雄安新区立法权限指在其建设中享有立法权的主体行使立法职权的范围和限度。社会各系统处于一种相互交往关系之中，立法体制作为国家立法活动的宏观背景，是法律系统组成部分，受其他社会系统影响会发生变化。2015 年《中华人民共和国立法法》（以下简称《立法法》）修改通过后，我国立法体制作了相应调整，包括党领导立法、人大主导立法、赋予设区的市立法权、授权立法等。❸ 其中赋予设区的市立法权、授权立法的变化将对雄安新区立法权限配置产生直接影响。因此，雄安新区立法权限配置应当在我国立法体制的总体框架内，以发展眼光并结合雄安新区实际情况进行探究，准确地进行定位并加以配备。

一、雄安新区立法权限配置因素考量

任何制度作为一个完整的系统，都是在一定的环境中形成的，并在与环境的交互作用中获得存在和发展。对于制度而言，环境就是自然环境与社会环境。❹ 探究雄安新区立法权限配置，应考虑多种因素的综合作用。因此，需对雄安新区设立背景、发展定位以及建设目标中的自然、经济、政策等因素进行综合考量，以此探求雄安新区立法需求及相应的立法权限配置。

---

❶ 宋方青，姜孝贤，程庆栋. 我国地方立法权配置的理论与实践研究［M］. 北京：法律出版社，2018：7.

❷ 李林. 关于立法权限划分的理论与实践［J］. 法学研究，1998（5）：58.

❸ 李林. 关于立法权限划分的理论与实践［J］. 法学研究，1998（5）：60-65.

❹ 林尚立. 国内政府间关系［M］. 杭州：浙江人民出版社，1998：102.

（一）雄安新区自然环境因素

《河北雄安新区规划纲要》指出："雄安新区的空间布局是要坚持生态优先、绿色发展，统筹生产、生活、生态三大空间，构建蓝绿交织、和谐自然的国土空间格局。"位于雄安新区规划范围内的白洋淀水域修复工程则成为雄安新区生态环境建设所要解决的首要难题。因此，作为服务雄安新区生态环境保护的法律文件《保定市白洋淀上游生态环境保护条例》在 2019 年 7 月 1 日正式实施。条例专章对接了与雄安新区协同治理的相关事宜。从实际情况来看，雄安新区不仅面临白洋淀水域的修复问题，还面临着区域内空气污染、土地污染、湿地保护等多重环境问题。从环境保护的立法模式来看，目前还未形成雄安新区专门保护立法模式的法律规范体系。整体性环境问题，国家层面的法律当然适用于雄安新区，而对区域性的环境问题，则需寻求中央立法支持或地方层面立法保护。现阶段雄安新区环境保护的法治保障主要依赖于河北省和保定市的地方立法给予支撑，但因立法资源分配以及立法能力限制等原因，立法供给与立法需求尚存在差距。同时由于涉及流域性生态环境保护，多个地区需要明确立法主体，加强区域协同立法。雄安新区所处的自然环境而面临的特殊环境保护需求，以及相关协同治理的现实需要，都将对雄安新区立法权限配置产生影响。

（二）雄安新区经济发展因素

经济特区、国家级新区以及自贸区的设立都有其特定的设立背景、发展定位与建设目标，其中经济发展考量显然是其中重要的影响因素。正是基于经济发展与改革需求，各经济特区先后五次被授予经济特区立法权。其中最先开始对广东省和福建省以及其后对海南省的授权理由都是使特区的经济管理充分适应开发建设的需要，促进特区建设发展。❶ 对深圳经济特区进行授权立法的原因，七届全国人大给出的解释是："深圳市的进一步发展急需建立起与之相适应的商品经济秩序，它缺乏完整的适应商品经济需要并符合国际惯例的法律体系和保证政府廉洁高效运转的新体制。"❷ 可见，经济特区获得授权立法正是基于经济发展以及经济管理的需求。实践证明，经济特区立法权的行使为特区经济快速发展提供了制度支撑。随着中国经济水平的不断提高，自然约束不断加剧，全面深化改革面临更为复杂的挑战，单一功能的经济特

---

❶ 万其刚. 论当代中国的授权立法 [J]. 当代中国史研究, 1996 (5)：40648.

❷ 何家华. 经济特区立法权继续存在的正当性论证 [J]. 地方立法研究, 2018 (2)：76.

区开始向承担着国家重大发展和改革开放战略任务的国家级新区转变。❶ 经济发展新常态下国家级新区肩负着践行新发展理念，成为区域发展新引擎新示范的重大使命。雄安新区的经济发展定位是要成为高质量发展的全国样板，培育现代化经济体系新引擎。而构建市场机制高效、主体活力强劲的经济体系对法律等上层建筑将提出新要求。同时创新作为引领雄安新区高质量发展的第一动力，也需要立法给予必要的制度支撑。这都需要雄安新区拥有相应立法权限来适应经济体系的变化以及满足改革创新发展的要求。

（三）雄安新区政策环境因素

2019 年 1 月 24 日发布的《中共中央 国务院关于支持河北雄安新区全面深化改革和扩大开放的指导意见》（以下简称《指导意见》）提出："既要在起步阶段给予必要的政策支持，又要着眼于破解深层次矛盾和问题。"政策支持将增强雄安新区建设活力，但在新的时代背景和全面依法治国的新要求下确保雄安新区发展的持久动力还需靠法治以形成稳定保障。对此《指导意见》也指出："凡涉及调整现行法律或行政法规的，按法定程序经全国人大或国务院统一授权后实施。"这要求立法决策应与党中央改革决策相一致，立法要适应改革的需要，服务于改革。立法决策与改革决策相适应也是党的领导、人民当家作主和依法治国有机统一的体现。❷ 雄安新区所处的政策环境表明雄安新区需要将有关政策落实的立法权限，以立法推动改革发展，为雄安新区发展提供持久活力。同时雄安新区开展相关改革进行先行先试时应获得相关立法权限授权，主动适应改革决策，发挥立法的引领和推动作用。前者需要改变政策的不稳定性因素将相关政策以法律规范落实，为雄安新区扩大开放、引智引技引资提供法治保障；后者需要对相关试点改革工作进行授权立法，做到重大改革于法有据。

二、授权立法下雄安新区立法权限的配置

授权立法下雄安新区立法权限的配置主要基于现阶段我国广义授权立法制度，以期更为全面地涵盖雄安新区立法权限配置的多种可行性方案，主要包括全国人大及其常委会授权在雄安新区暂时调整适用有关法律规定、全国人大授权雄安新区立法以及河北省人大及其常委会授权雄安新区立法三种配

---

❶ 王佳宁，罗重谱. 国家级新区管理体制与功能区实态及其战略取向 [J]. 改革，2012（3）：21-22.

❷ 乔晓阳. 处理好立法与改革的关系 [J]. 中国人大，2014（20）：17-18.

置途径。

（一）授权在雄安新区暂时调整适用有关法律规定

2015 年《立法法》修改之前，全国人大常务会已作出了五项授权调整适用有关法律的决定，《立法法》修改后将授权决定以第十三条予以确认，赋予了授权决定法律上的依据。有关学者认为授权暂时调整适用法律包括两个面向，其制定试点办法或具体管理办法属于授权立法制度范畴，授权调整法律实施发展成为授权立法模式的新常态。❶ 作为一种新的授权立法方式其不同于授权国务院和经济特区对法律填补或变通的立法方式，而是将已经生效的法律悬置不用，腾出用于改革的时空范畴，由被授权机关来创新规则的适用。❷ 2020 年 4 月 29 日十三届全国人大常委会第十七次会议对中国（海南）自由贸易试验区的授权决定也由两部分组成，即授权国务院在中国（海南）自由贸易试验区暂时调整适用有关法律规定和由海南省人民政府制定具体管理办法。❸ 从现有授权制度试点和授权调整法律适用实践来看，被授权国家机关制定的"试点方案"与"暂行办法"得到了授权机关的间接认可，虽然不具有法律的形式但行使着法律职能。因此，基于讨论周延性以及雄安新区实际需要，应将授权调整法律适用作为一种新的授权立法形式纳入雄安新区立法权限配置的讨论范畴。

雄安新区不仅是国家级新区，也是中国（河北）自由贸易试验区的组成部分。在自由贸易试验区试点改革与现行法律规范不一致的，已有相关授权决定可为雄安新区获得相应授权提供现实参照。根据《河北雄安新区规划纲要》和《指导意见》规定，雄安新区在财税金融改革、推进土地管理制度改革、探索实行个人所得税改革、开展综合行政执法体制改革试点以及自然资源资产产权制度试点等领域进行先行先试。相关领域均属于全国人大及其常委会立法权限范围，改革试点对现行法律进行突破的，需要全国人大及其常委会作出暂时调整适用有关法律的授权决定，满足重大改革于法有据的要求。在雄安新区未获得行政区划前，应授权国务院在雄安新区暂时调整适用有关

---

❶ 贾辉. 全面深化改革背景下的授权立法研究——以授权调整法律实施制度为视角 [J]. 上海政法学院学报，2018（1）：117-118.

❷ 陈多旺. 论悬置立法职权运作程序的正当化——从《立法法》第 13 条之"改革发展的需要"切入 [J]. 法学，2019（2）：84-86.

❸ 全国人民代表大会常务委员会关于授权国务院在中国（海南）自由贸易试验区暂时调整适用有关法律规定的决定 [EB/OL].（2020-04-30）[2021-06-07]. http://www.npc.gov.cn/npc/c30834/202004/263151fba56240d49bacdf832f5528fd.shtml.

法律规定和授权河北省人民政府制定具体实施办法与细则在雄安新区实施，保障制度改革试点工作推行。因此，在雄安新区还未选举产生地方权力机关之前，基于改革试点的政策环境因素可寻求全国人大及其常委会作出授权决定，通过授权调整适用法律决定的形式来获取新区相应立法权限。但应注意，此种方式寻求雄安新区立法权限配置应完善相关授权决定的批准程序进行明确性授权，加强授权事项的备案审查包括授权实施的中期报告义务、被授权对象制定规范性文件的备案审查以及到期说明义务。

（二）全国人大授权雄安新区立法

根据《指导意见》的要求，雄安新区同样扮演着改革"试验田"角色。改革的"变"与立法的"定"是相辅相成的。一方面改革的"变"会对不合时宜的制度进行突破，以改变现有的生产关系，促进立法发展；另一方面改革也需要立法的"定"来为其提供制度保障和动力，推动改革发展。❶雄安新区以改革的"变"促进发展，同样也需要以立法的"定"为其改革提供法治保障，将改革积累的经验予以固定，待条件成熟再向全国推广。因此，雄安新区被授予经济特区立法权在理论上具有可行性，同时，在实践上经济特区获得授权立法的成功经验也为雄安新区授权立法提供了参照。雄安新区目前应灵活运用各种方式，把握发展时机主动向中央寻求获授立法权限。

对此将全国人大授权的相关问题加以说明。其一，在授权对象上应直接授权雄安新区人大及其常委会。授权雄安新区人大及其常委会立法更能直接回应基层社会公众对立法的需求，增强地方立法的针对性和可行性。因被授权主体法律位阶不同，直接授权雄安新区立法在法律监督方面更为全面，能更好把控改革所带来的制度变动风险以及授权立法可能面临的法制统一风险，协调改革与法治的统一关系。其二，对雄安新区的授权方式应该参照授权经济特区立法模式采取概括授权，在发展的中后期可以探索出新的授权立法模式。当今改革进入"深水区""攻坚期"，需给予雄安新区更为全面的授权立法，支持雄安新区大胆探索先行先试，增强改革动力与积极性。采用概括授权的方式，给予雄安新区更大的自主权，完善雄安新区法律法规体系，增强雄安新区改革发展积极性，更符合雄安新区授权立法目的。随着我国法制建设越发完善，地方立法创造的空间会越小，相应授权立法的空间也会变小。对此则可以探索新的授权立法模式，明确列出授权范围，并形成一种动态的

---

❶ 刘松山. 当代中国处理立法与改革关系的策略［J］. 法学，2014（1）：74-76.

授权目录范围。其三，授权立法的位阶问题。对雄安新区授权立法位阶定位应基于经济特区立法变通权来予以探析。特区法规视为中央立法在地方的表现，应将经济特区中的立法变通理解为"创造性变通"，而不是"执行性变通"。● 机械理解变通规定就会认为变通是对上位法的变通变成"执行变通"，而简单认为地方性法规的法律位阶当然高于经济特区法规位阶显然存在偏差。因此，结合经济特区的立法变通，授权雄安新区立法的位阶要低于宪法、法律和行政法规，同时也低于省级地方性法规，但对法律、行政法规和地方性法规进行变通时在雄安新区应优先适用。当然需注意有些全国统一性法律和行政法规在制定时就考虑过雄安新区改革需要的特殊情况，应该在雄安新区适用，不允许进行变通规定。

（三）河北省人大及其常委会授权雄安新区立法

地方授权立法虽然没有正式法律规范表述，但出于地域性事项的特殊立法需求以及立法效率的考量，地方授权立法已经成为现实所需，相关实践逐渐成为一种趋势。目前相关省级经济社会管理权限下放到雄安新区，雄安新区在实施时需要加强法律规范建设，符合依法行政原则要求。涉及地方性法规权限范围事项不仅要有地方性法规的授权作为依据，同时也需要授权立法进行调整。通过河北省人大及其常委会授权雄安新区立法不仅能解决权力下放的依据缺失问题，同时也能满足雄安新区实施相关权限的合法性问题。因此，雄安新区在没有获得全国人大授权立法之前可探索寻求河北省人大及其常委会进行授权立法。对此笔者将相关问题进行厘定。

首先，授权主体问题。地方授权立法制度推行的最大障碍在于主体的适格性。其焦点在于地方权力机关的立法权来源是否具有独立性，由此引发地方权力机关授权立法是否构成"转授权"，违背授权立法的基本原则。对此有关学者指出地方立法权作为一项固有职权并非是国家权力机关的派生，而是与代议制性质密切相关，根植于自身权力机关属性的一种国家权力。❷ 因此，由河北省人大及其常委会作为授权雄安新区立法的主体在理论上具有可行性。同时河北省人大及其常委会授权不仅是履行雄安新区深化改革和扩大开放的职责表现，也是借助雄安新区新的经济增长极补齐区域发展短板的良好时机。雄安新区探索寻求河北省人大及其常委会进行授权立法具有理论和实践双重

❶ 林彦. 经济特区立法再审视［J］. 中国法律评论，2019（5）：184-186.
❷ 周宇骏. 论地方国家权力机关的授权立法：问题与理据［J］. 福建师范大学学报（哲学社会科学版），2017（2）：43-47.

价值。其次，授权对象问题。笔者赞同授权对象包括行政机关。授权行政机关是基于立法效率的考虑，解决省级立法因立法资源分配、立法任务繁重等因素致使相关事项立法阙如的问题。同时行政机关对行政管理活动更具有针对性和现实性，授权行政机关能切实了解行政相对人的需求，提供更好的服务与管理，加速政府职能转型，有利于积极探索行政管理体制改革。最后，授权范围问题。根据立法原意，《立法法》第八十二条第六款的设定主要是为了区分地方性法规和地方规章的权限范围。第五款规定则是考虑特殊需要而加以设定，可以先行制定行政规章。因此，有学者认为这是一个立法失误，想要实现立法者设计该两款的原初意图，就必须引入可能并不在立法者原初设想中的地方层面授权立法制度。❶ 对此河北省人大及其常委授权雄安新区人大及其常委会立法的范围主要是设区的市立法权限范围之外的内容，授权雄安新区人民政府的立法范围则应是基于行政管理迫切需要而属于省级行政法规权限的事项范围。

三、职权立法下雄安新区立法权限的配置

探究雄安新区职权立法，首先应明确雄安新区行政级别定位和区划设置。目前学界对此还存在某些分歧，主要集中在雄安新区的行政级别为省级还是副省级以及行政区划是否为设区的市。❷ 根据我国地方行政级别定位和区划设置的组合形式，雄安新区可能出现省级设区的市、副省级设区的市、副省级不设区的市三种情况。对此下文将雄安新区行政级别定位和区划设置为副省级设区的市，并以此为基础来论述雄安新区职权性立法。

（一）雄安新区人大及其常委会立法

雄安新区成立设区的市后其人大及其常委会将获得职权性立法权，享有城乡建设与管理、环境保护和历史文化保护等方面的立法权限。基于设区的市享有的立法权限将满足雄安新区发展建设中的基本立法需求，回应雄安新区立法权限配置的相关影响因素，为雄安新区建设初期提供强有力的法治保障。如自然因素决定的生态环境保护立法需求、基于政策因素下符合雄安新区质量的城市规划法规保障需求等。

雄安新区在获得职权立法基础上，应基于体制机制创新要求，对职权立法的权限范围和运行进行积极探索，为地方立法制度的完善积累经验。首先，

---

❶ 赵一单. 央地两级授权立法的体系性思考［J］. 政治与法律，2017（1）：95-98.
❷ 于晴晴. 雄安新区立法权限配置研究［D］. 保定：河北大学，2019：25-27.

对三种列举事项范围进行积极探索。地方立法存在地方自治与法制统一的现实张力，准确合理界定列举事项范围特别是"城乡建设与管理"的内涵，是实现地方治理法治化与维护法律体系统一性的必要条件。其次，对三类列举事项的"等"字做何种解释。从设区的市立法权运行实践上看似乎应理解为"等内等"，但按照"赋权目的"解释方法则应理解为"等外等"。❶ 因此对"等"字射程范围也有待继续实践探索，既要考虑地方立法权限扩容引起权力滥用风险，又要满足因地方差异性所带来的立法需求多样化，充分发挥地方的积极性与创造性。最后，是对雄安新区权力机关的组织结构进行探索。行政级别与区划设定，是雄安新区在我国现行法律体系上享有实体性立法权的基础，相应级别与区划下立法机关组织结构设定则会对其程序性立法权起到决定性作用。法律对地方权力机关的组织结构并没有作强制性规定，目前我国地方权力机关的内部组织结构并不统一，组织结构的设置会对权力的运行造成影响。持限制地方立法权限观点的理由之一便是地方立法机关的组织结构和相应人才配备可能无法承担地方立法之重，将导致国家法制统一遭到破坏。这种担忧不无道理，但以被动限权方式来维护我国法制完整性显然是治标不治本，主动加强与完善我国地方立法机关组织制度建设，提高地方立法质量以此维护法治完整性和丰富中国特色社会主义法律体系才是应有之义。因此，雄安新区进行体制机制创新涉及组织结构创新时要在横向集权与分权之间确定动态平衡。既要满足地方立法现实需求，又要避免因组织结构和人员数量过多导致立法效率低下而影响立法生产力的情况。

（二）雄安新区人民政府立法

雄安新区获得副省级、设区的市行政级别与区划后，《立法法》在赋予雄安新区人大及其常委会在上述三项事项范围内制定地方性法规权限的同时，也赋予了雄安新区人民政府在上述领域制定政府规章的权力。政府规章制定主要基于地方治理现实需要，同时也是改变以往"红头文件"治理格局推进法治政府建设的重要举措。结合《指导意见》相关要求，雄安新区人民政府在制定地方政府规章要加强以下几个方面建设。

其一，协调政策与规章的关系。雄安新区建立设区的市之前，作为管理区所签发的政策性文件要和地方性法规及政府规章进行有效衔接。有关政策规定的事项已完成的要及时进行清理，有关政策需要继续施行且认为有必要

---

❶ 邓佑文. 论设区的市立法权限实践困境之破解——一个法律解释方法的视角 [J]. 政治与法律，2019（10）：64.

进行立法的要制定规章或地方性法规进行固定，为改革发展提供法治保障。同时也要破除法律万能主义的思想，充分论证立法的可行性与必要性，增强地方立法的科学性。

其二，完善雄安新区政府规章制定的监督程序。政府规章监督程序除事后备案，还应加强事前和事中监督。事前监督主要是与地方性法规制定权限进行区分，由省级人大常委会对具体行政管理事项范围以及立法需求进行必要性审查，防止地方立法权滥用。事中监督则应建立公众全过程参与机制，试点建设以公众为导向的地方政府规章制定模式。地方立法对社会公众立法需求的回应不应该只停留在形式上，而应当建设立法的公众导向机制，转型立法理念，以尊重和满足社会公众需求，完善社会治理为出发点，在每个立法环节中听取社会公众意见，并作为整个立法程序嵌入地方立法制度中，真正解决社会治理热点难点问题。❶ 事后监督应加强同级人大常委会对政府规章的备案审查，解决政府规章合法性问题，防止部门利益保护现象发生。同时要加强信息平台建设，提高备案审查工作的信息化、便捷化水平，不断优化备案审查工作的流程。

其三，加强政府间协调。作为设区的市地方政府规章制定应加强区域协调，在保持地方特色的基础上，应避免对同种具体行政管理事项的规定出现不同区域严重割裂现象。《指导意见》提出要创新生态保护修护协同治理体系。雄安新区政府在面对环境保护方面尤其应注意区域协同立法，特别是作为京津冀世界城市群的重要一级应充分考虑其在京津冀一体化中桥梁作用，积极探索京津冀协同治理新模式。同时建立雄安新区及周边区域生态环境协同治理长效机制，推进生态环境整体修护与协同保护。

结　语

雄安新区立法权限配置是各种影响因素综合作用的结果，应结合雄安新区不同发展阶段所面临的立法需求并以发展的眼光来探究。同时，雄安新区立法权限配置方式应在我国立法体制总体框架下进行，符合宪法和法律要求。授权立法和职权立法方式是目前我国宪法和法律所确立的地方立法权限配置途径。在授权立法下，雄安新区将通过全国人大及其常委会授权调整法律适用、全国人大授权立法以及河北省人大及其常委会授权立法三种形式来获得立法权限配置。应同时厘清三种立法权限配置相关事项，保障立法权的良好

---

❶ 谢桂山，白利寅. 设区的市地方立法权的制度逻辑、现实困境与法治完善路径［J］. 法学论坛，2017（3）：43.

运行，发挥立法对雄安新区改革的引领和推动作用。在职权立法下，主要基于雄安新区城市管理体制将会过渡成为副省级设区的市，依据《立法法》相关规定而享有设区的市立法权限。作为地方立法形式，雄安新区在完善地方立法权限划分以及地方权力机关组织结构建设方面要进行积极探索，提高地方立法质量与效率，为我国地方立法制度的完善积累经验。

重点领域立法研究

北京奥运会与北京冬奥会的立法实践

刘　岩

作者简介：刘岩，男，曾担任北京奥运会组委会法律事务部副部长、体育总局政策法规司司长、中国法学会体育法学研究会会长，退休后继续关注体育法学和奥林匹克法律事务研究。

北京冬季奥运会（简称"冬奥会"）申办成功以来，一直有热心人士不断呼吁，强烈建议在许多领域大量进行冬奥立法。当年，在北京奥运会筹备期间，也有类似的呼吁与建议。

一、奥运会规则的国内法转化

国际奥委会是非政府国际组织，历来主张国际体育界自治，其规则并未纳入国际法体系。

我国机构对国际奥委会规则的承认和执行，主要是两条路径：在通常情况下落实规则，主要依靠中国奥委会；在奥运会（此概念也可以包括冬奥会，下同，视上下文内容而定）申办、筹备、运营、善后过程中落实规则，主要是履行《申办报告》《主办城市合同》、我国政府有关机关的承诺与保证书。

奥运会规则是国际奥委会规则的重要组成部分，奥运会规则中的绝大多数并不需要国内法转化。

所谓国内法转化，其实是相对于国际法而言。有些国家认为，国际法在本质上不能在国内直接适用，必须通过一定的立法行为转化为国内法而产生效力。

从理论方面讲，国际奥委会规则只是纳入国际体育自治体系，不具有国际法意义，自然谈不上奥运会规则的国内法转化。

从实践方面讲，在奥运会申办、筹备、运营、善后过程中执行奥运会规则，绝大多数情况下依靠申办委员会、组织委员会和主办城市直接执行即可，并不需要国内法转化，至少是转化需求不明显。奥运会东道国在执行奥运会规则时，大多数活动不涉及行政行为；若涉及行政行为，依据现行法律法规即可。

二、特殊情形需要国内立法解决

有关奥运会的国际规则和北京申办奥运会、冬奥会的对外承诺，有很少量的一部分内容需要转化为国内立法。

北京在申办冬奥会时，就奥运会规则的国内法转化事项向国际奥委会做出了哪些承诺，可以汇总成一份清单，供立法机关参考。对于这方面的承诺，我们严格履行即可，完全不必超范围、超标准、超数量地进行奥运会规则的国内法转化。

面对北京冬奥会的特殊情形（譬如在保障、服务等方面），现行法律法规体系仍有个别需要补充完善之处，某些个别重要事项需要国内立法来解决（譬如国务院颁布或修改行政法规），其余事项主要依靠地方立法来解决。

北京冬奥会立法不仅仅限于奥运会规则的国内法转化，也包括在冬奥会立法承诺之外，根据实际需要进行的立法。例如，2018 年 12 月，张家口市人大常委会通过了《关于促进冬奥会和冬残奥会志愿服务的决定》。但是，北京冬奥会立法的数量并不多。

仅就"立法"一词而言，中文的一般理解（特别是在我国法律法规语境下的理解），与国际奥委会人士的通常理解，可能存在差异，至少在本词汇的外延方面有差异。例如，国际奥委会人士有时把我国主管机关的制度性文件（红头文件，包括制度类通知等）也理解为立法成果。

三、冬奥会反兴奋剂立法事项

中国法律法规关于反兴奋剂的规定，曾经有许多情形没有涉及，存在着明显的缺口、缝隙，当然很有必要推进立法进程，包括法律、法规、部门规章、司法解释等。不过，国内反兴奋剂立法基本上不宜由地方立法来解决。

《主办城市合同》、奥运会规则中有关反兴奋剂的条款，同中国法律法规并没有实质冲突之处。北京冬季奥运会组织委员会（简称冬奥组委）反兴奋剂工作，应当按照《主办城市合同》和奥运会规则操作，并不需要启动立法程序来解决问题。至于世界反兴奋剂机构（WADA）的规则，则应当及时转化为中国反兴奋剂中心的规则，而不是转化成法律法规。

2019 年 11 月，最高人民法院印发《关于审理走私、非法经营、非法使用兴奋剂刑事案件适用法律若干问题的解释》。2020 年 12 月，全国人大常委会会议表决通过刑法修正案（十一），将涉及兴奋剂的若干违法行为纳入刑法范畴。2021 年 2 月，最高人民法院、最高人民检察院发布补充规定，将《刑法》第三百五十五条之一列明的罪行定名为妨害兴奋剂管理罪。值得注意的是，此罪名是妨害兴奋剂管理罪，不是参赛运动员使用兴奋剂罪。

有人建议，对使用兴奋剂的参赛运动员追究刑事责任，如同对醉酒驾驶机动车的行为人追究刑事责任。笔者估计，在今后很长时期内，立法机关采纳此建议的可能性很小，甚至没有可能。

四、北京奥运会立法的总体考量

在北京奥运会筹备期间，学术界和新闻媒体始终关注奥运会立法，主要集中在三个时期。

（1）北京奥运会申办成功之初，2001 年秋季至 2002 年上半年，以宣传和解读《北京市奥林匹克知识产权保护规定》《奥林匹克标志保护条例》为主。

（2）2004 年夏秋季，有媒体刊登言论，主张为规范北京奥组委（或北京奥运会）行为而专门立法。此言论观点偏颇，既不符合国情，又有违国际奥委会规则，虽然炒作了几天，但其主张没有被中央和地方立法机关采纳。

（3）2006 年，北京市成立奥运立法协调机构之后，学术界和新闻媒体更加关注奥运会立法。

基于对北京奥运会立法工作的总体考虑，我们认为，启动立法机制要花费大量精力，且旷日持久；如果在立法完成后再开始奥运筹备工作，难免耽误大局；对奥林匹克规则一知半解，贸然立法必然存在显著风险。

当年，中国特色社会主义法律体系已经基本形成，为筹备和举办北京奥运会提供了基本充分的法律保障。

实施奥运会立法，并不是为举办北京奥运会（或针对奥组委）制定一部法典式的文献，而是指为筹备和举办北京奥运会以及为奥运会提供支持、保障和服务等方面工作有关的法规、规章和规范性文件的总和。

当年，国务院常务会议曾明确要求，北京市和京外赛场城市通过地方立法，就奥运会期间有关管理工作做出规定，国务院法制办公室对有关立法问题加强指导。

2008 年 8 月，北京市政府法制办公室编辑、印刷了《北京奥运会、残奥会法规、规章和规范性文件汇编》，全书（含目录）约 1500 页，其中行政法规 2 件，国务院文件 9 件，国务院部门规章 3 件，国务院部门规范性文件 29 件，其余 324 件均由北京市人大常委会、市政府、市属机关颁布或印发。

在上述《汇编》中，由北京市人大常委会颁布的地方性法规很少提及"奥运"二字，这正是北京市奥运立法的高明、精彩、成功之处。北京市在奥运立法中，将保障北京奥运会同保证首都改革与发展的实际需求结合起来，为北京市科学发展和长远发展留下了宝贵的制度财富。

北京奥运会立法及其成果的有效实施，是我国社会主义法治建设一次重要的成功实践，为有特色、高水平地举办北京奥运会创造了良好的法治环境，展示了我国依法治国、建设社会主义法治国家的良好形象。其中，最重要的北京奥运立法成果集中体现在知识产权领域。

五、北京奥运会立法的主要成果

2001 年 7 月 13 日，北京奥运会申办成功。同年 10 月，北京市以政府令第 85 号颁布了《北京市奥林匹克知识产权保护规定》，自同年 11 月 1 日起施行。北京市出台该《规定》是国内创举，实际上为国务院制定《奥林匹克标志保护条例》进行了理论探索和实践准备，积累了立法和行政执法经验。

该《规定》修订工作，最近几年数次纳入北京市政府年度立法工作计划。2019 年 4 月，北京市知识产权局发布公告，为修订该《规定》公开征集合作单位。最终，北京市政府停止了修订工作，于 2020 年 6 月废止了该《规定》。

该《规定》施行仅 90 余天，国务院令第 345 号颁布了《奥林匹克标志保护条例》（以下简称《条例》），自 2002 年 4 月 1 日起施行。颁布、施行此《条例》，既是履行对国际奥委会的郑重承诺，又是最重要、最有代表性、最有典型意义、最有奥林匹克特色的北京奥运立法成果，更是我国知识产权领域、体育领域的制度创新。

北京市在保护奥林匹克知识产权时，如果《规定》条文与国务院《条例》条文矛盾，当然以国务院《条例》为准。

依据《国务院关于取消和下放一批行政审批项目的决定》（国发〔2014〕5 号），取消了《条例》规定的奥林匹克标志备案和奥林匹克标志使用许可合同备案。

修订后的《条例》，以国务院令第 699 号颁布，自 2018 年 7 月 31 日起施行。《条例》修订完成是体育立法和知识产权立法的最新成果，得到社会各界充分肯定、高度评价，市场监督管理、知识产权、体育等领域的学者和实务工作者从中体会到许多重大变化。

《奥林匹克标志备案及管理办法》由国家工商行政管理总局颁布，自 2002 年 6 月 1 日起实施。根据国务院国发〔2014〕5 号决定和 2018 年修订后的上位法规，作为部门规章的此《办法》实际上连续 6 年不再实施。2020 年 7 月，国家市场监督管理总局废止了此《办法》。

《北京奥运会及其筹备期间外国记者在华采访规定》由国务院令第 477 号颁布，自 2007 年 1 月 1 日起施行。依据该《规定》第九条，该《规定》已经于 2008 年 10 月 17 日自行废止。《中华人民共和国外国常驻新闻机构和外国记者采访条例》由国务院令第 537 号颁布，自 2008 年 10 月 17 日起施行。

2007 年 7 月，北京市人大常委会审议通过了《关于为顺利筹备和成功举办奥运会进一步加强法治环境建设的决议》，授权北京市政府在奥运会筹办和举办期间，为维护公共安全和社会秩序，在不与宪法、法律、行政法规相抵触，不违背本市地方性法规基本原则前提下，可以根据奥运会筹备和举办的具体情况和实际需要，采取临时性行政管理措施，制定临时性政府规章或发布决定，并报市人大常委会备案。

六、京外赛场城市的北京奥运会、北京冬奥会立法

北京奥运会有京外城市办赛事项，帆船比赛在青岛，马术比赛在香港，足球预赛在上海、天津、沈阳、秦皇岛。

北京市地方性法规、规章当然不能在京外赛场城市实行。当年，各有关地方并没有进行奥运会立法协调，但奥运会京外赛事组织得很成功。

北京市和张家口市都有冬奥会赛场，都是奥运城市。

（1）滑冰（北京）共 3 个分项，速度滑冰、短道速滑、花样滑冰。

（2）冰壶（北京）。

（3）冰球（北京）。

（4）雪车（延庆）共 2 个分项，雪车、钢架雪车。

（5）雪橇（延庆）。

（6）滑雪共 6 个分项，高山滑雪（延庆）、越野滑雪（崇礼）、跳台滑雪（崇礼）、北欧两项（由越野滑雪和跳台滑雪组成，崇礼）、自由式滑雪（崇礼）、单板滑雪（崇礼，其中的大跳台比赛在北京石景山）。

（7）冬季两项（由越野滑雪和射击组成，崇礼）。

按照 2015 年修改后《立法法》的规定，张家口市可以对"城乡建设与管理、环境保护、历史文化保护等方面的事项"制定地方性法规和政府规章，其中有"等方面"的表述。此处的"等"字，是什么含义，是等内，还是等外？筹备和运营冬奥会是否属于张家口市可以制定地方性法规和政府规章的事项？此类问题确实值得探讨，有关地方立法工作者、学者们也一直在关注。

2018 年 12 月，张家口市人大常委会通过了《关于促进冬奥会和冬残奥会志愿服务的决定》，这说明张家口市对于北京冬奥会已经开始了地方立法进程，并且取得了重要成果。

2019 年 2 月，河北省政府颁布了《河北省奥林匹克标志保护规定》，自同年 4 月 1 日起施行。2020 年 3 月，河北省人大常委会通过了《河北省全民健身条例》，自同年 5 月 1 日起施行。其中，有一处提及奥运，事关奥运知识

的普及，另有十多处提及冰雪运动。

七、其他重要赛事的立法实例

为保护亚运会知识产权（特别是 2010 年第 16 届亚运会知识产权），实施了国家工商行政管理总局《亚洲运动会标志保护办法》、广东省政府《广东省亚运标志保护办法》、广州市政府《广州市亚洲运动会知识产权保护规定》。

为保护深圳世界大学生运动会、南京青年奥运会、哈尔滨世界大学生冬运会、天津东亚运动会、海阳亚洲沙滩运动会等运动会知识产权，相关地方政府或上级地方政府出台了规章或规范性文件。

2019 年 2 月，湖北省政府公布了《湖北省第七届世界军人运动会知识产权保护规定》。该《规定》自同年 4 月 1 日起施行。

2020 年 10 月，浙江省政府公布了《浙江省第 19 届亚运会知识产权保护规定》。该《规定》自 2021 年 1 月 1 日起施行。

2020 年 10 月，成都市市场监督管理局、版权局、文化广电旅游局、公安局联合印发通知，公布了《成都第 31 届世界大学生夏季运动会知识产权保护规定》。2021 年 2 月，成都市市场监督管理局、知识产权局局联合印发通知，公布了《第 31 届世界大学生夏季运动会特殊标志管理办法》。

在此类立法实践中，有些现象值得思考和体会，甚至可以作为课题进行研究。譬如，国务院针对保护奥林匹克标志制定《奥林匹克标志保护条例》，而不是针对保护奥林匹克知识产权制定行政法规；针对国际大型综合性运动会的地方立法，迄今为止大体上集中在知识产权领域；《北京市奥林匹克知识产权保护规定》没有被修订，而是在北京冬奥会筹备期间被废止。

保护运动会知识产权的规章、保护运动会标志的规章，此二类文件明显相似。建议针对此二类规章进行比较研究，分析条款异同，对比实施情况。

八、针对北京冬奥会科学立法的建议

党的十九大召开后，在以习近平同志为核心的党中央领导下，我国社会主义法治建设发生了历史性变革、取得了历史性成就，全面依法治国总体格局基本形成，全面依法治国实践取得重大进展。就我国法治环境而言，北京冬奥会筹备工作现在面对的情形，明显优于 2001 年北京申办奥运会成功之时。

总体来讲，中国现行法律法规能够比较充分地保障冬奥会的筹备、运行、善后各项工作，这是北京冬奥会法治保障的主流、本质、最基本情况，已经在申办冬奥会时向国际奥委会完全讲清楚了，他们也充分理解了。

需要专门立法来解决的冬奥会问题确实比较少见，仅仅为冬奥会服务（既不包含其他目的，也不涉及赛后事项）的立法项目可能更少。

依靠或指望新的立法来解决北京冬奥会问题，并不是最具有可操作性的思路。我国现有的法律法规足以支撑筹备和举办冬奥会，问题焦点在于如何确保现有的法律法规全面落实到位。

即便启动北京冬奥会某项立法，也不能仅仅针对冬奥会这十几天，而应当为闭幕后继续执行做好条款设计及其他安排，将保障冬奥会同保证国家及京津冀地区改革、建设、发展的实际需求结合起来，为科学发展和长远发展留下宝贵的制度财富。

《北京市政府2021年立法工作计划》已经公布，其中包括了充分体现北京特色，配合北京冬奥会和冬残奥会的立法项目，即《国际语言环境建设促进条例》和《无障碍设施建设和管理条例》（修订），二者均被确定为力争完成的地方性法规草案。这两项地方性法规的颁布或修订，其意义绝不仅限于北京冬奥会和冬残奥会，其重点更在于落实首都城市战略定位，加强北京"四个中心"建设。

对于北京冬奥会来说，筹备北京奥运会时制定的法规、规章绝大多数很有借鉴意义，但个别文件不行。在北京冬奥会立法方面，创新项目不会如雨后春笋、不会琳琅满目、不会遍地开花。

在北京冬奥会立法中，个别重要事项需要国务院颁布或修改行政法规，其余事项主要依靠地方立法来解决。修订后的《奥林匹克标志保护条例》已经施行了两年多，建议业务主管部门抓紧完善相关的配套政策、规章。

针对国际社会和奥林匹克大家庭成员一向较为关注的出入境、互联网、个人信息保护、电视转播、广告控制、税收、政府采购等领域的政策和法律法规，宜统筹考虑、早作准备。

建议有关地方人大、政府认真研究北京奥运会立法经验，准确分析北京冬奥会立法需求，立足我国现有政策法律条件，按照科学立法要求，高质量地完成事关北京冬奥会的立法任务。

对于跨省市的冬奥会地方立法安排，应当顾全大局、彼此协调、相互衔接。在冬奥会地方立法的具体工作中，应当相互学习与借鉴，积极协商协调，但不应照搬，不必强求一律相同或相等。

建议北京市有关部门积极作为，在事关北京冬奥会的立法工作中起带头作用，供河北省张家口市借鉴、参考。

　　针对北京冬奥会法治环境，有些学者、律师比较关注北京市同河北省张家口市的地方立法协调问题。其实，京冀（或京张）两地的行政执法协调问题更为重要，更值得调查、研究。与其谈论地方立法协调问题，倒不如积极设法解决地方行政执法协调问题。另外，关于冬奥会法治环境及行政执法协调之事，远远不限于京冀（或京张）两地之间。

食品安全公民权利立法研究[*]

■ 戚建刚　张晓旋

---

* 本文是国家社科基金项目"共治型食品安全风险规制"（15FFX016）和国家社科基金重点课题"环境风险治理工具的行政法进路研究"（17AAFX013）的阶段性成果。

作者简介：戚建刚，中南财经政法大学法学院教授、博导。

张晓旋，中南财经政法大学宪法与行政法专业博士研究生。

一、食品安全社会共治中公民权利的新内涵

虽然学术研究的基本规则是以问题为出发点，界定"食品安全社会共治中公民权利"含义的做法似乎陷入让人忌讳的"写教材"俗套，但是，由于学界对食品安全社会共治中公民权利的认识存在偏差，学界尚未对其加以严肃考察，因此，"食品安全社会共治中公民权利是什么"本身就成为一个需要认真对待的问题。笔者认为，关于食品安全社会共治中公民权利的一个简洁的定义是：公民在食品安全社会共治中所享有的某种主张或者资格。❶ 然而，对该定义需要从如下方面进一步说明。

（1）食品安全社会共治中的公民权利是公民面向其他治理主体的主张或资格。根据《中华人民共和国食品安全法》（以下简称《食品安全法》，下文所及法律均为简称）的规定，我国食品安全中的治理主体包括食品生产经营者、国家食品安全监督管理机关、食品检验机构、各类协会、新闻媒体等多元主体，公民是其中一个重要主体。❷ 而公民所享有的权利，是公民面向上述多元主义的主张或资格。这就表明，在食品安全治理中，上述主体对公民负有某种义务，他们所负的义务就是公民权利的对象或内容。当公民向上述主体提出某种主张，要求上述主体作为或者不作为时，比如，要求食品生产经营者提供某种食品原材料的信息，上述主体应当作为或者不作为，否则，属于侵犯公民权利的行为，公民可以寻求救济。将食品安全社会共治中的公民权利视为公民面向其他治理主体的某种主张或资格的意义在于：一是与消费者权利（权益）区别开来。根据《消费者权益保护法》的规定，我国消费者所享有的权利主要是面向经营者，而不是主要面向国家行政机关，也不是面向产品（食品）检验机构或者新闻媒体。而食品安全社会共治中的公民权利

---

❶　尽管关于"权利"的定义学界并未形成一致观点，存在诸如资格说、主张说、自由说、利益说、法力说、可能说等数十种（参见张文显. 法哲学范畴研究［M］. 北京：中国政法大学出版社，2001：300.），然而，作为一种分析社会现象的工具，权利定义的众所纷纭并不妨碍笔者选取其中一种或者两种定义来研究食品安全社会共治中的公民权利。

❷　信春鹰. 中华人民共和国食品安全法［M］. 北京：中国法制出版社，2015：10-11.

则面向多元主体，特别是面向国家行政机关和食品生产经营者。二是为公众（公民）参与食品安全治理提供实现路径。在食品安全社会共治语境中，不少学者论及公众（公民）参与制度是实现食品安全社会共治的重要内容。❶ 然而，笼统地论述公众（公民）参与食品安全治理其实已经成一种"滥调"。只有明确公众或公民针对食品安全治理中哪些主体，就什么食品安全事项进行参与才具有现实价值。而打开此类有价值问题的"密钥"就是笔者所提出的"公民所享有的权利是针对不同食品安全治理主体"的主张的观点。换言之，笔者的这一观点为公众（公民）如何参与食品安全治理提供了实现路径。

（2）食品安全社会共治中的公民权利是贯穿于整个食品安全工作全过程的权利。根据《食品安全法》的规定，我国的食品安全工作其实由两个层面所构成。❷ 一是从国家食品安全监管机关角度来分析，至少包括食品安全风险监测和评估活动；食品安全标准制定、修改和执行活动；食品检验活动；食品安全事故处置活动；以及食品安全监督管理活动等。二是从食品生产经营者、食品检验机构、食品安全协会等角度来考察，至少包括食品生产和加工；食品销售和餐饮服务；食品添加剂的生产经营；食品相关产品❸的生产经营；食品的贮存和运输；对食品、食品添加剂、食品相关产品的安全管理；食品生产经营者使用食品添加剂、食品相关产品的活动；食用农产品的市场销售，以及农业投入品使用情况；食品行业规范和奖惩机制的建立和健全活动；食品安全法律、法规以及食品安全标准和知识的普及工作；食品安全违法行为舆论监督活动，以及与食品安全有关的基础研究、应用研究活动等。这两个层面的内容其实也是食品安全社会共治的对象。如果用一个形象的术语来表示，则是"从农田到餐桌"。而公民所享有的权利则应当覆盖到"从农田到餐桌"的整个过程，这可以说是食品安全社会共治中公民所享有权利的涵盖对象。将公民权利定位于贯穿整个食品安全工作过程的意义在于：一是同样要与消费者所享有的权益（权利）区分开来。根据《消费者权益保护法》的规定，我国消费者虽然享有不少权利，但他们所享有的权利涵盖对象仅限于购买、使用商品或者接受服务等比较有限的环节。不仅如此，这些环节主要涉及产品的生产经营者，而不涉及国家行政机关的监管过程。二是揭示出食品安全社会共治中公民权利受到侵害的环节的多样性，并为设计保护公民权利

❶ 丁煌，孙文. 从行政监管到社会共治：食品安全监管的体制突破——基于网络分析的视角[J]. 江苏行政学院学报，2014（1）：109.

❷ 杨小敏. 食品安全社会共治原则的学理建构［J］. 法学，2016（8）：118.

❸ 即用于食品的包装材料、容器、洗涤剂、消毒剂和用于食品生产经营的工具、设备。

的制度提供新思路。一些学者虽然注意到了食品安全社会共治中的责任制度，特别是保护公民权利的责任制度的重要性❶，但没有建构责任制度的具体内容。这在很大程度上是由于对公民权利所涵盖范围没有认识清楚所致。食品安全社会共治中公民权利涵盖范围极为广泛，环节甚多。可以说，在每一个环节中，公民权利都存在被侵害的可能。由此，不论是对公民权利保护制度的设计，还是对其他治理主体的责任制度设计都应当顾及每一个环节公民权利受到侵害的可能，从而形成一个无缝隙的权利保护制度。当然，承认公民在食品安全社会共治中权利涵盖范围的广泛性，其实指明了他们的权利所涵盖的边界或者说权利发挥作用范围。越过这个边界，就不是公民在食品安全社会共治中的权利。

（3）食品安全社会共治中公民权利的属性具有双重性。根据公民权利所对应的义务主体是否行使公共行政权力，特别是国家行政权力、公民权利的目的指向是否属于公共利益，以及公民权利的依据是否属于公法，特别是行政法等标准❷，学理上可以将公民权利分为公权利与私权利。据此标准，有学者可能会对笔者主张的食品安全社会共治中公民权利的属性具有双重性的观点提出质疑。笔者认为，理解食品安全社会共治中公民权利属性可分为两个层面。第一个层面，当公民面向国家食品安全监管机关提出某种主张时，公民权利的属性属于以公权利为主，私权利为辅。这是因为，国家食品安全监管机关是行使公共权力的主体，同时，公民向其提出主张的依据通常是行政法或者食品安全法中的公法规范。由此，从形式而言，此时，公民权利属于公权利。然而，从实质而言，公民权利的目的却体现为既为了维护私人利益，也为了保障公共利益，比如，公民参与国家食品安全监管机关制定食品安全标准的权利，就不仅仅是为了维护参与者的私人利益，也为了促进公共利益。可见，此时，公民权利就具有双重性。合而言之，在第一个层面，公民权利体现出公权利为主，私权利为辅的属性。第二个层面，当公民面向食品生产经营者、第三方检验机构、新闻媒体等主体提出某种主张时，公民权利的属性属于以私权利为主，公权利为辅。这是因为，食品生产经营者、第三方检验机构、新闻媒体等主体通常不属于行使公共权力，特别是国家行政权力的主体。同时，公民向这些主体提出主张的依据一般是私法，比如，食品安全

---

❶ 邓刚宏. 构建食品安全社会共治模式的法治逻辑与路径 [J]. 南京社会科学，2015（2）：99.

❷ 杨建顺. 日本行政法通论 [M]. 北京：中国法制出版社 1998：190；方世荣. 论行政相对人 [J]. 北京：中国政法大学出版社，2000：60-61；柳砚涛，刘宏渭. 行政相对人权利研究 [J]. 黑龙江省政法管理干部学院学报，2005（4）：30.

法中的私法条款。由此，从形式而言，此时，公民的权利属于私权利。可是，从实质而言，公民向这些主体提出主张的目的却既指向私人利益，也指向公共利益。比如，公民向新闻媒体反映或者在互联网上公开某一食品生产企业生产劣质食品的信息，显然，其所增进的法益不仅体现为私人利益，更体现为公共利益。合而言之，在第二个层面，公民权利体现出私权利为主，公权利为辅的属性。将食品安全社会共治中公民权利属性定位于双重性的意义在于：一是与消费者等主体向食品生产经营者要求的纯粹的私权利相区别。在实践中，消费者因财产或人身权利受到食品生产经营者的侵害，而提出索赔要求。由于这种索赔仅仅发生在消费者与食品生产经营者之间，只涉及作为个体的请求者的私人利益，因而不属于笔者所界定的食品安全社会共治中的公民权利。二是限定食品安全社会共治中公民权利的类型或者范围，避免庸俗化或者平庸化。如果将食品安全社会共治中公民权利属性定位于单纯的私权利或者单纯的公权利，有可能导致庸俗化。这是因为，一方面，从规范层面而言，现行规范或者保护消费者权利（益）的法律已经非常充分，但这类法律主要从保护消费者个体利益角度，主要从私权利层面来授权消费者权利，由此，食品安全社会共治中的公民权利如果定位于私权利，那么不仅显得多余，也将丧失食品安全社会共治原则的规范意义。另一方面，如果将公民权利定位于单纯的公权利，则可能面临脱离我国食品安全治理现实的情况。毕竟，"人们奋斗所争取的一切，都同他们的利益有关"❶，让纯粹出于"公共利益"的公民来参与食品安全治理或许是一种美好的奢想。

通过以上分析不难发现，食品安全社会共治中的公民权利是具有独特含义的权利，属于新兴权利范畴。❷我们不能将之混同于消费者权利，也不能视为是单纯的公权利或者私权利，不能将之限定在食品安全治理的某一环节，也不能将之无限泛化，从而失去规范意义。

二、食品安全社会共治中公民权利的新类型

如果说界定食品安全社会共治中的公民权利的含义属于对"是什么"问题的探讨，那么分析食品安全社会共治中公民权利类型则是对"有什么"问题的阐述。然而，对"有什么"问题的解析则是建立在"是什么"的问题基础之上的。显然，如果根据前述学者将食品安全社会共治中公民视为消费者，其权利的内涵等同于消费者权利内涵的观点，那么自然就得出公民权利的类

---

❶ 马克思恩格斯全集（第一卷）［M］. 北京：人民出版社，1956：82.

❷ 姚建宗. 新兴权利论纲［J］. 法制与社会发展，2010（2）：5.

型就是消费者权利类型的结论，可是，根据笔者的论证，食品安全社会共治中公民权利内涵根本不同于消费者权利的内涵，由此，将公民权利类型等同于消费者权利类型的观点也不可取。可见，我们需要重新探索公民权利类型。作为认识事物的一种通常方法，人们一般通过分类来解析事物。据此，可以根据不同标准来考察食品安全社会共治中公民权利类型。笔者以拉斐尔❶教授提出的权利可分为行动权利和接受权利的观点，来分析食品安全社会共治中公民权利类型。

（一）食品安全社会共治中公民的行动权利类型

行动权利属于食品社会共治中公民以某种方式表达意愿、做事的权利❷，是对其他治理主体主动作为的权利。从规范层面而言，公民的行动权利主要包括如下几类。

1. 了解权

了解权是指，除依法保密外，出于正当目的或者理由，公民有查阅和知晓其他食品安全治理主体所收集、制作、保存的与食品安全治理有关的资料、信息的权利。所谓正当目的或者理由，则需要做广义解释，比如，公民为了科学研究需要，也属于正当理由，公民为了监督食品安全情况，也是正当理由。了解权所面向的主体可以是国家食品安全监管机关，比如，公民有权知晓它们制定食品安全标准的信息，有权知晓它们确定的食品生产经营企业黑名单信息；也可以是食品生产经营企业，比如，公民有权知晓它们进行食品安全自我监管的规章制度；还可以是食品检验机构或者新闻媒体等其他主体，比如，公民有权知晓某行政区域内主流报纸在特定时间之内刊发食品安全事件的新闻数量，有权知晓某行政区域内食品检验机构在特定时间内检验食品样本的数量；等等。了解权所覆盖的范围将包括整个食品安全工作，既可以是食品生产经营者生产食品阶段产生的信息，也可以是它们销售食品阶段产生的信息；既可以是国家食品安全监管机关实施食品安全风险评估时产生的信息❸，也可以是它们进行食品安全事故调查时所产生的信息。对于当前食品

---

❶ 所谓行动权利是指，做某事或以某种方式做事的权利；接受权利是指，接受某物或者被以某种方式对待的权利。D. D. Raphael，Problems of Political Philosophy，Humanities Press International Inc（1990），pp. 64–74.

❷ 我国学者将拉斐尔教授的行动权利诠释为积极权利，接受权利诠释为消极权利。夏勇. 权利哲学的基本问题 [J]. 法学研究，2004（3）：9：116.

❸ 此类信息非常广泛，一个经典的例子是欧洲食品安全管理局实施风险评估所产生的信息。杨小敏. 欧洲食品安全管理局的治理结构评析 [J]. 当代法学，2013（5）：156.

安全社会共治而言,《食品安全法》需要扩大公民了解权的范围,特别是面向食品生产经营企业的了解权。为此,《食品安全法》应当规定在食品安全社会共治中实行了解权主导下的保密,而不是保密主导下的了解权,对于不能了解的事项则加以列举,除此之外,则属于了解权的范围。《食品安全法》还应当规定公民行使了解权的方式,比如,复制、摘抄、查阅,以及行使了解权的时间、场所等问题。了解权是公民在食品安全社会共治中所享有的其他行动权利的基础。这恰如有学者所指出的那样,公民要想成为自己的主人,要想具有行动的能力,就必须用可得的知识中隐含的权力武装自己,如果公民没有了解权,那么所谓面向公民的食品安全社会共治,也就沦为一场滑稽剧或悲剧或悲喜剧的序幕。❶

2. 评论权

评论权是指在食品安全政策、法规、制度和措施等的制定和推行过程中,具有正当目的或理由的公民对其提出建议和发表意见的权利。公民评论权既可以针对与自身有直接利害关系的食品安全政策、法规、制度和措施,比如,公民属于特定食品安全事件的当事人,对食品安全监管机关处理该事件的措施加以评论,也可以出于研究兴趣等正当目的而对食品安全政策、法规、制度和措施进行评论。与了解权一样,公民行使评议权可以面向食品安全社会共治中的其他主体,特别是国家食品安全监管机关和食品生产经营企业。对于国家食品安全监管机关实施食品安全风险监测和评估,食品安全标准制定、修改和执行,食品检验,食品安全事故处置,以及食品安全监督管理等活动,公民都有权加以评论。对于食品安全经营企业从事食品原材料采购、食品生产、运输、贮存、销售、服务等活动,公民也有权进行评论。当然,对食品检验机构的工作、食品生产经营协会活动、新闻媒体关于食品的报道等,公民都有权加以评论。《食品安全法》需要规定公民行使评论权的对象和范围,评论的方式与方法。《食品安全法》需要特别规定,公民行使评论的法律效果,比如,国家食品安全监管机关具有定期反馈的义务,食品生产经营企业负有合理答复的义务。又如,某些重要食品安全法律规范,非经公民评论,不能生效等。

3. 申请权

申请权是指,基于正当目的或者理由,公民就与食品安全治理过程的事项向其他主体提出请求的主张。公民行使申请权的目的是希望参与其他治理

---

❶ 斯蒂格利茨. 自由、知情权和公共话语 [J]. 宋华琳,译. 环球法律评论,2002 (3):45.

主体从事食品安全治理活动，了解食品安全治理情况，维护自身合法权利，也为了监督其他主体的行为。申请权同样覆盖到食品安全工作的整个过程，既可以面向国家食品安全监管机关提出，比如，公民向本行政区域内的食品安全监管机构申请公开某年度食品安全执法信息，也可以面向食品生产经营企业或者其他治理主体，比如，公民向某知名食品生产经营企业申请参与该企业内部食品安全质量管控活动，又如，公民向本行政区域内新闻媒体申请参与该媒体举行的食品安全法制观念宣传活动等。申请权是公民实现深度参与食品安全社会共治的重要手段。目前我国《食品安全法》等法律虽然了规定了申请权，比如，公民向行政机关申请从事食品生产经营的行政许可，但这并不是笔者所指的食品安全社会共治意义上的申请权。因为公民申请从事食品生产经营许可的申请权属于私权利，而笔者所述的申请权属于公权利为主导的权利。对于申请权，针对不同环节食品安全工作，以及不同的食品安全治理主体，《食品安全法》需要规定公民提出申请权的条件、方式等内容。

4. 动议权

动议权是指，作为申请人的公民向国家食品安全监管机关和食品生产经营企业等主体提出建议，要求其依法履行食品安全管理职责，开展食品安全治理工作，国家食品安全监管机关和食品生产经营企业等主体对申请人提出的建议予以审查，并作出相应决定，如果申请人对其处理决定不服，可以依法请求法律救济的主张。公民行使动议权，不以公民在食品安全法上所享有的权利受到侵害为必要条件，公民出于关心国家食品安全即可提起。❶ 动议权的指向对象是食品安全社会共治中其他主体的法定职责或者法定义务。比如，根据《食品安全法》第6条规定，县级以上地方人民政府负有健全食品安全全程监督管理工作机制和信息共享机制的职责，负有在乡镇设立派出机构的职责。据此，公民有权对县级以上人民政府此类职责提出动议，要求县级以上人民政府履行职责。又如，根据《食品安全法》第9条规定，食品行业协会负有健全食品行业规范和奖惩机制，提高食品安全信息、技术等扶贫等义务。据此，公民有权对本行政区域内食品行业协会的此类义务提出动议，要求食品行业协会履行义务。对于公民的动议申请，其他治理主体应当予以审查，如果发现属于自身的法定职责或义务，就应当积极履行。如果认为公民的动议缺乏依据，公民动议的事项不属于自身的法定职责或义务，则可以驳回公民的动议。公民如果对国家食品安全监管机关驳回决定不服的，可以申

---

❶ 戚建刚，郑理. 论公共风险监管法中动议权制度之建构 [J]. 中国高校社会科学，2015（5）：145.

请行政复议或提起行政诉讼。公民如果对食品生产经营企业、食品行业协会等"私权利主体"驳回决定不服的，可以向有管辖权的国家食品安全监管机关申请裁决。对于国家食品安全监管机关裁决不服的，公民可以提起行政复议或者行政诉讼。动议权属于公民在食品安全社会共治中所享有的非常重要的权利，也是真正实现公民治理食品安全工作的"锐利武器"。《食品安全法》需要规定公民行使动议权的条件、动议权的构成要件、动议权的法律救济等内容。

除上述四项行动权利之外，在食品安全社会共治中公民所享有的行动权利还包括发布食品安全信息权，提出申诉、控告的权利，申请回避权，以及举证权利，等等。

（二）食品安全社会共治中公民的接受权利类型

接受权利属于食品安全社会共治中公民被以某种方式被其他治理主体，特别是国家食品安全监管机关对待的权利，而其他治理主体则负有积极作为或者不作为的义务。从规范层面而言，公民的接受权利主要包括如下几类。

1. 获得通知权

获得通知权是指，公民在国家食品安全监管机关、食品生产经营者等主体制定或做出涉及食品安全的政策、措施、决定之前，有得到告知有关内容、理由、依据，以及何时和以何种方式参与食品安全治理的资格。由于我国食品安全治理涉及环节和事项众多，而这众多事项和环节几乎都关系到食品安全，大都需要公民参与和评论，因而《食品安全法》赋予公民获得通知权就十分必要。公民获得通知权面向的主体既包括国家食品安全监管机关，也包括食品生产经营者，还包括食品行业协会，以及新闻媒体等主体。比如，某行政区域内的食品安全监管机关在制定食品安全举报奖励制度过程中，负有通知该行政区域内特定公民参加会议并作评论的义务。当然，最主要的主体依然国家食品安全监管机关和食品生产经营者。因为，根据《食品安全法》的规定，这两类主体承担的食品安全治理职责（义务）最繁重，需要公民参与和评论的事项也最多。对于公民的获得通知权，《食品安全法》需要规定公民获得通知的食品安全治理事项。从理论而言，所有重要的、需要公民评论的事项，公民都有权获得特定食品安全治理主体的通知。《食品安全法》还需要规定公民获得通知权的期限，确保公民有一个合理期限来做相应准备。此外，《食品安全法》还需要规定公民获得通知方式，一般应当以书面形式，因为书面形式具有客观性。当然，在紧急情况下，可以采用口头形式等内容。

总之，获得通知权是公民一项基础性的接受权利，《食品安全法》需要做出详细规定。

2. 获得理由权

获得理由权是指，在食品安全社会共治中，当国家食品安全监管机关、食品生产经营者等主体做出不利于公民合法权益的决定时，除有法律特别规定之外，公民有从其获得相应决定合法或合理依据的资格。由于在食品安全社会共治中，相对于其他治理主体，特别是国家食品安全监管机关，公民是相对弱势的主体，授予公民获得理由权，既能够制约食品安全社会共治中其他治理主体滥用权力（权利），也能够促进公民与其他治理主体合作，当然也为后续的救济提供审查理由。公民获得理由权的前提是公民的合法权益受到其他治理主体的侵害，比如，国家食品安全监管机关拒绝通知公民参加会议，又如，食品生产经营企业无辜否定公民的了解权，再如，食品行业协会否定公民动议权等。公民获得理由权的内容是其他治理主体对其做出不利决定的合法或者合理的依据。合法的依据诸如食品安全治理中的客观事实、法律规范依据；合理的依据诸如食品安全治理中的政策考虑、企业特殊情况、公共利益等事项。对于获得理由权，《食品安全法》特别需要规定食品安全治理主体违法不给以公民理由的法律后果，比如，对于食品生产经营企业等"私权利"主体而言，《食品安全法》可以规定相应的行政处罚责任。对于国家食品安全监管机关而言，在未给以理由情况下，对公民做出的相应不利决定属于可撤销的行政行为，同时，其工作人员将受到相应的行政处分。

3. 不受妨碍权

不受妨碍权是指，公民在行使权利过程时，有向国家食品安全监管机关、食品生产经营企业等主体主张不得被无辜刁难、干扰、阻碍、剥夺或者变相剥夺的资格。在食品安全治理过程中，无论公民行使行动权利，还是享有接受权利，在某种程度上，对其他治理主体都形成一种监督或者制约。由此，其他治理主体可能会干扰或阻碍公民行使权利，比如，不给公民提供会议材料或者会议资料残缺不全或者临时给公民会议资料，致使公民难以全面行使评议权；又如，在食品安全风险交流过程中，国家食品安全监管机关或者食品生产经营企业以晦涩难懂的专业术语来进行交流，致使公民无法理解某些食品是否安全，公民的了解权也遭到损坏。再如，公民向其他治理主体提出改进食品安全的合理的建议、意见和批评等，其他治理主体应当虚心听取，而不应当持排斥、否定态度。公民享有不受妨碍权其实是要求食品安全中的其他治理主体尊重公民在食品安全治理中的角色，将公民作为一个具有"独立意识、独立地位、独立人格"的主体来参与食品安全社会共治。❶ 对于不受妨碍权,食品安全法首先需要确认公民享有这项权利,同时规定其他治理主体实施妨碍行为的具体体现,当然还要规定其他治理主体实施妨碍行为的法律后果,比如,对于食品生产经营企业、食品行业协会等"私权利"主体实施妨碍行为的,有管辖权的国家食品安全监管机关应当责令其改正,并处以警告、罚款等行政处罚;对于国家食品安全监管机关实施妨碍行为的,有管辖权的行政监察机关或者上级国家食品安全机关应当责令其改正,并对相关工作人员给以警告等行政处分。

4. 获得奖励权

获得奖励权是指,对于公民举报食品安全治理中的违法行为属实的情况,或者公民积极参与食品安全治理做出一定贡献的情况,公民有从特定国家食品安全监管机关、食品生产经营企业、食品行业协会等主体获得物质或者精神奖励的权利。获得奖励权是对公民的正面激励,而个中道理其实很简单。因为公民行使食品安全社会治理中的权利在很大程度上是出于维护食品安全治理中的公共利益需要,公民提供了一种具有正外部效应的公共物品。而依据公共选择理论❷,为了确保作为理性人的公民有持续不断地行使行动权利的动力,就需要给以公民相应的激励。虽然《食品安全法》第13条也规定了食品安全奖励制度,但该条规定获得奖励的门槛过高,即"突出贡献",而对何谓"突出贡献",法律没有规定。此外,从该条立法原意来接受,实施奖励的主体仅仅是国家食品安全监管机关。由此可见,对于笔者所提出的公民获得奖励权,《食品安全法》第13条依然存在规范性不足的问题。笔者认为,对于获得奖励权,《食品安全法》至少需要规定如下内容:一是规定在食品安全社会共治中,公民获得奖励的具体情形,这可以通过列举加兜底方式加以规定;二是规定公民获得奖励权是面向国家食品安全监管机关等多元治理主体;三是规定公民获得奖励权的具体内容,比如,颁发奖金、给予通报表扬,授予荣誉称号等;四是规定对于公民获得奖励权的保障途径。

除上述四项接受权利之外,在食品安全社会共治中公民所享有的接受权利还包括告知救济途径权、受到平等对待权利等。

三、食品安全社会共治中公民权利的新依据

上文分析了食品安全社会共治中公民权利"是什么"与"有什么"的问

---

❶ 张文显. 法哲学范畴研究 [M]. 北京:中国政法大学出版社,2001:167.

❷ Dennus C. Mueller, Public Choice: A Survey, Journal of Economic Literature, Vol. 15 (2).

题，显然，对上述两大问题的探析或许已经"颠覆"一些学者的认识。这自然引发"凭什么"的问题。笔者认为，食品安全社会共治中公民权利的依据，既可以在《中华人民共和国宪法》（以下简称《宪法》），以及《食品安全法》等实定法律规范中寻得，也可以从当代政治理论中来推演。当然，在具体阐述笔者的观点之前，有必要评析一种比较流行的观点，即食品安全社会共治（包括赋予公民权利）是为了保障作为人权的食品安全权。换言之，从人权角度来为公民参与食品安全社会共治提供规范性理据。❶ 笔者认为，人权是一种具有强大修辞效果的话语，以人权作为权利依据其实是权利哲学理论的惯常做法。然而，将其作为食品安全社会共治中公民权利的依据则缺乏解释力。这是因为根据马克思早年作品中的观点，从本质而言，人权是个体与其他人隔离开来行使的权利，是可以允许离开社群而行使的权利。马克思认为，人权无非是市民社会的成员的权利，即脱离了人的本质和共同体的利己主义的人的权利，任何一种所谓的人权都没有超出利己主义的人，没有超出市民社会的成员的人，即作为封闭于自身、私人利益、私人任性、同时脱离社会整体的个人的人。❷ 而食品安全社会共治恰恰强调公民参与食品安全治理，公民需要超越私人利益，需要克服私人任性。可见，以表面上光鲜的人权理论作为食品安全社会共治中公民权利的理据缺乏说服力。我们需要重新为其确立理论依据。

（一）实定法依据

（1）《宪法》为食品安全社会共治公民权利提供了根本性的规范依据。我国《宪法》第 2 条第 3 款规定，人民依照法律规定，通过各种途径和形式，管理国家事务，管理经济和文化事业，管理社会事务。从法解释学角度而言，《宪法》这一条款为食品安全社会共治中公民权利提供了根本性的规范依据。这是因为，"国家事务、经济事业和社会事务"足以包括我国的食品安全治理工作，而公民通过行使权利的方式来参与食品安全治理实质就是公民参与国家事务和经济事业以及管理社会事务的一种途径。又如，《宪法》第 27 条第 2 款规定，一切国家机关和国家工作人员必须依靠人民的支持，经常保持同人民的密切联系，倾听人民的意见和建议，接受人民的监督，努力为人民服务。

---

❶ 涂永前. 食品安全社会共治法治化：一个框架性系统研究［J］. 江海学刊，2016（3）：145；涂永前. 食品安全权及其法律构造［J］. 科技与法律，2014（1）：47.

❷ 马克思恩格斯全集（第一卷）［M］. 北京：人民出版社，1956：437-439；类似观点，也可参见夏勇. 权利哲学的基本问题［J］. 法学研究，2004（3）：118.

在这里，"倾听人民的意见和建议，接受人民的监督"也为食品安全社会共治公民权利提供了依据。因为，公民行使权利的过程，特别是行动权利的过程就是对国家食品安全监管机关的监督过程，是国家食品安全监管机关倾听人民的意见和建议的过程。再如，《宪法》第41条规定，中华人民共和国公民对于任何国家机关和国家工作人员，有提出批评和建议的权利。显然，食品安全社会共治中公民行使权利也不乏对国家食品安监管机关及其工作人员的批评和建议。可见，《宪法》诸多条款为食品安全社会共治中公民权利提供了规范依据。不仅如此，《宪法》中的这些条款其实还隐含着公民参与国家和社会、经济事业，监督国家机关的权利属于以"公权利"为主的"双重属性"权利的意蕴。这就更直接地为食品安全社会共治中公民权利提供了规范依据。这是因为，《宪法》这些条款所规定的公民权利主要针对行使国家权力的国家机关而言，并且，所面向的国家事务、经济事业和社会事务大多属于公共事务，是体现公共利益的事务。这就表明《宪法》这些条款所规定的公民权利体现了强烈的"公权利"属性。同时，公民行使这些权利当然也为了维护自身的合法权益，可见，《宪法》这些条款所规定的公民权利也体现了"私权利"属性。合而言之，《宪法》这些条款所规定的公民权利属性属于以"公权利"为主的"双重属性"权利。这就从根本上为食品安全社会共治中的公民权利提供了规范依据。当然，有学者依然会提出质疑，《宪法》如何为笔者所提出的食品安全社会共治中公民面向除国家食品安全监管机关之外的治理主体主张权利提供依据？笔者认为，这需要对《宪法》所规定的"经济事业和社会事务"加以解释。在我国，食品安全治理不仅是一项国家事业，也是一项关系到食品产业的经济事业，还是一项涉及民生稳定的社会事业。这就需要多元主体来共同治理食品安全，公民则是其中重要一极。公民参与作为经济事业和社会事业的食品安全治理过程就不可避免要与除了国家食品安全监管机关之外的治理主体发生关系，而赋予公民各类权利其实就是公民与上述主体发生关系的规则，是公民参与食品安全治理的一种"途径或形式"，此时，公民所面向的对象自然是除国家食品安全监管机关之外的治理主体，可见，《宪法》同样为公民面向除国家食品安全监管机关之外的治理主体主张权利提供了根本性依据。

（2）《食品安全法》为食品安全社会共治中的公民权利提供了直接的规范依据。《食品安全法》第3条明确规定食品安全工作实行社会共治。从词义基本构造来分析，"社会共治"是指多元主体"一同或者一道治理"● 食品安

● 夏征农，陈至立. 辞海［M］. 上海：上海辞书出版社，2009：5120.

全问题。这里的多元主体当然包括公民。结合前述《宪法》相关条款，这里的"治理"是指，多元主体共同管理作为国家事业、经济事业和社会事务的"食品安全工作"。显然，这一治理过程超越了单纯的以个体公民生命和健康为中心的私人利益，更是为了增进食品安全。而根据《食品安全法》第1条规定，食品安全不仅仅是单个公民的健康和生命利益，主要体现了公共利益❶，诸如国家食品安全利益、全体食品生产经营企业的食品经济利益、大多数民众的生命和健康利益等。换言之，立法者规定食品安全社会共治的目的是要超越单个公民的私人利益，而是在公共利益背景下来确定最佳的食品安全监管秩序。这就是有学者敏锐地提出食品安全社会共治背后所隐含的政治理论并不是主张个人利益的自由主义，而是强调食品安全共同体利益的共和主义的社群理论。❷ 那么，如何实现包括公民主体一方在内的多元主体治理食品安全的立法目的？对于公民而言，赋予公民相应的权利是其参与治理食品安全问题的不二法门。这是因为公民权利其实是食品安全法为其所确认的参与食品安全治理的一套行为规则。这套行为规则调整公民与食品安全治理中的其他主体之间的关系，它所体现的法益既要保障公民个人的以生命和健康权利为主的私人利益，也要维护食品安全共同体的公共利益。这就不难发现，《食品安全法》所规定的"社会共治"其实为公民权利提供了直接的规范依据，并且，在很大程度上，赋予公民权利是实现《食品安全法》所规定的"社会共治"的重要途径。不仅如此，《食品安全法》的规定还表明公民权利所面向的主体是食品安全治理中的多元主体，特别是国家食品安全监管机关和食品生产经营企业；而从权利属性来分析，公民权利是以"公权利"为主的双重属性权利。

（二）当代政治理论依据

笔者认为，食品安全社会共治中公民权利的学理依据还可以从当代政治理论中加以推演。

（1）审议民主理论及其寓意。兴起于20世纪90年代的审议民主的理论❸

---

❶ 笔者是在广义上使用公共利益这一概念的。即公共利益包括了国家利益，是与个人利益或者私人利益相对的一个概念。关于公共利益、国家利益、个体利益之间的关系的经典论述参见：罗斯科·庞德. 通过法律的社会控制：法律的任务 [M]. 沈宗灵，董世忠，译. 北京：商务印书馆，1984：59-89.

❷ 杨小敏. 食品安全社会共治原则的学理建构 [J]. 法学，2016（8）：119.

❸ John S. Dryzek, Deliberative Democracy and Beyond: Liberals, Critics, Contestations, London, Oxford University Press, (2000), pp.1-20. Freeman and Samuel, Deliberative Democracy: A Sympathetic Comment, Philosophy & Public Affairs (2000), pp.28-68.

提出了一系列能够为食品安全社会共治公民权利提供依据的观点，诸如，参与不仅包括公民对国家政治生活的参与，还包括在经济领域、社会公共事务领域的参与；强调在公共事务中公民通过对话、讨论、谈判等方式与政府部门、社会公共组织进行平等协商；审视各种相关理由而赋予立法或决策合法性；鼓励立法和决策的利益相关者积极参与公共协商，在参与协商过程中公开自己的偏好和理由，了解并尊重他人的偏好，主张公民与行政部门之间是平等的横向关系等。具体到食品安全治理领域，审议民主要求作为治理一方主体的公民能够与其他主体平等协商和对话，而且能自由和自主表达食品安全治理偏好，能够审视其他治理主体的理由和主张，能够对国家食品安全政策和法规与标准表达自己的观点等。显然，审议民主理论对食品安全治理的寓意为设计或建构作为治理主体的公民权利提供了指示。反过来，若要在食品安全治理领域实现审议民主理论的要求，有赖于公民享有良好治理食品安全的权利，公民能够相对平等和自主地与其他食品安全治理主体对话、协商，能够了解其他食品安全治理主体所出台的食品安全政策、措施和标准，并对之进行理性的评论，并从其他食品安全治理主体获得相应理由等。而笔者所建构的公民的行动权利和接受行动不仅体现了审议民主的理念，在某种程度上也是在食品安全领域贯彻审议民主理念。

（2）新公共服务理论及其寓意。发端于21世纪初的新公共服务理论也为食品安全社会共治公民权利提供了学理依据。新公共服务指的是关于公共行政在以公民为中心的治理系统中所扮演的角色的一套理念。❶ 该理论包括这样一些基本观点：政府的职能是服务，而不是"掌舵"，政府的角色从控制转变为议程安排，使相关各方坐到一起，为促进公共问题的协商解决提供便利；公共行政官员应当积极地为公民通过对话清楚地表达共同的价值观念并形成共同的公共利益观念提供舞台，应该鼓励公民采取一致行动；公民权利和公共服务比企业家精神更重要；重视人，而不只是重视生产率；为公民服务，而不是为顾客服务；责任并不简单，公务员所应该关注的不只是市场，他们还应该关注宪法法律、社区价值观、职业标准及公民利益；政府应当具有开放性和可接近性，具有回应力，能够为公民服务并且为公民创造机会；等等。具体到食品安全治理领域，新公共服务要求国家食品安全监管机关重视公民的权利，为公民参与食品安全社会共治积极创造条件，培养包括公民在内的食品安全多元主体对食品安全的公共责任感；要求国家食品安全监管机关善于与包括公民在内的其他治理主体

---

❶ 珍妮特·V.登哈特，罗伯特·B.登哈特. 新公共服务：服务，而不是掌舵［M］. 北京：中国人民大学出版社，2013：1-15.

分享治理食品安全问题，积极回应公民的诉求；引导包括公民在内的食品安全其他治理主体关心食品安全公共利益，掌握做中介、协商以及解决食品安全问题的新技巧等。同样，新公共服务对食品安全治理的寓意为设计或建构食品安全治理中的公民权利提供了指示。反过来，若要在食品安全治理领域贯彻新公共服务理论的要求，有赖于赋予公民一系列治理权利，使得公民能够从包括国家食品安全监管机关在内其他治理主体的活动中获取充分与可靠的信息，能够排除其他治理主体无端干扰、影响公民行使权利，能够敦促其他治理主体积极履行治理食品安全的义务（职责），能够让理性的、富有美德的公民从食品安全公共利益角度出发来治理食品安全等。而笔者所建构的公民的行动权利和接受行动不仅体现了新公共服务的理念，在某种程度上也是在食品安全领域实施新公共服务理论的主张。

除以上两种典型的政治理论能够为食品安全社会共治中公民权利提供学理依据外，当代其他政治理论❶，比如，治理理论、新功能主义理论、系统理论、后现代理论等多或多或少能够为食品安全社会共治中公民权利提供理论基础。

结　语

当最高国家权力机关从原则高度规定我国食品安全实行社会共治，并将公民作为实现食品安全社会共治的重要主体时，并没有系统建构公民在食品安全社会共治中的权利问题。立法者留下的"悬念"给学者们带来了诸多想象。而一种极为流行的观点则是，简单地将食品安全社会共治中的公民权利等于消费者权利。依笔者之见，这实在是对立法者的重大误解。事实上，食品安全社会共治中的公民权利绝不等于消费者权利，它具有独特的内涵与外延，而且还具有明确的实在法依据与深厚的学理依据。显然，从学理角度重新认识食品安全社会共治中的公民权利，不仅有助于澄清学界在该问题上的误区，也有利于实务部门更为合理地推进食品安全社会共治，从而有效实现《食品安全法》的立法宗旨。

---

❶ Ortwin Renn, Risk Governance：Coping with Uncertainty in a Complex World, London Sterling VA,（2008），pp. 302-303.

《破产法》"破与立"的价值适用分析
——兼论个人破产立法

▌张思明　李文雅

作者简介：张思明，法学博士，河北大学法学院校聘副教授，中国人民大学破产法研究中心研究员。

李文雅，中国人民大学硕士研究生。

破产法具有优胜劣汰的市场调节功能，内蕴着"有破有立"的双重价值观，一方面，使得积重难返的企业趋向破产，依法退市；另一方面，对于那些发生破产原因而又有挽救希望的企业给予重整，使其获得重生。2020 年 8 月 26 日，深圳市出台了《深圳经济特区个人破产条例》，引发社会多方面的反响。目前，《中华人民共和国企业破产法》（以下简称《破产法》）实施的障碍除立法本身存在一定的不足之外，很大程度上是人们对《破产法》适用价值的误解。

一、影响"破与立"价值适用的法律因素分析

《破产法》第 1 条规定："为规范企业破产程序，公平清理债权债务，保护债权人和债务人的合法权益，维护社会主义市场经济秩序，制定本法。"这反映出《破产法》的立法宗旨贯彻的是市场经济理念。《破产法》的贯彻施行能够促进社会资源优化配置，推动社会主义市场经济健康和谐发展。由于我们缺乏正确的破与立的价值观念，我国目前的企业破产率远低于发达的市场经济国家，存在阻碍《破产法》"破与立"价值适用的法律因素。

（一）阻碍"破"之价值适用的法律因素

2021 年，受新冠肺炎疫情的影响，我国的企业经营普遍不景气，小微企业尤为困难，个人债务纠纷案件频发。目前，我国尚未出台统一的个人破产立法，企业破产法的适用亦有不少不够完善之处，企业的退出市场机制仍然不够特别规范，部分企业并不能通过破产程序而自生自灭。在成熟的市场经济社会里，一个企业出现困境需要退出市场应该是这样的程序：资可抵债的，清算退出市场、注销登记；资不抵债的，应该通过破产程序有秩序地退出市场。之所以出现"该破不破"的混乱局面，除社会层面的阻碍因素之外，还存在立法本身的阻碍因素。我国破产法权威专家、中国人民大学法学院的王欣新教授指出，现行立法对破产申请与受理的规定不够明确，如对破产原因特别是债权人申请破产的原因无具体规定，缺少可操作性，案件受理程序不

够严谨、健全，缺少上级法院的法律监督程序等，这为一些法院不依法受理破产案件提供了操作空间。❶《破产法》第 2 条第 1 款规定："企业法人不能清偿到期债务，并且资产不足以清偿全部债务或者明显缺乏清偿能力的，依照本法规定清理债务。"该条规定存在立法上的缺陷，如可以理解为两种情况：一是债务人不能清偿到期债务，并且资产不足于清偿全部债务；二是债务人明显缺乏清偿能力。这种理解是不符合立法本意的，因为司法实践中单独判断"债务人明显缺乏清偿能力"是比较困难的，缺乏可操作性，必须与"不能清偿到期债务"连在一起适用。

《破产法》第 8 条规定，债务人向人民法院提出破产申请，除应当提交破产申请书和有关证据外，还应当向人民法院提交财产状况说明、债务清册、债权清册、有关财务会计报告、职工安置预案以及职工工资的支付和社会保险费用的缴纳情况。该条中有关"职工安置预案"的规定不够合理，一个企业不能清偿到期债务，陷入破产的境地，不可能再拿出相关资金来安置企业职工，这是债务人不愿申请破产的原因之一。另外，这与我们国家的社会保障制度不健全有关，《破产法》的实施离不开社会保障制度、劳动保障制度的健全和完善，不能把本属于其他部门法调整的领域而推给《破产法》，甚至把本属于政府的职责推向债务企业。

《破产法》第 108 条规定："破产宣告前，有下列情形之一的，人民法院应当裁定终结破产程序，并予以公告：（一）第三人为债务人提供足额担保或者为债务人清偿全部到期债务的；（二）债务人已清偿全部到期债务的。"该条第（二）项的规定无可非议，但该条第（一）项的规定本身存在立法错误，这与当事人的人格独立的理念相冲突。在现代市场经济理念中，每个人应对自己的债务行为负责，第三人提供相应担保不能视为债务人清偿能力的延伸。只要债务人本人不能清偿到期债务，即为丧失清偿能力，就应启动破产程序，不同当事人的独立法律人格不能混同。仅是第三人单方为债务人向债权人提供足额担保，并不能消灭债务人在破产案件受理时已经发生的破产原因。该条的真实内涵是：第三人为债务人提供足额担保，得到债权人同意，债务人与债权人达成和解协议从而终结破产程序。可见，导致债务人不被宣告破产而终结破产程序的真正法律原因，不是第三人提供足额担保，而是债务人以此为条件与债权人会议达成和解协议。

---

❶ 王欣新. 转换观念完善立法 依法受理破产案件（上）——《破产法司法解释（一）》深度解读［N］. 人民法院报，2012-02-08（7）.

（二）影响"立"之适用价值的法律因素

《破产法》"破"之价值理念的实施，有助于保障债权人和债务人的合法权益，促进市场经济资源的优化配置。但也存在不足之处，会造成一定资源的浪费并可能给社会带来一系列不稳定因素，而最终债权人实际分配所得往往很少。因此，需要重视《破产法》中"立"之价值，即破产预防制度，我国《破产法》第8章、第9章设置了重整与和解程序，是破产预防制度的两大重要法律程序。但是在《破产法》实施过程中，还存在影响"立"的诸多法律因素。

企业重整制度是一项预防公司倒闭破产的积极有效的制度，但同时又具有一定的风险性，只让债权人承担企业重整的社会成本，是有失公平的。针对中国实行破产重整制度后可能出现的问题进行完善，仍然是立法机构未来工作的重点。《破产法》第72条规定："自人民法院裁定债务人重整之日起至重整程序终止，为重整期间。"但是，该条并未规定具体的重整期间，使得债权人对利益最大化的期望值有所降低，会影响重整程序的启动。第73条规定："在重整期间，经债务人申请，人民法院批准，债务人可以在管理人的监督下自行管理财产和营业事务。"问题在于如何对债务人的自行经营管理行为进行监督，缺乏一定的可操作性。第96条第2款规定："对债务人的特定财产享有担保权的权利人，自人民法院裁定和解之日起可以行使权利。"对于在困境中又有挽救希望予以再立的企业，而拖欠金融机构的往往是大额的担保债务。企业再立的前提是企业存有挽救的希望，能够获得更生，对债务人的特定财产享有担保权的权利人在达成和解协议后行使权利，很可能给债务企业带来重创，从而导致和解无法实现，最终使债务企业更生的希望趋于破灭。

一般认为《破产法》的破产宣告程序是一种不可逆程序，人民法院一旦宣告债务人破产，就不可能再给予重生的机会，当然这里面也存在一定的问题。如某个房地产开发企业在金融危机时，由于银行收紧贷款，再加之购房者处于观望状态，导致资金链断裂，不能清偿到期债务，其债权人申请破产，被法院宣告破产，还没有进入破产清算程序时，房价大涨，购房者也不再观望，若让债务人把房子出售，完全可以走出困境，获得重生。在此情况下，应该考虑实际情况，允许其转向破产重整程序，给债务人重生的机会。再比如某上市公司被法院宣告破产，未进行清算时，受各种利好因素的影响，其股票大涨，若能转入重整程序，也会使公司获得重生。因此，破产立法应该考虑破产清算程序与破产重整程序的互相转换，当然，前提是债务人具有重整的意愿，同时具有很大的挽救希望。美国破产法原则上允许清算程序和更生程序的互相转换，即是说如果债权人或者债务人在提出清算申请之后，认为重整是一种更好的办法，任何一方均可将其清算申请改为重整申请。❶

二、《破产法》蕴含的"破与立"之适用价值

《破产法》体现着"有破有立"的价值理念。符合破产清算条件的企业应该依法退市，进入破产清算程序，不再占用社会资源，影响市场经济的良性运作，是《破产法》体现的"破"的价值理念；对出现破产原因而又有挽救希望的企业进行重整，给予更生的机会，这是破产法体现的"立"的价值理念。

（一）《破产法》"破"之价值理念

《破产法》关于"破"的价值理念贯穿始终，"当破即破"，不能让不能清偿到期债务而积重难返的企业，像僵尸一样立于市场而浪费社会资源。

《破产法》第2条规定："企业法人不能清偿到期债务，并且资产不足以清偿全部债务或者明显缺乏清偿能力的，依照本法规定清理债务。"如前所述，该条对破产原因的规定存在不明晰之处，但本条规定较之旧《破产法》有明显的进步，规定了出现破产原因的债务人可以依法申请对其破产清算，使其依照破产清算程序退出市场。《破产法》第7条规定了债务人和债权人均可以直接提出破产清算申请，并在申请程序上也作了相关规定，以解决当事人的破产申请障碍。针对当前不少债务企业不进行债务清算，随意注销，不依法退市的混乱情况，《破产法》第7条第3款规定："企业法人已解散但未清算或者未清算完毕，资产不足以清偿债务的，依法负有清算责任的人应当向人民法院申请破产清算。"让债务企业按照破产法的程序依法退出市场，以实现《破产法》的"破"之价值理念，既有利于保障债权人的利益，也有利于保护债务人的权利，最终有利于市场经济秩序的稳定。

《破产法》还体现着"立中有破"，即在重整程序中，出现损害债权人利益的情形，就应该"止立就破"，由法院宣告债务人破产，让债务企业进入破产清算程序，使其退出市场。《破产法》第78条规定："在重整期间，有下列情形之一的，经管理人或者利害关系人请求，人民法院应当裁定终止重整程序，并宣告债务人破产：（一）债务人的经营状况和财产状况继续恶化，缺乏

---

❶ 潘琪. 美国破产法 [M]. 北京：法律出版社，1999：194-195.

挽救的可能性；（二）债务人有欺诈、恶意减少债务人财产或者其他显著不利于债权人的行为；（三）由于债务人的行为致使管理人无法执行职务。"重整的目的是在平衡各方利益基础上，使债务人获得重生，重整成功有利于节约社会资源，那么就需要管理人或者债务人经营好债务人财产，保障债务人财产在重整过程中保值增值，而一旦出现上述情况就会使债权人利益的损害程度加大，重整的目的最终无法实现。这表明债务人"无法再立"，不再有挽救的希望，就应该终结破产重整而进入破产清算程序。

（二）《破产法》"立"之价值理念

《破产法》规定的无论对于破产重整的申请还是重整计划的执行，都体现着"立"的价值理念。在破产重整申请方面，《破产法》第 70 条规定："债务人或者债权人可以依照本法规定，直接向人民法院申请对债务人进行重整。"债务人和债权人都有重整申请权。即使债权人申请债务人破产清算，只要债务人认为自己有重生的希望，也可以向法院申请重整。王欣新教授指出："重整制度目前已经被世界各国公认为是防范破产、挽救企业最为有效的法律制度。新破产法自 2007 年生效实施后，各地法院已经审理了很多重整案件，重整制度对困境企业的挽救发挥了重要的积极示范效应，引起人们的广泛重视。"❶ 因此，只要债务人有挽救的希望，在符合债权人和债务人意思自治的条件下，法院就应该裁定债务人重整。

为了能够实现债务企业走出困境，再"立"起来，在重整期间，有必要对特定权利加以限制。首先是对债务人的特定财产享有的担保权的行使给予限制。《破产法》第 75 条规定："在重整期间，对债务人的特定财产享有的担保权暂停行使。但是，担保物有损坏或者价值明显减少的可能，足以危害担保权人权利的，担保权人可以向人民法院请求恢复行使担保权。"债务人的已担保财产很有可能是债务人开展经营事务的主要财产，如果允许担保权人行使此项权利，会给债务人继续经营企业带来严重障碍，最终无法实现债务企业的重生。债务人在重整期间，为了实现经营需要，一定的融资是必要的，而向银行等金融机构融资借贷，银行等金融机构给予借贷时，一般都会要求借款人提供担保。《破产法》第 75 条第 2 款有规定："在重整期间，债务人或者管理人为继续营业而借款的，可以为该借款设定担保。"此处提供的担保不属于《破产法》第 31 条规定的可撤销情形中的第三项，即"对没有财产担保

---

❶ 王欣新. 重整制度理论与实务新论［J］. 法律适用，2012（11）：10.

的债务提供担保的"情形。这就排除了债务人为获得重生而进行融资的障碍。其次是对取回权的限制。取回权一般是指债务人财产中属于他人的财产，该财产的权利人享有的不依破产程序而取回其财产的权利。《破产法》第38条规定："人民法院受理破产申请后，债务人占有的不属于债务人的财产，该财产的权利人可以通过管理人取回。但是，本法另有规定的除外。"这也是基于民事法律的基本属性而定，属于别人的财产，当债务人破产时，财产所有权人理所当然有权利取回，不管该财产是否已到借用期限。即使在债务人重整期间，权利人也有权行使取回权。但是，如果该权利人与债务人已达成协议以利于债务人的重整，那么该取回权就会有一定的约束。

个人破产制度除处理因清偿不能而久而不决的个人债权债务关系外，核心的立法价值还应是债务人的经济再生，使善良的债务人有东山再起的机会。《深圳经济特区个人破产条例》第1条规定："为了规范个人破产程序，合理调整债务人、债权人以及其他利害关系人的权利义务关系，促进诚信债务人经济再生，完善社会主义市场经济体制，根据法律、行政法规的基本原则，结合深圳经济特区实际，制定本条例。"该条明确了促进诚信债务人经济再生的立法价值。

三、《破产法》"破与立"之价值适用考量

《破产法》体现着"破与立"的价值理念。从哲学上讲，"破"与"立"是对立统一的辩证关系，毛泽东曾说："不破不立，不塞不流，不止不行。"❶首先，二者是对立的，破不等于立，立也不等于破。其次，二者又是统一的，没有破，就不会有立，没有立，也不可能彻底地破。从《破产法》实施的现状来看，《破产法》体现的"破与立"的两个方面均没有得到较好的贯彻。

判断债务企业的"破与立"的基本前提是判断发生破产的原因。"破产原因是指债务人丧失清偿能力的客观状况。是认定债务人丧失清偿能力，当事人得以提出破产申请，法院据以启动破产程序的法律事实，即引起破产程序发生的原因。"❷因此，对破产原因的正确判断是贯彻《破产法》"破与立"价值适用的重要前提条件。如前所述，《破产法》第2条对破产原因的规定存在立法不完善之处，为此，最高人民法院于2011年9月26日颁布了《关于适用〈中华人民共和国企业破产法〉若干问题的规定（一）》，简称《〈破产法〉司法解释（一）》。该司法解释主要是为解决破产案件受理难问题，也

---

❶ 毛泽东. 毛泽东选集（第二卷）[M]. 北京：人民出版社，1991：695.
❷ 王欣新. 破产法 [M]. 3版. 北京：中国人民大学出版社，2011：31.

即排除债务企业"该破不破"的阻碍，对《破产法》的实施具有重要的指导意义。

《〈破产法〉司法解释（一）》第1条规定了破产原因的两种情形：即不能清偿到期债务加资不抵债；不能清偿到期债务加明显缺乏清偿能力。前者适用于债务人提出破产申请，资不抵债易于判断无须资产评估的案件；后者适用于债权人提出破产申请以及债务人提出破产申请、资不抵债不易判断的案件。立法如此规定的目的是为了排除对资不抵债概念的不当适用。国际上破产立法都是以"不能清偿"作为普遍适用的破产原因，以"停止支付"作为推定不能清偿的破产原因，以"资不抵债"作为辅助性的破产原因。司法解释本条规定还强调了债务人清偿能力标准的独立界定，指出债务连带责任人的存在不能视为债务人本身清偿能力的延伸。其他负有清偿义务者能否代债务人进行清偿，是其自身的清偿能力问题。只要债务人本人不能清偿到期债务，即为丧失清偿能力，就应启动破产程序，现代市场经济条件下，每个人应对自己的行为负责，不同当事人的独立法律人格不能混同。《〈破产法〉司法解释（一）》第2条的规定实际上是将破产法理论上的"不能清偿"，变通性地解释为"停止支付"。因为"不能清偿"是描述债务人清偿能力丧失的一个客观状况标准。但这一客观标准在司法实践中较难判断，债务人丧失清偿能力的客观状况只有通过其外观行为表现出来才能为人们所辨别。而这些外观行为表现即体现为停止支付。以"停止支付"来推定债务人不能清偿到期债务，符合判断企业呈现破产原因的司法实践，为各国市场经济国家破产立法所适用。债务人丧失清偿能力的外观行为表现即停止支付，就构成当事人的破产申请原因。当然，这是债务人"不能清偿"的推定破产原因，法律设定允许债务人在合理期限内提出异议，异议不成立即应当认定出现破产原因，依法宣告破产。

《破产法》及《〈破产法〉司法解释（一）》在一定程度上解决了司法实务中法院受理难的问题，认定破产原因，是法院受理破产案件，适用"破与立"程序的前提。因此，对债务人发生破产原因的判断准确与否至关重要。然后需要对债务人"破"或者"立"的因素进行判断。首先从当事人的主观意志判断，看当事人申请债务人走的是"破"还是"立"之破产程序。如前所述，依照我国《破产法》的规定，债务人或者债权人均可单独提出破产清算或者重整申请，法院原则上应当尊重当事人的意愿，尤其是债务人自身愿"破"的，具备破产原因，法院就应当裁定宣告破产，走破产清算程序。另一种情况是债务人提出破产重整申请而债权人提出的是破产清算申请，此时，法院就应当判断是走"破"或者"立"的哪一种程序,这就需要开启法官的智慧,考虑综合因素判断是给予重生还是"一破了之"。笔者认为,适用"破"还是"立"的考量因素主要有:(1)市场环境条件。结合债务人经营的行业范围及市场前景来判断重生的可行性。若是转产,转产的可行性以及代价有多高,都需要对其做出可行性分析。(2)债务人或者管理人的管理能力。法院裁定债务人重整后,债务人和管理人都有权在重整期间管理财产和营业事务。不管是债务人还是管理人来经营管理企业,都必须具有相应的管理能力和管理水平。比如,债务人还有没有持续的经营管理能力,毕竟重整程序下的经营管理与正常情况下的经营管理存在一定的差异性,如何管好债务企业、经营好债务人财产至关重要。(3)债务人的社会影响力。如果债务人存续时间较长或涉及面较广,直接使其走向破产清算程序,社会影响面较广,甚至影响社会的和谐发展,即人们常说的"大而不能倒"的企业,那么就必须采取相应办法甚至国家注资来进行破产保护,走向"立"之程序,给予获得重生的机会。如美国第三大汽车制造商克莱斯勒汽车公司破产案。当时美国的失业率已经高达8.5%,面对挽救就业巨大压力的奥巴马宣布支持陷入困境的美国汽车制造商克莱斯勒公司申请破产保护,美国联邦政府将为该公司追加数十亿美元援助,帮助该公司尽快实现重组。奥巴马还支持意大利汽车制造商菲亚特合并克莱斯勒的计划,认为将有助于克莱斯勒公司迅速走出破产保护,迅速"恢复健康",在市场中"立"起来,获得重生。(4)考虑国计民生因素。如果债务人是涉及公共利益的公用企业,比如水、电、暖等社会公用企业出现破产困境,那么就会直接影响国计民生,影响社会的安定。对此,应坚持社会责任本位,国家应当给予扶持,帮企业渡过难关。就此类公用企业引入市场竞争机制,在一定程度上是由国家控制或者国家以垄断方式进行经营,能够避免相关企业以公用企业陷入困境为由"绑架"政府,申请破产保护,要求所谓的注资。针对如前所述的某些上市公司和房地产开发企业,直接涉及普通民众的切身利益,在进行破产清算程序时应该慎重对待,在尽可能的情况下,以进行重整程序为主。当然针对银行业等金融机构来讲更是如此,要更多考虑到广大储户的利益以及金融秩序的稳定。重在取向于"立"而不是"破"之程序进行。

破产是市场经济运行的基本规律,是社会经济良性循环无须回避的客观现象。目前,个人破产立法的空缺产生难以解决的"执行不能"的案件,是影响全面依法治国的障碍性因素。个人破产制度的缺位,在债务人无力偿债的情形下,债务人本人不能申请破产,债权人也无法申请债务人破产,一些债权债务则成了烂账，长期缠绕着债权人和债务人，形成制约双方发展的一种沉重负担，不仅极大地影响了社会信用，对彼此利益均造成较大的损害；对个人来说，破产并不是普通概念上的惩戒，相反，是对陷入严重财务困境的债务人的一种有效保护；对债权人来说，也可以得到公开、公平、公正的债务清偿，而且是对各方债权的平等保护，有利于平衡协调债务人与债权人等多方主体的利益，从而解决彼此时间久而不决的债权债务关系。这是个人破产立法最基本的"破与立"的立法价值理念。个人破产制度与企业破产制度相辅相成，共同服务于市场经济体制改革和营商环境优化建设。应当尽快启动个人破产立法进程，在立法理念与立法模式、破产免责与打击逃废债务、破产管理体制与行业监管等方面学习域外先进经验，建立起科学合理的个人破产制度。❶

---

❶ 徐阳光. 个人破产立法的英国经验与启示 [J]. 法学杂志, 2020, 41 (7): 24.

"一带一路"倡议下文化遗产法中文化多样性价值的确立*

■梁岩妍

* 本文系 2017 年河北省社会科学基金项目（HB17FX023）阶段性成果。已在《西北大学学报（哲学社会科学版）》2018 年第 3 期发表。

作者简介：梁岩妍，河北高阳人，河北师范大学博士后、法学博士，主要从事法理学、文化遗产法学研究。

一、问题的提出：文化遗产法缺乏统一的价值名目

历史上的丝绸之路不仅是一条商贸之路，也是一条文化交流之路，架设起中国同中亚、东南亚、南亚、西亚、欧洲文化交流的大通道，不同民族与信仰的人们在交流与互动中，留下了大量宝贵的历史文化遗产。在当今"一带一路"倡议下，我国文化遗产事业应始终秉持多元文化彼此包容的精神，同时肩负中华优秀传统文化传承与发展的历史使命。❶ 法治是人类文明的重要成果之一，文化遗产事业健康发展离不开法治的引领和保障，文化遗产法学的发展有其重大的历史与现实意义。文化遗产法是调整因文化遗产的保护、享用、传承、发展而形成的社会关系的法律规范的总称。❷ 我国法学界承认并广泛应用了"文化遗产法"这一术语，诸多学者在其论著中以学术史梳理、比较法研究、刑法研究等面向巩固了文化遗产法作为新兴法学部门的地位。法的价值作为人类的精神追求，一直是法学研究亘古不变的论题，在"一带一路"倡议下，文化遗产法的价值研究更焕发了时代的光辉。文化遗产法的价值有两个面向：一是外在面向，即文化遗产法对于人类社会的有用性，法律通过其作用于社会带来的实际效果；二是内在面向，即文化遗产法的价值是文化遗产法的基本理念和原则，是根植于将文化遗产法作为文化遗产保护手段所必须遵循的基本准则，不需要法律作用于社会的效果来体现。简言之，文化遗产法的价值就是内在价值与外在价值的统一体。本文所研究的文化遗产法价值偏重于内在价值。

二、文化遗产法价值的学术史梳理

我国学界并未对文化遗产法的价值进行统一界定。学界基本存在两种观点，一是将文化遗产法的价值套用法的基本价值理论进行梳理，偏重于"法的价值"进行研究，认为文化遗产法学作为广义法学的组成部分，其价值就

---

❶ 习近平. 携手推进"一带一路"建设 [N]. 人民日报，2017-05-15 (3).
❷ 王云霞. 文化遗产法教程 [M]. 北京：商务印书馆，2012：30.

是建立在人与人之间关系的基础上，具有自由、秩序、正义、人权、效益等价值名目，同时否认 20 世纪后随着生态主义兴起而异化的法的价值，即否认借用法律生态本位或者文化生态本位的提法，如卓泽渊认为应当审慎地看待法律的非人类主义的提法，"凡是认为主体可以不是人的法的价值理论，都是异化了的法的价值理论，都应当受到摈弃"❶。另一类观点是将文化遗产法与文化遗产学相联系，偏重对文化遗产进行研究，借鉴环境法学界近年提出的"生态多样性"价值原理提出了"文化生态"价值，阐明文化遗产法保护的是"人类共同文化遗产"，保护人与文化生态之间关系，从而超越保护人与人之间关系，由此，将文化遗产法价值的名目扩展到"文化多样性"❷"文化生态"。《中华人民共和国文物保护法》（以下简称《文物保护法》，下文所及法律均为简称）的主要起草者谢辰生多次强调文物保护法的价值在于文化❸，王云霞、黄树卿❹、李玉雪❺、李东方❻均认为文化遗产法的宗旨在于保护"民族文化""国家文化主权"和"民族认同感"。以上学者的相关研究囿于研究对象并非文化遗产法的价值，遂并未直接对价值问题进行详细论证。只有朱祥贵在博士论文"文化遗产保护立法基础理论研究"中专章阐述了文化遗产法价值：文化遗产法是调整生态系统中人与文化自然的生态关系的法律规范的总和，人类应坚持生态系统整体利益本位。❼

以上两种观点因学科研究的视角不同而产生分歧，一个是从法律是调整人与人之间关系的视角出发，认为文化遗产法的价值依然建立在调整人与人法律关系的基础上，另一个是从保护文化遗产角度出发，将文化生态主义的观点融入文化遗产法价值研究中，强调人与文化间的关系。这两个观点都有

❶ 卓泽渊. 论法的价值 [J]. 中国法学，2000（6）：23-27.

❷ 联合国教科文组织于 2001 年通过的《世界文化多样性宣言》对"文化"与"文化多样性"分别进行了法律界定："把文化视为某个社会或某个社会群体特有的精神与物质、智力与情感方面的不同特点之总和；除了文学和艺术外，文化还包括生活方式、共处的方式、价值观体系，传统和信仰……文化多样性指的是文化在不同的时代和不同的地方具有各种不同的表现形式。这种多样性的具体表现是构成人类的各群体和各社会的特性所具有的独特性和多样化。文化多样性是交流、革新和创作的源泉，对人类来讲就像生物多样性对维持生物平衡那样必不可少。"

❸ 谢辰生. 历史是根 文化是魂 [J]. 北京规划建设，2012（6）：8-9.

❹ 王云霞，黄树卿. 文化遗产法的立场：民族主义抑或国际主义 [J]. 法学家，2008（5）：41-47.

❺ 李玉雪. 对"人类共同文化遗产"的法律解读——以文物保护为视角 [J]. 社会科学研究，2009（5）：72-79.

❻ 李东方. 人文资源法律保护论：以西部人文资源保护为起点的研究 [M]. 北京：学苑出版社，2009：18.

❼ 朱祥贵. 文化遗产保护立法基础理论研究——生态法范式的视角 [D]. 北京：中央民族大学，2006：18.

其合理之处，但第二个观点更为可取，原因在于文化遗产法的价值虽属于法学研究范畴，但更属于社会哲学人文科学的研究论题，人的价值无限多样化，并同经济、政治、道德、艺术、宗教、军事相联系，随着"生态"价值的提出，自然、文化也被纳入了价值体系之中。因此，文化遗产法价值不应局限于法律这一学科，应将文化遗产法学研究与文化遗产学相联系。

三、文化遗产法价值名目繁多不利于指导文化遗产保护实际工作

文化遗产法的价值名目繁多，包括自由、秩序、正义、效率等，虽贴合了传统的"法的价值"研究范畴，但在社会生活多元化的时代背景下将这些价值名目用于指导行政机关开展文化遗产工作、引导公民保护文化遗产时，却产生了诸多冲突。

其一，将自由、秩序、正义、效率作为文化遗产法价值名目时，就会以人类利益自身满足为目的，不利于实现文化遗产自身或其所蕴含文化的保护。究其原因在于：文化遗产法学中的自由被解读为强调个人权利，即从文化遗产处获得文化知识、艺术感受、经济效益，并将其发扬光大、保护传承的权利；秩序价值被定义为"在自然进程和社会进程中都存在着某种程度的一致性、连续性和确定性"[1]；正义价值主要指人与人之间的关系对等和谐；效益价值主要指经济效益，文化遗产本身就具有资源价值，可以经营和获取利益。诚然，文化遗产保护的利益首要考虑国家利益与人类长远利益，以合理利用所带来的短期经济利益为补充，对文化遗产进行有效利用以实现人类自由与利益的最大化。而这些价值名目内部之间也存在价值冲突，秩序、正义价值所要求社会状态的平衡必然会被追求自由所强调的个人利益打破；同理，秩序、正义价值也会因追求效率价值、强调经济利益最大化而有所减损[2]。这些价值冲突上升到文化遗产工作理念上，出现不可调和的矛盾：即利用文化遗产产生经济价值更重要还是保护文化遗产更重要。

其二，文化遗产多与不特定公众、子孙后代、公共利益相关，目前文化遗产法的价值理论根植于特定公民权利义务关系，在这样的文化遗产法价值指导下进行司法裁判不利于文化遗产保护。法的价值与司法之间存在千丝万缕的联系，即法的价值指导司法裁判，做出司法裁判的目的是实现法的价值，起到权利救济，强化公权制约，定纷止争的作用。然而，文化遗产法的价值

---

[1] E.博登海默. 法理学——法律哲学与法律方法 [M]. 邓正来，译. 北京：中国政法大学出版社，2004：227-228.

[2] 卓泽渊. 法的价值论 [M]. 北京：法律出版社，2006：590.

是不统一、不确定的:《文物保护法》第 1 条规定了加强保护文物、继承中华民族优秀文化遗产的立法宗旨,偏重于人类文化的公益性保护,但是,当代司法裁判的运行机制是建立在特定公民的权利与义务平衡关系的法价值基础上,缺少对不特定公益的考量。某些破坏文化遗产的行为虽然并未损害某一公民的权利,但是却影响了不特定公众、甚至是子孙后代的利益。我国 2017 年修订的《民事诉讼法》《行政诉讼法》并未将文化遗产列入公益诉讼的范围之中,仅将生态环境、资源保护、食品药品安全、国有财产保护纳入公益诉讼范围。诚然,一些文化遗产属于国有财产,可以纳入公益诉讼范围,但是更多的文化遗产不属于国有财产,或是尚未发掘的无主物,如果没有确定的主体提起诉讼,就会对该文化遗产保护产生不利影响。如果文化遗产法的价值仅局限在调解特定公民的权利与义务关系的基础上,而不考虑文化遗产的公益性与文化性,则不利于文化遗产相关司法裁判,从而影响文化遗产自身的保护与文化遗产事业的发展;如果不打破文化遗产学与法学的学科壁垒,不将文化多样性引入法的价值中去,则难以实现当代人与后代人、特定人与不特定人、人类与文化生态关系间的和谐。

为了符合国家与民族发展的长远利益,为了贴合文化遗产的公益性质,应当提出一个具有公益性、包容性的文化遗产法的价值。法的价值是主体与客体之间关系的产物,在环境法学界,客体是自然物,而非人类所能左右的,其价值是其属性所决定的,而不是由主体所赋予的。同理,文化遗产是文化生态界中的组成部分,其价值非当代人所能左右。因此,学者在研究文化遗产法时应将研究视野扩大至文化遗产学。我们应当注意的是,即使将文化多样性作为文化遗产法的价值,也并非否定以人类为中心的基本观点。文化多样性包含了以人为本的重要价值取向,文化毕竟是人所创造的,没有人的参与就不能称之为文化。因此,文化多样性在以文化为保护对象的同时,暗含了对人类价值的体现,文化遗产法调整的是现代人与传统文化之间的关系,尤其在"一带一路"倡议下,保护文化遗产、增进文化交流是促成"一带一路"沿线国家经济与政治往来的互信基础,坚持文化多样性是文化遗产法的首要价值。❶

四、"一带一路"倡议下文化多样性价值在文化遗产法中确立之必要性

"一带一路"建设作为国家重要决策,需要发挥社会文化的综合优势,坚

---

❶ 习近平. 携手推进"一带一路"建设 [N]. 人民日报,2017-05-15 (3).

持文化多样性，促进中国与世界各国交往，从长远看有利于我国软实力的增强。文化多样性既是人类文化学研究的产物，又是被国际法所确定的法律概念。《世界文化多样性宣言》指出："文化在不同的时代和不同的地方具有各种不同的表现形式。这种多样性的具体表现是构成人类的各群体和各社会的特性所具有的独特性和多样化。文化多样性是交流、革新和创作的源泉，对人类来讲就像生物多样性对维持生物平衡那样必不可少。"❶ 无论是对"一带一路"倡议实施，还是对人类社会可持续发展而言，文化多样性具有极大的促进作用。

五、文化多样性价值能够突出文化遗产法的学科特点

文化遗产法学具有交叉学科的特点、是法学与文化遗产学相结合的新兴前沿学科，保护全人类的文化遗产，维护全体公民的文化权利，承载着应对传统文化危机的历史使命，同时也符合法治中国建设的需要。因此，文化遗产法具有新兴性、文化性、公益性的特征。文化多样性之所以能够为国际文化遗产立法界广泛接受，其原因在于文化多样性能够突出文化遗产法的文化性、公益性和国家利益性。

其一，文化多样性价值突出了文化遗产法的文化性。文化遗产法的文化性主要指该法保护对象——文化遗产的文化性。丝绸之路上的文化遗产拉近了国家间的距离，在强调开放包容、互利共赢的"一带一路"倡议中❷，多元文化交流成为国家间经贸互信的基础，推动了我国与沿线国家的经贸交往。❸ 在"一带一路"的倡议下，文化遗产法应将保护文化遗产的文化性放在首位。文化多样性突出了文化遗产的文化性：一方面，文化多样性是指"文化在不同的时代和不同的地方具有各种不同的表现形式"❹，认可不同文化、风俗、习惯的共存。以丝绸之路的历史重镇敦煌为例，敦煌见证了中国文明与印度文明、希腊文明、波斯文明交流互鉴的过程，敦煌文化遗产因其特有文化别具一格，在 2017 年召开的丝绸之路（敦煌）文博会上，敦煌文化受到更多国家的认同，加强了我国与中亚、西亚、欧洲国家的经贸交往。❺ 另

---

❶ 中共中央宣传部政策法规研究室. 国际文化法文件汇编 [M]. 北京：学习出版社，2014：59.

❷ 习近平. 携手推进"一带一路"建设 [N]. 人民日报，2017-05-15 (3).

❸ 隗斌贤．"一带一路"背景下文化传播与交流合作战略及其对策 [J]. 浙江学刊，2016 (2)：214-219.

❹ 中共中央宣传部政策法规研究室. 国际文化法文件汇编 [M]. 北京：学习出版社，2014：59.

❺ 王旭东：挖掘敦煌遗产的人文精神为"一带一路"建设做贡献 [EB/OL]. 中国青年网，2018-03-20 [2021-06-11]. http://news. youth. cn/gn/201710/t20171024_10912841. htm.

一方面，第三次科技革命以来，各国政治、经济、文化交往愈加密切，文化多样性既推动了不同文化相互交融，也带来了激荡与冲突。"一带一路"沿线的少数民族地区非物质文化遗产保护面临巨大挑战，而文化多样性观点认为文化不应同一化，"一带一路"倡议实施、国家的强盛，应以其所特有的文化兴盛为支撑，人类从而能够接触多元文化与信仰，提高文明素质，实现社会可持续发展。

其二，文化多样性价值突出了文化遗产法的公益性。文化遗产法的公益性主要指文化遗产法所保护法益的公益性。文化遗产是人类文化历史的见证，其历史文化价值不仅对于创造和传承它的个人或团体有着不可替代的意义，对于其他社会成员甚至全人类而言有着重要意义。因此，文化遗产作为物，相关权利的行使不仅受到物权法、知识产权法的保护，同时也受到以公共利益保护为宗旨的文化遗产法的规制。文化多样性通过强调可持续发展的方式突出文化遗产法的公益性，《世界文化多样性宣言》和《保护和促进文化表现形式多样性公约》均明确提出文化多样性对人类社会可持续发展具有极大的促进作用。文化权利是人权的重要内容，目的是为人们创造一种良好的文化环境，使个体能够享受既有文化样态下的从容与稳定，又能够在社会发展的过程中，不至于因为自己所隶属的文化体系的快速变化而给自己带来心理和生活方面的不适。文化多样性具有包容性、和谐性，更能彰显文化遗产法的公益性。

其三，文化多样性价值突出了文化遗产法的国家利益性。在现代民主社会，法律具有国家利益性，以法为本的关键在于立法权威，因此法律明确规定公民行动的准则，对一切不符合要求的言行都严加制止。文化遗产法包括《文物保护法》《非物质文化遗产法》等一系列法律规范。《文物保护法》是基于"保护文物"之目的所制定的，具有跨领域性，对如何保护、修缮、流转、管理文物等进行了详细的规制，对破坏文物的法律责任进行了规定，保护文化遗产的存续与发展始终着眼于国家和民族的长远利益大局。《世界文化多样性宣言》第 2 条明确提出国家主权原则❶❷，保护文化遗产是国家文化安全的现实需要，也是"一带一路"倡议的实际要求，在风起云涌的国际政治、

---

❶ 《世界文化多样性宣言》第 2 条 "Guiding principles"（指导原则）明确规定的八项基本原则中，主权原则以及所有文化同等尊严和尊重原则也正式宣告了"根据《联合国宪章》和国际法原则，各国拥有保护和促进文化表现形式多样性公约"，"保护与促进文化表现形式多样性的前提是承认所有文化，包括少数民族和原住民的文化在内，具有同等尊严，并应受到同等尊重"。

❷ 世界文化多样性宣言 [EB/OL].（2017-10-21）[2021-06-11]. http://portal. IIIeSCO. org/la/convention. asp? order＝alpha&language＝E&KO＝31038.

经贸关系背后隐藏着国与国之间思想文化的软实力较量。一些国家鼓吹文化一元论、西方文化优越论，企图瓦解以多元文化交流为基础的"一带一路"多国共赢友好合作关系，并消灭和虚无我国的文化自信。在"一带一路"倡议下建构新型国际关系，应以建构人类命运共同体为指向，以强调和而不同、开放包容的中华传统文化为基础实现共同发展。❶ 文化多样性虽是西方舶来的概念术语，但是在我国传统文化保护的语境中广泛使用并不突兀，且符合中华优秀传统文化多元且维护公共利益的特点。为了将中华优秀传统文化传播到世界各地，为了巩固"一带一路"的民间文化基础，我们更应以西方社会萌生的文化多样性理论为武器进行反击与说服。

六、文化多样性价值与人类对文化遗产法的期待相一致

文化多样性要求全人类以平等的姿态看待不同文化之间的关系，具有价值包容性，同时符合了人类对文化遗产法能够满足美好生活向往的需要。

其一，文化多样性价值促进人类珍视自己的文化权利，有助于人类的自我实现。"一带一路"跨越古埃及、巴比伦、印度、中华等多文明的发祥地，又跨越了佛教、基督教、伊斯兰教信众的汇集地，即使在我国"一带一路"沿线的不同地域，文化与信仰也是丰富多彩而又千差万别。❷ 坚持文化多样性与我国古代儒家的"和而不同"思想相类似，其意义在于保护多种文化共存，使全人类信奉的文化都有得以存留的空间，从而使全人类拥有对自身宗教、风俗、习惯等坚持的权利。如果不坚持文化多样性，而坚持文化一元论、文化霸权主义，则会使一些少数族群文化受到毁灭性打击，文化形态越来越单一，人类对于文化的选择也就会越来越少，严重制约人类自身发展。坐落于"一带一路"沿线的巴米扬大佛，于2001年被伊斯兰极端宗教势力所毁损，践踏佛教教徒与信众尊严，损害了全人类的文化选择权，阻碍了人类思想的自由。我国文化遗产法的出发点都是要求保护好祖先遗留下来的珍贵历史遗存，是对文化多样性价值的体现与强调。

其二，文化多样性要求人类以整个社会为本位考虑问题，满足人类获得文化尊重。因为文化遗产法调整的不仅仅是人与人之间的法律关系，还涉及人与文化、文化与文化之间的社会关系，更延伸到经济发展和文化遗产保护之间的关系、代内和代际的关系、国家间政治经贸关系等多边领域。而文化多样性要求各个文化和平共处，维护以上这些关系平衡的良好秩序；对行政

---

❶ 邢丽菊. "一带一路"彰显文化自信 [N]. 人民日报，2017-02-06 (7).
❷ 邢丽菊. "一带一路"彰显文化自信 [N]. 人民日报，2017-02-06 (7).

机关而言，有助于平衡经济与文化工作之间的关系；对相关权利人而言，有利于他们全面理解传统文化在现代化、全球化的时代背景下的重要意义；对世界和平与发展而言，文化多样性减少不同文化间的冲突，维持人与人之间，不同民族、宗教、国家间和平共处。❶❷

其三，文化多样性追求在人类的精神利益、社会利益、国家利益得到保障的前提下对文化遗产进行有效利用，以实现人类利益的最大化。文化遗产作为一种资源，可使文化遗产旅游成为经济发展的手段，因而成为不同利益群体的聚焦点。从可持续发展的角度看，经济与文化事实上是无法分离的。文化多样性切合人类对于长远利益的需要，涉及人类文化权和发展权之间的协调和互动。❸❹"一带一路"涉及经贸合作与文化交流，从"一带一路"倡议提出到实施，都将文化遗产保护与文化产业发展并举。各国间的经贸合作的基础在于文化共鸣，产业经济只有在文化的烘托与渲染下才能不断扩宽新领域，提升新境界。只有坚持文化多样性，才能使人类真正认识自己，并为未来的发展提供蓝图、积蓄力量。

七、在文化遗产法中确立文化多样性具有合法性

在"一带一路"倡议提出的时代背景下，在文化遗产法中确立文化多样性具有合法性，国际法与我国国内法均对文化多样性进行了直接或间接性规定。

国内法对文化多样性的规定具有间接性。"一带一路"内陆沿线是连接中亚、西亚、南亚经贸往来的重要驿站，涉及新疆、宁夏、云南等少数民族地区，现存立法重视保护当地少数民族同胞的文化权利。《宪法》第4条、第10条和第38条分别确认我国各民族文化权利与国家机关保护各民族文化遗产、风俗、语言、文字的积极义务，以根本大法的形式间接确认了文化多样性。在全国人大常委会法律制定层面，《非物质文化遗产法》第1条明确规定了继承和弘扬中华民族优秀传统文化，加强非物质文化遗产保护、保存的原则性

---

❶ 世界上的诸多冲突、秩序的丧失都是不同文化的冲突与不理解所造成的。美国当代著名政治学家亨廷顿提出文化冲突理论："在这个新的世界里，最普遍的、重要的和危险的冲突不是社会阶级之间、富人和穷人之间，或其他以经济来划分的集团之间的冲突，而是属于不同文化实体的人民之间的冲突。"

❷ 亨廷顿. 文明的冲突与世界秩序的重建 [M]. 周琪，等，译. 北京：新华出版社，2010：5.

❸ 发展权是一个"有关国际经济秩序的国际法原则"，是第三代人权的重要内容，发展权的提出对于发展中国家尤为迫切。1974年《各国经济权利和义务宪章》对发展权作了明确解释，即发展权是"每个国家有权分享科学技术进步和发展的利益，以加速其经济和社会发展"。

❹ 吴汉东. 文化多样性的主权、人权和私权分析 [J]. 法学研究，2007（6）：3-17.

条款，《文物保护法》规定了"保护为主、抢救第一、合理利用、加强管理"的文化遗产工作十六字方针，并以具体的法律程序、限制私权等方式保护文物，从而保存了文物所蕴含的文化，间接体现了文化多样性价值。从另外一个角度而言，我国立法对文化多样性的间接性规制表明我国文化遗产法多设定权利义务性条款和明确工作细则，而缺乏深层意义的价值构建。

与国内法不同的是，国际法直接规定"文化多样性"价值。2001年联合国教科文组织通过了《世界文化多样性宣言》，其第1条确认了文化多样性是人类的共同遗产，"是交流、革新和创作的源泉，对人类来讲就像生物多样性对维持生物平衡那样必不可少"❶。随后，2005年联合国教科文组织通过了《保护和促进文化表现形式多样性公约》，重申了各国制定文化政策的主权，并要求各国加强国际合作，强调了文化多样性对人类社会发展的促进作用。该公约第4条对文化多样性作出了更为明确的界定："'文化多样性'指各群体和社会借以表现其文化的多种不同形式。这些表现形式在他们内部传承。文化多样性不仅体现在人类文化遗产通过丰富多彩的文化表现形式来表达、弘扬和传承的多种方式，也体现在借助各种方式和技术进行的艺术创造、生产、传播、销售和消费的多种方式。"❷ 除以上两个明确规定文化多样性的公约以外，《保护世界文化和自然遗产公约》（1972）和《保护非物质文化遗产公约》（2003）都在序言部分明确了文化遗产是罕见而无法替代的财产，对全世界人民都很重要，保护文化遗产的目的是为了保护人类共同的文化知识，并强调整个国际社会有责任通过提供集体性援助来参与保护具有突出普遍价值的文化和自然遗产。以上国际公约构成了文化遗产保护的重要行动基础，阐明了文化遗产保护的要义即保护深层次的文化，保持文化多样性。

文化多样性价值贴合文化遗产法的学科特点，符合人类对文化遗产法的期待，具有合法性，并迎合"一带一路"倡议提出这一时代背景，文化多样性被确立为文化遗产法的价值有其必要性意义。

八、一带一路倡议下我国文化遗产法文化多样性价值的缺失

我国现行法律体系中文化多样性价值的法律规范具有间接性、权利规制性的特点。我国立法机关巧妙地将抽象的法的价值问题转化成具象的技术问题，这对于文化遗产保护而言，十分具有可操作性。然而，从马克思辩证唯物主义观点出发，我国文化遗产法的优势也是劣势，即我国缺少能够真正将

---

❶ 中共中央宣传部政策法规研究室. 国际文化法文件汇编［M］. 北京：学习出版社，2014：59.
❷ 中共中央宣传部政策法规研究室. 国际文化法文件汇编［M］. 北京：学习出版社，2014：87.

文化多样性价值明确作为文化遗产法的唯一价值或者立法原则的法律规范。具体表现为以下的立法缺失：

其一，我国文化遗产立法仅停留在文化遗产保护行为层面，缺少深层价值构建。我国文物保护法的理论基础更多地体现在文物的财产价值层面，虽然我国文物保护法确认了文化遗产的历史、艺术和科学价值，然而并未揭示其文化生态属性。《文物保护法》第1条指出立法目的，即加强对文物保护、继承中华民族优秀的历史文化遗产，促进科学工作，进行爱国主义和革命传统教育，未对文化遗产进行深层次的升华或延伸。实际而言，保护文化遗产的最终目的还是为了保护文化多样性、保护多元一体的中华优秀传统文化。第4条规定："文物工作贯彻保护为主、抢救第一、合理利用、加强管理的方针。"短短十六字方针蕴含了四个重要观点：第一，文化遗产法依然以保护为主，而非利用；第二，我国现在的文化遗产经过少则一百年多则上千年的风雨洗礼，状况并不理想，而我国应当着重抢救这些风雨飘摇的文物；第三，强调了文化遗产的资源特征以及法的效率价值，"文化搭台，经济唱戏"，历史文化旅游产业是以传统文化为依托的，带来了文化产业迅速发展的契机；第四，我国国家机关是文化遗产保护的重要主体，对文化遗产而言，管理更为重要，只有国家机关才能对文化遗产进行管理。该法律规范蕴含的四个重要观点仍停留在器物层面，总体立意不够深远。

其二，我国国内文化遗产立法模式和内容过于松散化，散见于我国现行《宪法》《文物保护法》《非物质文化遗产法》中，缺乏统一的文化遗产保护原则条款。与之相比，在环境保护法领域中，很多国家都进行了专门的环境保护原则性立法，如"一带一路"沿线的重要国家法国就在2016年审查通过《生物多样性恢复、自然与人文景观法令》，对生态多样性概念进行详细阐述，并要求一切环保法律法规制定都要基于该法令，同时设置了专门保护生物多样性的国家机关，构建完备的生态保护制度。❶ 我国文化遗产立法正因为缺乏一个专门的价值观指引，会产生利用文化遗产发展经济重要还是小心翼翼地保护文化遗产重要这类疑惑。文化多样性理论是由生物多样性发展而来的，我国可借鉴法国的做法，制定"文化多样性保护法"。

其三，我国文化遗产立法并未与国际法接轨，未将文化多样性保护上升到国家战略层面，不能以立法手段参与未来国际竞争。"一带一路"倡议的提出，需要树立我国的文化影响力，对外民间文化交往与同国际接轨的国内立

---

❶ 彭峰. 法国《生物多样性法令》的革新［J］. 环境保护，2016，44（18）：73-76.

法构建均不应有所偏废。而十余年来我国一直未以立法形式与《世界文化多样性宣言》《保护和促进文化表现形式多样性公约》接轨。我国是"一带一路"倡议的重要发起国，但我国的文化立法与国际立法却没有保持在同一层面，国内立法与国际法脱钩，未在法律层面强调"文化多样性"的重要意义，停留在较为闭塞的境地，从而对"一带一路"倡议实施与参与国际竞争产生不利影响。

九、"一带一路"倡议下我国文化遗产法中文化多样性价值的实现路径

在"一带一路"倡议中文化建设依然需要科学谋划与法治参与，法治是人类文明的重要成果之一，"一带一路"倡议下的文化遗产事业健康发展离不开法治的引领和保障。我国应当以文化多样性价值相关法律构建为中心，具体提出以下立法建议：

（一）建立以《文化多样性保护法》与其他单项文化遗产法相结合的综合立法模式

我国应当以立法形式响应"一带一路"倡议、顺应全球化发展趋势，与《世界文化多样性宣言》《保护和促进文化表现形式多样性公约》等国际法接轨，结合本国国情、结合中华优秀传统文化和社会主义核心价值观制定适应"一带一路"发展的"文化多样性保护法"。

一方面，我国应当明确"文化多样性保护法"为原则性立法，在该法中确立总则、权利与义务、国家文化战略与国际交流三大部分。在总则中，首先阐述确立文化多样性的前提与国内外背景，再从国家战略、多元文化权利、文化遗产与传统文化保护、基于传统文化的文化产业与创新发展、国际交往等角度阐述文化多样性的含义与意义，以及确定文化多样性价值的具体目标。在主体部分中确立推动文化多样性价值实现的可行性规范，规定文化多样性的实施途径，无论是确定权利还是规定义务，一切法律的制定和文化事业的发展都围绕着能否促进文化多样性。除此之外，还可加入国家安全、国际贸易方面的内容，根据国家文化战略，制定维护我国文化安全的总体概要性措施，以及国际文化交流方面的注意性规定。由此，形成文化多样性总则——文化多样性实现相关权利义务——国家文化安全注意性规定的三位一体的"文化多样性保护法"。

另一方面，在《文物保护法》《非物质文化遗产法》这两部由全国人大常委会制定的法律层面和措施更为具体的行政法规、部门规章、地方性法规

层面，一切立法活动都要围绕是否能够符合"一带一路"倡议的文化建设要求、维护文化多样性、保护好中华优秀传统文化这一核心价值。❶ 应当在各个法律、法规、规章中的总则部分明确文化多样性的立法目的，再围绕着该法的立法目的制定具体实施条款。从而，建立起以"文化多样性保护法"为上位法，以其他单项立法为下位法的文化遗产保护法律体系。一切不利于文化多样性保护、不利于文化多样性价值实现的单项法律法规应当废除。

（二）在与文化遗产相关的部门法中确立文化多样性原则

文化遗产保护与传承涉及的法律不仅仅是《文物保护法》《非物质文化遗产法》，还有《民法总则》《刑法》等与公民权利、国家权力运行相关的法律。现阶段，传统文化保护与环境保护都是我国战略发展的重要内容，我国2017年颁布的《民法总则》第9条规定"民事主体从事民事活动，应当有利于节约资源、保护生态环境。"民法将环境保护原则规定在一切民事法律活动中，既然文化多样性是从生物多样性理论中脱胎而来，有利于文化传承与人类的自我实现，与生物多样性同样重要，因此也应当在这些法律中增加文化多样性的原则性规定。

可以在《刑法》中加入维护文化多样性的法益，一旦该法益受损，行为人应当受到相应的刑事处罚。在《刑法》中的文物犯罪条款，如第324条故意损毁文物罪、故意损毁名胜古迹罪、过失损毁文物罪，第328条盗掘古文化遗址、古墓葬罪，第419条失职造成珍贵文物损毁、流失罪的罪名中，应当将文化多样性、传统文化、国家的文化安全作为其损害的法益之一。

《城乡规划法》部分法条与文化遗产保护相关❷，然而《城市规划法》在提及文化遗产保护问题上原则性过强，并未对如何平衡城市建设和文化遗产保护之间关系调和做出具体规定。为了更好地保护城市建设中的文化遗产，政府在接管老城区、老建筑的同时，应安置好原住户，若在城市建设施工过程中挖掘到地下文物，应当妥善保管文物，同时也应保障房地产商的利益。我国大陆应当借鉴我国台湾地区的关于容积率转移的相关规定，将房屋与土

---

❶ 柴荣，梁岩妍. 我国文物保护立法模式研究［J］. 西北大学学报（哲学社会科学版），2016，46（1）：76-84.

❷ 《城乡规划法》第4条规定："制定和实施城乡规划，应当遵循城乡统筹、合理布局、节约土地、集约发展和先规划后建设的原则，改善生态环境、促进资源、能源节约和综合利用，保护耕地等自然资源和历史文化遗产，保持地方特色、民族特色和传统风貌。"第31条规定："旧城区的改建，应当保护历史文化遗产和传统风貌，合理确定拆迁和建设规模，有计划地对危房集中、基础设施落后等地段进行改建。"

地如何进行置换与补偿上升到确定性的法律规定层面，杜绝政策的模糊性、不稳定性和不公平性。❶

除此之外，《环境保护法》《行政许可法》《行政处罚法》中存在文化遗产保护的相关法条❷，也应当在具体的条文中确立文化多样性原则。

(三) 立法确立文化遗产权，将价值问题转化为技术问题

在文化遗产法中确立文化多样性价值，不能仅仅将文化多样性停留在总则层面，还应当将文化多样性价值进行技术化处理，即通过确立新型权利的方式来确立文化多样性价值。并且，法律是以明确不同主体间的权利与义务的方式调整法律关系的，文化遗产法亦然，即通过明确公民权利，与文化多样性价值相结合，来保证立法的最终目的实现。

在文化遗产法中，与公民权利联系最密切的是文化遗产权，这一权利是脱胎于文化权的新型权利，在我国最早由莫纪宏于 2003 年提出。❸ 由此开始，文化遗产权在学界产生极大反响，很多学者提出我国应立法确立文化遗产权。莫纪宏、王云霞、邢鸿飞等学者在对文化遗产权的定义中，提出了文化遗产权兼具私权性与公益性：在私权性方面，以上学者运用了占有、使用、处分等词汇，肯定了文化遗产权的私权性质；❹❺❻ 在公益性方面，提出文化遗产权包括文化遗产的游览权、接触权、社区居民的发展权、文化遗产保护活动的参与权等，同时各国以公权力的方式对文化遗产利用进行严格限制。可见，文化遗产权以混杂着公私关系的社会为立足点，涉及国家与社会、社区居民、文化遗产保护团体与公民以及公民与公民之间多种复杂的权利义务关系。

---

❶ 容积转移制度即发展权转移，指因古迹的发现、制定而使可建筑之基准容积受到限制，得等值转移至其他地区建筑使用或享有其他奖励措施。中国台湾地区 "文化资产保存法" 第 35 条规定："古迹除以政府机关为管理机关者外，其所定着之土地、古迹保存用地、保存区、其他使用用地或分区内土地，因古迹之指定、古迹保存用地、保存区、其他使用用地或分区之编定、划定或变更，致其原依法可建筑之基准容积受到限制部分，得等值移转至其他地区建筑使用或享有其他奖励措施；其办法，由内政部会商文建会定之。"

❷ 文化遗产的修缮需要有修缮资格的单位进行，需要《行政许可法》规制，文化遗产相关行政责任需要《行政处罚法》《文物保护法》《非物质文化遗产法》的规制，很多历史建筑物存在于生态保护区，受到《环境保护法》和《文物保护法》的双重规制，因此以上法律法规均与文化遗产有关。

❸ Jihong Mo. Legal Protection for Rights to Cultural Heritage [J]. Social Sciences in China, 2003 (1): 138-143.

❹ Jihong Mo. Legal Protection for Rights to Cultural Heritage [J]. Social Sciences in China, 2003 (1): 138-143.

❺ 王云霞. 论文化遗产权 [J]. 中国人民大学学报, 2011, 25 (2): 20-27.

❻ 邢鸿飞, 杨婧. 文化遗产权利的公益透视 [J]. 河北法学, 2005 (4): 71-74.

文化遗产权可被界定为与文化遗产相关的权利束。为了明晰权利与义务，可在文化遗产相关法律法规中将文化遗产权分解为三种权利形式：其一，享受文化遗产所带来的利益的权利，如游览、获取知识、提升素质，国家和公民应当维护文化遗产及其所蕴含的传统文化，确保全人类能够享受文化成果；其二，公民个人、社会组织享有充分参与保护、传承文化遗产的权利，立法机关应制定符合社区文化、社会文化、国家文化的法律与政策以反映文化遗产相关人的诉求；其三，在保护传统文化的前提下，文化遗产相关人在社会变革中享有充分选择和改变生活方式、宗教信仰等文化的权利。文化遗产权的目标是创造和确保文化多样性，在人权体系中具有基础地位。以文化遗产的保护、发展和传承为中心，设置文化遗产权以保障守护和发展这些珍贵的精神文化财富的人类正当利益，是文化遗产保护活动中"以人为本"的最佳体现，也是将文化多样性价值问题转化为技术问题的最佳解决方式。

结　语

在文化遗产法中确立文化多样性价值是在保证我们国家与民族的繁荣昌盛，同时也是在保护我们自己和子孙后代。"各美其美，美人之美，美美与共，天下大同"是"一带一路"倡议下文化包容的精神指归。❶"一带一路"沿线国家大都属于新兴经济体和发展中国家，都面临着文化遗产保护与发展旅游经济的现实问题，多元文化交流应当作为"一带一路"建设的重要推手。与此同时，文化遗产和优秀传统文化是民族与国家文化的象征，关系到民族认同与团结、国家利益和国家安全，在"一带一路"倡议下，应坚持文化多样性价值，提高国家文化软实力，努力展示中华文化独特魅力。

---

❶ 彪晓红."一带一路"让中国梦与世界梦交相辉映［EB/OL］．（2018-03-22）［2021-06-11］．http://opinion.huanqiu.com/opinion_china/2017-05/10636135.html.

"十四五"规划下我国乡村振兴立法的展望

■ 崔书聪

作者简介：崔书聪，河北大学法学院 2020 级法律（法学）专业硕士研究生。

乡村作为我国最基本的生存单元，国家一直把乡村建设放在重要位置，在此之下我国乡村振兴也有着深厚的理论基础和长久的历史渊源。

乡村振兴是一个很"古老"的词语，但是乡村振兴第一次正式为大家所熟知却是最近这几年的事情——以其乡村振兴战略的身份。乡村振兴战略是习近平同志于2017年10月18日在党的十九大报告中提出的。实施乡村振兴战略是党中央的重大决策部署，是全面建设社会主义现代化国家的重大历史任务。党的十九大报告指出，农业农村农民问题是关系国计民生的根本性问题，必须始终把解决好"三农"问题作为全党工作的重中之重，实施乡村振兴战略。❶

2017年12月29日，中央农村工作会议首次提出走中国特色社会主义乡村振兴道路，让农业成为有奔头的产业，让农民成为有吸引力的职业，让农村成为安居乐业的家园。❷

2018年9月21日，中共中央政治局就实施乡村振兴战略进行第八次集体学习。中共中央总书记习近平在主持学习时强调，乡村振兴战略是党的十九大提出的一项重大战略，是关系全面建设社会主义现代化国家的全局性、历史性任务，是新时代"三农"工作总抓手。党中央高度重视制度建设在实施乡村振兴战略中的保障作用。

2020年10月29日，中国共产党第十九届中央委员会第五次全体会议再次强调：优先发展农业农村，全面推进乡村振兴。坚持把解决好"三农"问题作为全党工作重中之重，走中国特色社会主义乡村振兴道路，全面实施乡村振兴战略，强化以工补农、以城带乡，推动形成工农互促、城乡互补、协

---

❶ 习近平强调，贯彻新发展理念，建设现代化经济体系［EB/OL］.（2017-10-18）［2021-06-09］. http://www.xinhuanet.com/2017-10/18/c_1121820551.htm.

❷ 中共中央 国务院印发《乡村振兴战略规划（2018—2022年）》［EB/OL］.（2018-09-26）［2021-06-09］. http://www.gov.cn/xinwen/2018-09/26/content_5325534.htm.

调发展、共同繁荣的新型工农城乡关系，加快农业农村现代化。

梳理这些国家政策，我们可以发现，自乡村振兴作为党的工作重心提出以来，我国出台的各种文件，制定的相关政策，都十分重视乡村建设。实施乡村振兴战略，是解决新时代我国社会主要矛盾、实现"两个一百年"奋斗目标和中华民族伟大复兴中国梦的必然要求，具有重大现实意义和深远历史意义。❶ 但是，现实的实践和我国的国情也表现出，仅仅以政策、战略来促进乡村建设，完成乡村振兴的宏伟目标，明显显现出后劲不足。那么我们就需要更加刚性的和强有力的支撑来协助其完成，而制定、出台一部与乡村振兴有关的法律也就显得合乎时宜。

一、乡村振兴立法的可行性探讨

探讨乡村振兴立法工作的可行性，首先就要明晰乡村振兴在我国当前社会的现状；其次，还要说明乡村振兴立法产生有存在的现实意义，即产生并存在的必要性，具体又可表现为对现实社会的积极意义和社会大众的需要。

（一）乡村振兴在我国农村的现状

乡村振兴在我国总体表现出趋向良好的态势，但是在实施期间也不免存在一些短板，需要适时调整。下面就把我国乡村振兴的现状分为获得成果和存在短板两方面，并结合现实案例加以论述。

1. 乡村振兴战略实施以来的成果

自乡村振兴战略实施以来，我们国家发生了翻天覆地的变化，这种变化在农村尤为明显——农业变强、农村变美、农民变富。

（1）农业更强

得益于乡村振兴战略，国家把更多的投资投向农村。那田间生长着谷粒饱满的农作物；那田地里隆隆作响的机器；那田头边洋溢着笑容的农民，这些都是在乡村振兴战略实施后我国农业强大的直接表现。这样的盛况绽放在全国各地，不胜枚举，现仅以四川明月村❷为例作简要说明。

明月村的发展是生态农业发展，该地区农业生产利用生态、科学的手段，

---

❶ 中共中央 国务院印发《乡村振兴战略规划（2018—2022年）》[EB/OL].（2018-09-26）[2021-06-09]. http://www.gov.cn/xinwen/2018-09/26/content_5325534.htm.

❷ 明月村，位于天府成都绿色蒲江，距离成都市区90千米。宋时月色，照无边松林，诗意生活，拥抱青山。四十余个文创项目散落茶谷松林，一百余位陶艺家、艺术家、设计师栖居田园；新村民与原住民互助融合，共创共享幸福美丽新乡村。

种植特色的早春笋和柑橘，并大力推广无农药的生态种植技术和人工除草、物理除虫、生态肥料等农业生产方式，虽然增加了人力成本，却使得其柑橘的市场价格比同类产品高出一倍。同时成立合作社，助力农产品研发、包装、推广，实现农民增收。明月村合作社相继推出"明月酿""远山活物""雷竹笋"等农产品品牌。❶ 乡村振兴战略促进了明月村农业的快速发展。

（2）农村更美

农村是农民赖以生活的基本场所，近几年来农村环境一直向好，有的村落借助自己的优势和乡村振兴战略的支持来发展旅游业，不仅使农村变得更加美丽，也使得村民更加富有。

笔者家乡是河北省的一个贫困县，为响应国家乡村振兴的号召，在县政府的支持下开始进行农村自身建设，其中典型代表为粮画小镇❷。粮画属于该地区的一种文化氛围，收获的季节，农民会用收获的农作物摆出各种图案来展示丰收的硕果。久而久之，就形成了具有特点的粮画文化。该县也就是瞄准这一点，开始集中几个村子进行粮画文化建设，并利用网络进行大力宣传，比如微信公众号、流量较大的 App、当地地方广播、地方卫视公益广告等。先前只是附近的村民来参观，随着规模越来越大，"声名"渐出，四面八方的人都来"拜访"这个人力打造的小镇。

在小镇中，村民可以自行"创业"，尤其到了晚上，丝毫不输闹市——售卖小吃、玩具摆摊的、售卖生活简易用品的、雕花的、街头演唱的……城市的一切，这里应有尽有。村民得到了收益，而且明白了这些前来观看的游客是他们的经济来源，他们也更加努力保护小镇的环境清洁，尽自己努力让小镇充满更浓郁的文化气息。后来，粮画小镇又创建了以自己名字命名的"粮画小镇"粮食酒，售卖利润进行分红。随着声名远播，中央电视台第 17 套农村农业频道还对其进行采访和宣传，"丑小鸭"变身白天鹅。鉴于粮画小镇的成功，目前政府还在致力于其他小镇的建设，比如羊洋花木小镇。相信该县能傍着乡村振兴这股浪潮，把其下辖的村庄越建越美。

---

❶ 浦江县明月村"文创+旅游"助力乡村振兴的探索与实践［EB/OL］.（2019-12-05）［2021-06-09］. http://www.scdfz.org.cn/scyx/mzmc/content_28920.

❷ 馆陶粮画小镇景区，位于河北省邯郸市馆陶县。2014 年以来，馆陶县委、县政府坚持和贯彻"以美丽乡村为突破口，助推脱贫攻坚，带活工作全局"的战略思路，将寿东村作为全县第一批贫困村建设美丽乡村的试点，引入粮画产业，率先启动打造特色小镇。其先后荣获"全国美丽宜居村""全国文明村镇""中国乡村旅游创客示范基地""首届河北不得不访的河北十大美丽乡村""中国淘宝村""产业兴旺十佳村"等多项称号。2015 年入选"中国十大最美乡村"；2016 年入选全国优选旅游项目名录。

（3）农民更富

农业变强，农村变美，农民自然变富。这不仅体现在物质层面上，同时也表现在人们的精神层面。农民物质生活的大幅度提高我们可以感知，不再赘述。下面以临沂的一个小乡村——费城街道新刘庄村❶为例展示这里的农民精神世界是多么丰富。

费城街道新刘庄村历史悠久，"红色文化"显著，村内拥有一棵 1400 多年的唐槐。1947 年至 1951 年，中共费县县委县政府曾在该区域驻扎，成为当时全县的政治中心，为缅怀先烈，铭记历史，2017 年在该村建设费县县委县政府驻埠下纪念馆，进一步讲好干部南下、拥军支前、兵站等革命故事，再现当年前辈们革命、工作的场景，教育后人，不忘初心，砥砺前行。该馆被列为费县"不忘初心党性教育基地"，成为激发乡村振兴齐鲁样板建设新动能，为打造乡村振兴齐鲁样板提供精神与文化支撑。

同时，该村建有红色文化广场 2 处、健身广场 1 处，农耕休闲体验广场 1 处，安放具有明显农耕特色的石磨、粮仓、耕牛雕塑、葡萄景观、农耕小屋、阶梯灌溉水渠等农耕文化设施；设立新时代文明实践站点、农科驿站、富民讲堂、妇女之家、法治书屋、费县图书馆分馆等科普基地，拥有广场舞、锣鼓队、秧歌队等多支村级娱乐队伍，村民文化生活丰富多彩。❷ 村民的精神文化生活获得极大提高。

类似关于乡村振兴战略实施后使得"农村变美、农业变强、农民变富"的案例还有很多很多，不能一一列举。但是，从中可以总结出一个共同特点——乡村振兴战略能促进乡村发展。对此，笔者认为有必要以立法的方式对其阶段性成果尽可能进行最大化保护。

（二）乡村振兴战略实施过程中存在的短板

乡村治理是社会治理的基础，城乡发展不平衡给农业农村带来一些结构问题，比如乡村空心化和老龄化现象突出、资金供给不足、技术和人才不足、基础设施不完善、公共服务滞后、农民增收难度大等，成为制约我国社会主

---

❶ 费城街道新刘庄村，位于县城南 18 千米，由新刘庄、曹山头、蚕场三个自然村组成，紧邻山东省八大水库之一的许家崖水库，东靠龟山、青龙山，刘家河绕村而过，依山傍水，现有耕地 630 亩，人口 162 户 555 人，主导产业是葡萄种植，该村先后被评为市级美丽乡村、山东省第二批美丽村居示范创建村、山东省乡村振兴"十百千"示范村。

❷ 费县乡村振兴——生态篇之费城街道新刘庄村 ［EB/OL］.（2021-02-05）［2021-06-09］. https://app. langya. cn/a/303987. html.

义现代化发展的短板。在这里仅以河南泌阳县❶为例说明乡村社会集结的问题。❷

1. 基础设施薄弱

泌阳县涉农基础建设比较薄弱，导致农村产业发展速度比较滞后。泌阳县是全省有名的贫困县，由于该县处于南阳盆地东缘，境内多丘陵，在农田水利设施建设方面非常薄弱，全县农业基本是靠天吃饭，在抵御自然灾害等方面的能力较弱。同时，县域经济发展比较落后，境内省道国道路面维护和整修不及时，导致农村产业产品在运输环节比较薄弱，农产品运输受到影响。由于该县刚刚摘掉"国家级贫困县"的帽子，在通信基础设施建设上，网络使用人数远小于城市人口，网络通信代价高，网络通信下乡困难，网络还不能实现全覆盖，尤其是在靠近桐柏山的地区，网络普及率更低。此外，由于人口结构化问题和自然问题，可耕种土地面积较小、人多地少、地块小，很难实现机械化生产，严重影响了农村产业经济的发展。❸

2. 人才缺乏

泌阳县非常重视人才的培养，但是在如何留住人才的问题上具有较大的欠缺。以境内的泌阳县第一高级中学为例，在 2018 年高考中，4 人被清华大学录取、1 人被北京大学录取、单单 985 高校录取人数高达 125 人。每年为国家输送不同专业的大学生，但是毕业了的大学生，很少再回农村。由于泌阳整个经济发展比较滞后，尤其是农村经济发展更为缓慢，有心回家报效家乡的大学生回到农村后，并没有发现很好的就业岗位和上升的机会，这些人才即使回来，也大都难以留下。同时，由于泌阳是一个农业县，根深蒂固的"衣锦还乡"思维占据着从事农业生产者的面子问题，父母供他们上大学，希望他们能在城市找到体面的工作，能够给他们挣足面子。同时，由于城市就业机会多，城乡收入差距大，城市生活便利，能在城市生存下去，也是自己能力的证明，走出的人才多，回来的却很少，进一步制约了当地经

---

❶ 河南省泌阳县位于河南省南部，隶属于河南省驻马店市，位于驻马店市西南部，东西距驻马店、南阳两市均为 97 千米，总面积 2335 平方千米，常住人口 67.55 万人；伏牛山与桐柏山在此交会，处于南阳盆地东缘，境内多丘陵地形。在发展农村特色产业中，泌阳形成了一批具有代表性的优质农林牧渔业产品，包括：泌阳花菇、泌阳驴、金铜山烟叶、夏南牛、陈庄板栗、白云仙桃、张湾萝卜马谷田瓢梨、铜山湖白莲、羊册菊花心大白菜、象河蜜枣、高邑大米等的生产和供应。在 2018 年，泌阳县实现地区生产总值 241.8618 亿元。其中，第一产业增加值 49.4787 亿元。

❷ 泌阳县是一个典型的农业县，发展农业具有得天独厚的条件，且具有成型的农村产业和特色农产品产业。因此，通过分析泌阳县的农村产业和乡村振兴发展计划，并深层次剖析泌阳县农村产业发展对乡村振兴计划的助力作用，对国家的农村产业发展助力乡村振兴战略具有现实意义和指导意义。

❸ 王仙吉，孙胜耀. 乡村产业发展思考 [J]. 合作经济与科技，2020 (12)：39.

济的发展。

3. 农村空心化严重

泌阳县以农业人口为主,但是目前农村的空心化非常严重,制约了农村产业化的发展。泌阳位于桐柏、伏牛两大山系余脉交汇处,全县基本是丘陵较多,地势不平坦,浇灌不方便。农业投入多,投资时间长,受自然天气影响较大,收益少,很多青年人选择外出务工。有一技之长的青年人,就会在城市安家,选择留在城市,或者在县城购买房子,不再回农村居住。

以上这些突出的问题,在我国的许多村庄都不同程度地存在,而且其中的某些问题仅仅依靠政策是难以解决的,有必要以法律的手段去规制,那么乡村振兴立法就有了现实基础。

(三) 乡村振兴立法的必要性

乡村振兴立法的必要性通俗来讲就是乡村振兴为什么需要立法,乡村振兴立法后会带来哪些积极意义。这里的"需要"和"积极意义"就是必要性的体现,而这种体现在实践层面主要表现在以下两个方面:一是,对上述类似成果的肯定以及巩固;二是,对上述表现出来的问题进行规制。上文已经在这两方面说明了乡村振兴立法的必要性,接下来在理论层面上说明乡村振兴立法的必要性。

当前在全面依法治国、推进国家治理体系和治理能力现代化的条件下,乡村振兴战略关乎我国现代化进程,是一个非常重要的问题。如果我国农业农村不能实现现代化,那么我们国家的现代化是不完整的,也不是一个高质量的现代化。对此,2018 年中央就明确要求"强化乡村振兴法治保障。抓紧研究制定乡村振兴法的有关工作,把行之有效的乡村振兴政策法定化,充分发挥立法在乡村振兴中的保障和推动作用"。另外,《乡村振兴战略规划(2018—2022 年)》也明确提出完善乡村振兴法律法规和标准体系。

加强乡村振兴立法,完善乡村振兴法律法规体系,有利于解决乡村振兴过程中的难点、痛点、堵点问题,推进我国乡村治理体系和治理能力现代化。制定促进乡村振兴的法律法规,有利于体现人民意愿、维护人民利益、增进人民福祉,增强农民群众对全面建成小康社会的获得感。所以我们要充分认识到乡村振兴立法对于实施乡村振兴战略、推进乡村治理体系和治理能力现代化有重要的促进意义。❶

---

❶ 朱宁宁. 充分发挥立法在乡村振兴中的保障和推动作用 [N]. 法治日报,2020-12-08 (1).

以一语蔽之，乡村振兴立法是有必要的，乡村振兴立法是可行的。在未来，乡村振兴立法是值得展望和期待的。

二、乡村振兴立法的应有内容展望

乡村是具有自然、社会、经济特征的地域综合体，兼具生产、生活、生态、文化等多重功能，与城镇互促互进、共生共存，共同构成人类活动的主要空间。那么乡村振兴战略目标就应该致力于乡村这些多功能建设，应尽可能全面。总体来说，大致可以分为产业、人才、文化、生态和组织等五大方面。所以乡村振兴的立法内容也应该围绕这些方面进行，具体内容如下。

（一）乡村振兴立法之产业发展

在推动乡村振兴战略的总要求和实施过程中，乡村产业发展是乡村振兴的基础和关键，结合地域发展的特征，有效地发展本地特色的乡村产业是实现乡村振兴计划的重要组成部分。《国家乡村振兴战略规划（2018—2022）》明确指出："乡村振兴，产业兴旺是重点。"因此，为响应国家的产业布局计划和实施乡村振兴战略，乡村产业发展不但要成为产业发展的有机组成部分，也要成为实施乡村振兴计划的有效途径，为农村振兴和发展、农民脱贫致富指明方向和路径。

所以，国家有必要把乡村产业发展纳入立法范畴，以更好地实现乡村振兴。但是，在把产业发展纳入立法的过程中应注意科学合理方式，努力在立法与脱贫攻坚的任务之间建立良好的连接。那么就必须注意以下方面：第一，是工作思路衔接。要稳住脱贫攻坚与乡村振兴有效衔接的过渡期，把握衔接点，坚持把产业发展作为解决农村一切问题的前提。第二，是推进机制的衔接。脱贫攻坚中探索形成的党对脱贫攻坚工作的全面领导、行业协调、区域协作、社会力量协力参与、贫困群众协商共建的工作机制要适时融入乡村振兴战略的实施进程中。第三，是工作做法的衔接。把脱贫攻坚中党委政府高位推进、定期开会商议、真金白银投入、注重督查暗访、定期进行通报、强化问题整改、突出奖优罚劣等行之有效的做法运用到实施乡村振兴战略之中。❶

在完成过渡与衔接阶段，立法工作就要着重在产业发展上发力，以立法

---

❶ 寇景峨. 健全五个体系建设全面推进乡村产业振兴［N］. 民主协商报，2020-11-27（1）.

来健全和保证产业发展体系建设❶，从而推进乡村振兴。

（二）乡村振兴立法之人才培养

人才是脱贫攻坚的软实力，是乡村振兴的硬支撑，也是实现中华民族伟大复兴的力量源泉。功以才成，业由才广。人才是第一资源，人才是攻破各种难关最基本也是最不可或缺的一环。未来的世界的竞争就是人才的竞争。所以把人才培养、人才保留写入乡村振兴法律中，完全是必要的。立法要把人才资源建设提高到战略的重要位置，保证人才培养和人才引进，为推进乡村振兴，积累更多的人才资源，提供强大的智力支撑。

1. 乡村振兴立法要聚焦人才培养

当下我国乡村振兴的主要目标是脱贫攻坚，实现全国人民的全民脱贫。推进产业扶贫，建设乡风文明，强化基层治理等，离不开多元化的人才支撑，必须发挥好人才的最大效益。充分释放人才的生产力，关键是人才供给与实际需求的精准匹配。当务之急，是坚持引育并重，通过"靶向式"育才，补短板、固底板、拉长板，进一步强化乡村人才支撑。❷要坚持把脱贫攻坚人才培训同脱贫攻坚任务紧密结合起来，多举措培育、锻造人才，不断增强乡村人才扶贫带富的实战能力。立法方面紧扣脱贫攻坚工作实际和人才岗位职责，系统学习习近平总书记关于扶贫工作的重要论述，帮助乡村人才队伍掌握精准脱贫工作方法，强化脱贫攻坚责任意识；另外，立法要规范设置技能培训，在实践锻炼中砥砺本领、夯实基础，促进人才成为所在工作领域的行家手里。

2. 乡村振兴立法要聚焦人才保留、人才引进

人才保留的核心在于如何运用人才；人才引进的核心在于自身的核心竞争力，只有真正把"好钢用在刀刃上"，才能让人才安心、安身、安业。乡村振兴人才立法要着重营造有利于人才发展的生态环境，建立集聚人才的体制机制，完善人才的成长体系，制定科学的人才评价指标，做大做强人才引进。

---

❶ 一是产业发展体系，要把区域产业整体发展同到户产业培育结合起来，打造高水平的特色产业示范点、示范园、示范区和示范片带，促进传统农业向现代化农业转型升级。二是生产组织体系，要按照"市场牵龙头、龙头联合作社、合作社带农户"的要求，进一步规范提升农民专业合作社，全面打造以龙头企业为引领、农民合作社为纽带、家庭农场为基础的新型农业经营主体，增强产业发展内生动力。三是投入保障体系，要进一步加强到户产业扶持资金的规范管理，强化承接主体与入股农户的利益联结机制，确保农户按期得到分红。同时，用好用足"产业贷"和"五小产业贷"惠农贷款，为群众发展产业提供资金保障。四是产销对接体系，要加强"三品一标"建设，打造"甘味"农产品品牌、打出农产品销售大招牌。五是风险防范体系，要持续落实农业保险"增品、扩面、提标、降费"政策，足额落实农业保费，实时开展保险理赔，构建农产品避灾减损的安全网。

❷ 刘启灵. 乡村振兴需要人才支撑［N］. 甘肃日报，2020-12-04（1）.

要着眼深化人才制度改革创新，破除学历、职称、身份等束缚，进一步完善人才评价激励机制和服务保障体系，充分激发人才的创新、创造、创业活力。要着力释放人岗相适"乘数效应"，坚持因才上岗、用其所长，让专业的人才在合适的岗位上有所作为，将人才的专业优势有效转化为贫困地区的发展优势。

关于人才立法具体到细节方面，各级各部门要创新观念、拓宽渠道、降低门槛，切实打通人才流动壁垒，为国家发展提供持久有力的人才保障。一方面，要依托高校毕业生"三支一扶"计划、大学生志愿服务西部计划等政策措施，积极引导和鼓励高校毕业生扎根农村、服务基层；另一方面，要积极探索科技特派员服务模式，广泛开展专家人才下基层行动，通过强化项目对接、促进成果转化、做好技术咨询，为乡村振兴注入"智动力"。

（三）乡村振兴立法之公共文化建设[1]

文化振兴是乡村振兴的题中应有之义，对乡村振兴具有引领和推动作用；[2] 文化振兴是乡村振兴的重要方面，乡村公共文化是乡村文化的重要组成部分。[3] 公共文化体系的建设是全面建设小康社会总目标的主要内容，是乡村振兴战略的核心组成部分，是新时代农村文明实践的重要组成部分。[4] 乡村文化何以振兴？这既是一个亟待学术界作出理论回应的重要命题，也是实务界面临的一个重大现实问题。要推动乡村文化振兴，凸显乡村文化治理效能，一个重要方面是提升乡村公共文化产品和服务的数量、质量，构建起"覆盖乡村、便捷高效"的现代乡村公共文化服务体系。[5] 换言之，就是要尽快补齐乡村公共文化服务存在的短板。梳理文献发现，国内关于乡村公共文化服务的讨论主要集中于供给问题、供给模式、供给机制、空间建构、对策讨论等方面。这些应是乡村振兴中文化立法所要规制的内容。

---

[1] 荣跃明. 公共文化的概念、形态和文化特征 [J]. 毛泽东邓小平理论研究，2011（3）：38-45. 公共文化是一个社会得以存在和延续的要素之一，是文化上层建筑的重要构成。公共文化具有公共性，人人皆可享有。同时，不同地域、民族和社会形态的公共文化，也有着其自身的特色，具有仪式性、差异性和建构性等特征。乡村公共文化以文化站、群众艺术馆等公共文化场所为依托，服务面向乡民、植根于乡村，是乡村文化建设的重要阵地和有力抓手。

[2] 韩美群，杨威. 充分发挥文化在乡村振兴中的作用 [N]. 咸阳日报，2020-11-30（1）.

[3] 2018年《中共中央国务院关于实施乡村振兴战略的意见》提出："加强农村公共文化建设，实现乡村两级公共文化服务全覆盖，提升服务效能。"

[4] 刘霞. 振兴乡村文化 服务乡村振兴 [N]. 云南政协报，2020-12-07（1）.

[5] 李少惠、张玉强. 乡村公共文化振兴的基本样态与实践路径 [J]. 图书馆论坛，2021，41（3）：78-86.

1. 乡村振兴文化立法规制供给问题

文化供给方面，最突出的问题是供效能低下。这主要体现为公共文化供给不足与供给无效并存，宗教文化抢占农村文化阵地，乡村公共文化基础设施"建、管、用"失衡、文化人才匮乏；乡村文化同质化现象严重❶，尤其是缺少对少数民族地区和群众的差异化供给；乡村公共文化供给与需求错位，"被迫"消费公共文化现象普遍存在，群众需求表达不充分，城乡之间供给不均衡不充分，西部地区、民族地区供给水平低下，供给结构存在缺陷，导致公共文化有效保障不足，供给制度不足，是导致乡村公共文化服务效能低下的深层次原因。乡村振兴文化立法要对这些短板逐一进行论证和规制。

2. 乡村振兴文化立法之空间建构问题改善

空间建构方面，乡村公共文化空间分为自发生成阶段、政府主导阶段、共建共享阶段。❷ 在空间建构上，核心人物、政府和村委会等主体都具有重要作用。❸ 通过改造、利用传统公共文化空间和载体，可以培育和建构新的乡村公共文化空间和载体，实现乡村文化形态的重塑。公共文化空间重构需要对乡村现代公共文化服务体系建设进行空间重塑，打造一种"内嵌型"公共文化空间，这包括现实空间、生活空间与制度空间三个维度。❹ 公共文化空间建构有助于乡村文化振兴。所以文化立法要包含建立合理的空间结构方面的内容。

具体来讲，乡村振兴文化立法就是要帮助破解供给效能低下难题：一是通过立法加强基础设施建设，进行合理布局、注重实用性和适用性；二是通过立法盘活资源，充分挖掘乡村本土文化资源，提高公共文化适应度；三是通过立法增加财力倾斜，吸引多元主体加入乡村公共文化服务中来；四是通过立法因需制宜调整公共文化供给策略，以供需矛盾为突破口，优化供给模式。❺

---

❶ 孙喜红，贾乐耀，陆卫明. 乡村振兴的文化发展困境及路径选择 [J]. 山东大学学报，2019 (5)：135-144.

❷ 耿达. 乡村公共文化空间的生成机制和发展路径——基于扎根理论的云南和顺图书馆的案例研究 [J]. 中国农村观察，2019 (5)：53-70.

❸ 周尚意、龙君. 乡村公共空间与乡村文化建设——以河北唐山乡村公共空间为例 [J]. 河北学刊，2013 (3)：71-78.

❹ 疏仁华. 农村公共文化的场域、空间表达与结构再造 [J]. 安徽师范大学学报（人文社会科学版），2019，47 (1)：91-96.

❺ 李少惠、张玉强. 乡村公共文化振兴的基本样态与实践路径 [J]. 图书馆论坛，2021，41 (3)：78-86.

（四）乡村振兴立法之生态保护

创造良好生态宜居环境是实施乡村振兴战略的重要支撑。实施乡村振兴战略是党的十九大作出的一项重大决策部署，所要实现的目标是人与自然和谐共生的农业农村现代化；所要建设的生态宜居，是充分展现山水林田湖草是生命共同体、生态系统良性循环的美丽宜居乡村；所要达到的生态振兴，是以在绿水青山就是金山银山理念指引下基本建立可持续的生态经济体系为重要标志。可见，生态环境在乡村振兴，甚至在实现国家现代化方面具有重要作用。虽然我国已经有关环境保护相关的立法规范，但是不够具体，还没有完全深入农村。那么在乡村振兴立法中与生态保护相关的条文，就一定要注重一些细节性的内容。

第一，在新时代，乡村振兴立法要体现习近平生态文明思想。建立健全以生态价值观念为准则的生态文化体系和以产业生态化和生态产业化为主体的生态经济体系，着力推动乡村生态振兴。第二，用立法来规范村民的生活习惯。良好的生产生活习惯是建设生态宜居乡村的重要前提之一，建设生态宜居乡村，必须教育引导农牧民形成符合现代生态文明要求的生产生活方式，牢固树立人与自然和谐共生理念，动员全社会力量推进生态文明建设，共建美丽中国。第三，立法要推动转变农业发展方式。转变农业发展方式，走产出高效、产品安全、资源节约、环境友好的现代农业发展道路，让人民群众在绿水青山中共享自然之美、生命之美、生活之美，实现生产发展、生活富裕、生态良好，为建设美丽中国、实现中华民族永续发展贡献力量。❶

（五）乡村振兴立法之组织建设

在乡村振兴战略背景下，强有力的农村党组织是农村文化建设、思想建设、经济建设以及人居环境建设等方面的保障，农村基层党组织在某种程度上可以被看作农民接触和认识党的主要途径，是党的良好形象在农民心目中的一种直接体现方式。但农村党组织建设还存在着诸多问题，经济发展受到许多不利因素制约，严重阻碍了乡村振兴。尤其是在新时期背景下，由于社会转型以及新时期背景下的发展态势等诸多要素的影响，部分党员自身的归属感并不是很强，同时也有部分领导干部没有将自身的先锋模范作用充分发

---

❶ 朱奕瑾. 坚持生态保护 优先筑牢国家生态安全屏障［N］. 青海日报，2020-11-30（2）.

挥出来。针对乡村振兴背景下农村党组织建设方面存在的具体问题进行相应立法，可以更好地解决这一问题。❶

1. 乡村振兴组织立法加强管理制度建设

农村基层党组织在日常工作时，其主要是针对党员同志的日常工作情况进行管理和关注，直接服务于广大人民群众，是联系群众最基础的组织。在这种形势下，要想保证各项工作的有序开展，就必须要结合现实要求，保证制度的不断完善和优化，这样才能够将制度的作用充分发挥出来。

目前，我国部分农村基层党组织在党建以及相关工作的具体实施中，不能明确坚持规章制度，无论是党员的发展或者是党建工作等，都存在灵活性大于组织性的问题。部分基层党组织在日常工作中，虽然对相关制度进行了构建和应用，但是也基本上都是"打折扣"的执行。这种现象如果无法在实践中得到及时妥善的处理，那么很有可能导致基层党组织的职能作用不能得到有效发挥，最终形成农村基层党组织工作人员素质不高等方面的问题。❷ 在日常管理工作的具体开展中，由于整个工作量非常大，同时各项事务也比较繁杂，所以必须要保证各个岗位工作人员各司其职。但是实际情况往往是部分岗位并没有对专门的工作人员进行配备，大多数的人员都是以兼职的状态在岗。这些问题迫切需要通过加强法纪建设加以改善。❸

2. 乡村振兴组织立法强化组织政治功能

政党一直都是社会当中非常重要的阶层力量，对国家的权力会起到一定的控制或者是影响，这种政治组织在构建以及各项任务方针具体落实时，必须要有明确的目标，遵守严格的纪律。党的基层组织一直以来都是党的工作、战斗力本身的基础组成部分，同时也是落实党的路线方针政策、各项工作任务的重要前提条件。其自身最根本的功能就是政治功能，要具有一定的宣传意识，将国家政策、方针等落实到实处。❹

但是目前在实践中很多基层党组织思想政治教育工作已经处于非常淡化

---

❶ 武成伟. 乡村振兴背景下农村党组织建设研究 [J]. 淮南职业技术学院学报，2020，20（4）：31.

❷ 张逸芳、陈国申. 乡村振兴背景下农村基层组织建设研究的新趋势 [J]. 领导科学论坛，2018（19）：13-16.

❸ 姚锺凯. 浅析乡村振兴背景下农村基层党组织建设的困境与化解思路 [J]. 农家参谋，2020（24）：5.

❹ 姚锺凯. 浅析乡村振兴背景下农村基层党组织建设的困境与化解思路 [J]. 农家参谋，2020（24）：10.

的状态,民主生活以及党组织生活并没有认真对待。❶产生这些问题的根本原因是现有的部分领导干部根本不愿意去做群众的各项工作,也不了解和关注人民群众自身的基本需求。久而久之,农民群众与党组织之间的距离越来越远,党组织自身的政治功能很难得到有效发挥。笔者建议以法律的方式来强化组织的政治功能,解决党员与人民群众的脱节问题。

三、"十四五"规划下乡村振兴怎样立法之我见

我们注意到,以往一些乡村振兴方面的政策制定过于宏观、笼统、原则。那么在"十四五"规划指导下,乡村振兴立法应该怎样立?怎样才能制定出真正有效管用的法规?

(一)在把握全局的基础上,突出重点立法

根据党的十九届五中全会精神,"十四五"期间要坚持不懈抓好粮食生产,提高粮食生产保供能力;深化农业供给侧结构性改革,努力提高农业质量效益和竞争力;大力实施乡村建设行动,全面提升农村基础设施和公共服务水平;继续深化农村改革,增强农业农村发展内在活力;实现巩固拓展脱贫攻坚成果同乡村振兴有效衔接。❷

第一,立法要侧重推进乡村产业高质量发展。持续抓好粮食生产,坚持藏粮于地、藏粮于技,建设新一轮高标准农田,稳定粮食产能。推进实施乡村产业振兴行动计划,落实好农业高质量发展政策体系,用好现代农业产业园、农业产业强镇、优势特色产业集群等现代化载体平台,调优完善农业生产体系、经营体系、产业体系,实现从量到质、从有到优的全面转型升级,有效提高农业质量效益和竞争力。

第二,立法侧重加快建设美丽宜居乡村。加快构建城乡融合发展体制机制和政策体系,强化工农互促、城乡互补、协调发展、共同繁荣的新型工农城乡关系,将城镇和乡村真正贯通起来。优先发展农村基础设施和公共服务,在推进城乡公共服务一体化、均等化上迈出新的步伐。进一步抓好农村通运输、农田水利、农村饮水、乡村物流、宽带网络等基础设施建设。以美丽宜居乡村建设为重要载体,持续提升农村人居环境整治水平,全面改善农村生产生活生态环境,建设美丽家园。

---

❶ 蔡文成. 基层党组织与乡村治理现代化:基于乡村振兴战略的分析 [J]. 理论与改革,2018(3):62-71.

❷ 王学义. 面向"十四五"全面推进乡村振兴 [N]. 青岛日报,2020-11-28 (2).

第三，立法要着力深化农村改革。大力推动要素在城乡间双向流动和平等交换。用好用足国家和省在青岛试点推进农村改革的机遇，巩固和完善农村基本经营制度，持续提升土地适度规模经营水平。加快农民合作社、家庭农场等新型农业经营主体培育，支持小农户和现代农业发展有机衔接。深化农村集体产权制度改革，推进资源变资产、资金变股金、农民变股东，发展壮大新型集体经济，激活乡村振兴内生活力。

（二）综合性立法与针对性立法之辩

乡村振兴立法是一个宏大课题，如何立法，是综合性立法还是专项立法，要看立法的需求，弄清楚想要解决的焦点问题，明确立法定位。比如立法的调整对象是什么、调整范围有多大，是规范政府及行政部门的管理行为，还是发挥村民自治组织的功能和作用，抑或是明确农民的主体地位及相应的权利义务等。这就需要把握好两个关系：一是中央立法和地方立法的关系。国家制定相关法律作出明确要求的，或者国家法律尚未作出规定，而地方确有需求又有措施而且能切实解决问题的，地方可以制定相关规定。二是地方制定综合性法规和专门性法规的关系。要根据实际需要立法，如果需要制定综合性的条例，也要有切实的硬措施，能够切实解决乡村振兴的实际问题。

乡村振兴说到底是要解决好"三农"问题，涉及农业农村农民经济社会文化生活的各个方面，这的确不是一部综合性的促进条例就能完全解决的，还需要有更多的专项立法。特别是有些问题在国家层面立法尚不成熟，需要各地立足本地实际，在立法权限范围内创造性地开展立法工作，先行先试，为国家立法积累经验。地方立法要把握好时代脉搏，抓住时代提出的新问题新挑战，积极应对。要处理好长期性任务与阶段性目标的关系，紧紧围绕推动构建新的发展格局，围绕国家和本地乡村振兴的阶段性目标梯次推进。要密切关注农业农村的发展动态和趋势，加强立法的前瞻性，为未来发展预留必要的制度空间。同时，要根据实际情况的变化，适时对相关立法作出动态调整和完善。

（三）从笼统立法到具体立法之路径

乡村振兴战略所依靠的文件、政策相对笼统、模糊，对于如何将党中央关于乡村振兴的决策部署、国家有关方面的政策措施落实到立法工作中，转化为有效管用的法律制度规范，需要从以下几个方面下功夫。

第一，充分发挥人大常委会在立法工作中的主导作用，善于把党的政策转化为法律制度规范。政策转化为法律的前提是政策本身应当是成熟的，是经过实践检验并为人民群众所认同和接受的，具有良好的实践基础。所以，为了确保法规有效管用，就要善于"把行之有效的乡村振兴政策法定化"。当前，特别要按照党的十九届五中全会提出的"实现巩固拓展脱贫攻坚成果同乡村振兴有效衔接"的要求，建立稳定脱贫和防范返贫长效机制，在法律制度层面实现脱贫攻坚与乡村振兴两大战略的统筹衔接。人大及其常委会在立法过程中，要充分发挥主导作用，既要保证及时将行之有效的政策转化为法律制度规范，又要把握好政策入法的第一道关口，实现相关政策与法律制度规范的有效衔接。

第二，要探索党的政策转化为法律制度的具体方法，在具体细化上下功夫。考虑到乡村振兴在财政、税收、金融等方面的扶持政策可能需要阶段性调整，在国家层面，采取"乡村振兴促进法"这种立法形式，在调整手段上介于政策措施和法律规范之间，引导性的规范比较多，需要依靠其他机制共同发挥作用，产生实际效果。乡村振兴是事关整体和全局性的战略，国家层面的立法重在制度设计，创设制度基础，并且为地方立法留下一定空间。在地方层面，无论是综合性立法还是专项立法，都应当结合当地乡村振兴的特点和需求，突出地方特色，予以具体量化。要致力于解决地方乡村振兴中的实际问题，针对性和可操作性应当更强一些，比如为坚持农业农村优先发展，在要素配置、资金投入、税收政策、基础设施、公共服务、干部配备等方面如何优先，有哪些具体的扶持和优惠政策等，都要规定清楚，能具体的应当尽量具体，能明确的应当尽量明确。

第三，要善于把"政策语言"转化为"法律语言"，提高法律法规的规范性。在立法过程中，不能照抄照搬政策语言，不能让法律法规成为"政策汇编"。要善于使用规范的法律用语，在将政策措施转化为法律规范时，要更多地使用设定权利义务的表达方式。即使对一些激励性条款，也要采取正向激励、定期评估考查等措施予以规范解决，尽量减少"提倡""引导""鼓励"等政策性词语。地方在制定有关法规时，可参考全国人大常委会法工委制定的立法技术规范（试行），处理好"政策语言"转化为"法律语言"的问题。

结　语

毋庸置疑，自我国的乡村振兴战略实施以来，我国乡村建设取得重大进展。但是，目前仅以政策、战略来促进乡村建设，来完成乡村振兴的宏伟目标，已明显暴露出后劲不足的问题，需要更加刚性的和强有力的支撑来协助其完成。而制定、出台一部与乡村振兴有关的法律也就显得合乎时宜。

当前，中国人大网已经公布《乡村振兴促进法（草案）》全文，公开征求意见。十三届全国人大常委会第十九次会议也已对《乡村振兴促进法（草案）》展开初次审议。❶ 可见，我国的乡村振兴立法已经在路上，而且观其草案内容，涉及了乡村建设的方方面面。乡村振兴需要法治护航——法治为乡村振兴护航是全面依法治国的重要组成部分，是推进乡村治理体系和治理能力现代化的必然要求，我们要通过建立健全法律制度和政策措施，促进乡村全面振兴。

对于乡村振兴立法，党中央有战略部署，中央有文件要求，实践中有需求，人民群众也有期盼，乡村振兴立法完全值得期待。借此，笔者也希望我国"十四五"规划下的乡村建设目标如期完成；希望我国的农业越来越强、农民越来越富、农村越来越美；希望乡村振兴的累累硕果挂满神州大地。

---

　　❶ 《乡村振兴促进法（草案）》拟通过建立健全法律制度和政策措施，促进乡村全面振兴和城乡融合发展，立法保障五大振兴，建立健全中国特色乡村振兴法律制度。其中包含"产业发展、人才支撑、文化传承、生态保护、组织建设"五章，同时围绕"推动农业全面升级""农村全面进步""农民全面发展"这些关于乡村振兴的焦点内容都制定了相应条文。